Les Classiques de l'Humanisme

Collection publiée
sous le patronage de l'Association Guillaume Budé
dirigée par
Pierre Laurens et Alain Michel

LEON BATTISTA ALBERTI

Opera omnia
Œuvres complètes

publiées sous le patronage
de la Société Internationale Leon Battista Alberti
*et de l'*Istituto Italiano per gli Studi Filosofici

par

Francesco Furlan, Pierre Laurens, Alain-Ph. Segonds

Série italienne
III · 7

LEON BATTISTA ALBERTI

GRAMMATICHETTA

GRAMMAIRE *DE LA LANGUE TOSCANE*

précédée de

ORDINE DÈLLE LÆTTÈRE / ORDRE DES LETTRES

Édition critique, introduction et notes

par

Giuseppe Patota

Traduction de l'italien

par

Laurent Vallance

Ouvrage publié avec le concours
du Centre National du Livre

LES BELLES LETTRES

2003

Conformément au règlement de la collection,
ce volume a été relu par Francesco Furlan, Pierre Laurens
et Alain-Philippe Segonds

95, bd Raspail, 75006 Paris.
www.lesbelleslettres.com

ISBN : 2-251-34471-3

INTRODUCTION

LEON BATTISTA ALBERTI ET LA GRAMMAIRE EN EUROPE*

par

GIUSEPPE PATOTA

Entre Moyen Âge et Renaissance

Dans l'histoire de la grammaire des langues vernaculaires européennes, la grammaire *De la langue toscane* de Leon Battista Alberti occupe chronologiquement le neuvième rang. L'ont précédée l'*Auraicept na nÉces* (Irlande, VIIe siècle), le *Fyrsta Malfroediritgerdin* (Islande, XIIe siècle), les *Razos de trobar* de Raimon Vidal (Provence, XIIIe siècle), le *Donatz proensals* d'Uc Faidit (Provence, 1240 *ca.*), le *Cerddwriaeth* d'Einion Offeiriad (Galles, 1322), le troisième livre des *Leys d'Amors* (Provence, 1356), les *Traités bardiques* (Irlande, XIIIe-XVIe siècles) et le *Donait françois* de John Barton (France, 1409) ; ont suivi la *Gramática de la lengua castellana* de Elio Antonio de Nebrija (Espagne, 1492), les *Regole grammaticali della volgar lingua* de Giovan Francesco Fortunio et le troisième livre des *Prose della volgar lingua* de Pietro Bembo (Italie, 1516 et 1525), la *Gramática da língua portuguesa* de Fernão de Oliveira et la *Gramática da língua portuguesa* de João de Barros (Portugal, 1536 et 1540), ainsi que des ouvrages grammaticaux qui, d'abord en anglais, puis en

* Pour les abréviations, se reporter à la « Bibliographie », *infra*, p. CIX-CXLIV.

latin, enfin en français, ont illustré la langue française, de *L'esclarcissement de la langue françoyse* de John Palsgrave (1530) au *Traité de la grammaire française* de Louis Meigret (1550).[1]

Du point de vue du contexte idéologique et historique, de la structure, du contenu et de la destination, les différences entre les deux groupes de textes, ceux qui précèdent et ceux qui suivent la grammaire *De la langue toscane*, ne sauraient être plus marquées. Un simple rapprochement des données quantitatives oblige à distinguer entre une production grammaticale qu'on peut globalement qualifier de médiévale et une autre de renaissante. De l'Antiquité tardive au Bas Moyen Âge, en effet, la grammatisation des langues vernaculaires est plutôt sporadique, sans être pour autant négligeable : elle concerne les frontières occidentales de l'ancien Empire romain et, au sud, une langue de caractère littéraire comme le provençal,[2] à quoi on peut ajouter le français grammaticalisé en Angleterre. « Il n'y a, toutefois, rien de comparable, quantitativement et qualitativement, au processus amorcé à la fin du XVe siècle à partir des langues qui vont dorénavant dominer l'histoire de l'Europe (italien, espagnol, français, portugais, allemand, anglais), mais aussi du hongrois (1539), du polonais (1568) et du slavon (1591) ».[3]

Dans un tel contexte, le petit ouvrage de Leon Battista Alberti représente une ligne de partage entre deux conceptions et deux modalités différentes de la science grammaticale des langues européennes, apparaissant par certains aspects comme la dernière grammaire du Moyen Âge et par d'autres comme la première de la Renaissance.

Le processus massif de grammatisation des langues du monde entamé à la Renaissance, à partir de la seule tradition

1. Il suffit de renvoyer au tableau d'ensemble présenté par *Auroux : 1992*, p. 14-15 et p. 53-56, et à celui offert par l'ensemble des essais rassemblés dans *Premières grammaires : 1987*. Pour l'ouvrage de Meigret, j'ai donné le titre en suivant l'orthographe moderne, comme le suggère l'éditeur le plus récent (cf. *Hausmann : 1980*, p. XVI-XIX).

2. Cf. *Auroux : 1992*, p. 12.

3. *Ibid.*, p. 13.

linguistique gréco-latine, a été accéléré, on le sait, par trois facteurs fondamentaux : le renouvellement de la grammaire latine, l'invention et la diffusion de l'imprimerie et les grandes découvertes géographiques, qui permirent des contacts avec des langues inconnues.[4] L'expérience culturelle de Leon Battista Alberti a lieu alors que le premier phénomène bat son plein et que les deux autres n'ont pas encore commencé. Sans donc appartenir, ou appartenant seulement en partie au contexte historico-culturel des grammaires de la Renaissance européenne, dont elle contribue plutôt à fonder la lignée (d'où le qualificatif d'« ultime grammaire du Moyen Âge »), la grammaire *De la langue toscane* partage avec elles le rapport à la tradition grammaticale précédente, l'appareil terminologique et conceptuel, l'idéologie et les contenus (d'où le qualificatif de « première grammaire de la Renaissance »).

Alberti et l'enseignement du latin

À peu près dans les années où Alberti écrit sa grammaire, l'enseignement du latin tel qu'il est pratiqué dans les écoles et les universités médiévales est soumis à une critique impitoyable. Une violente polémique[5] prend pour cible manuels scolaires[6] et livres de lecture tels les *auctores minores*, textes tardo-antiques et médiévaux traditionnellement utilisés pour l'enseignement (la série comprenait aussi le *De vanitate mundi*, petit poème anonyme du XIIe siècle, souvent dénommé *Chartula* d'après son incipit).[7] En dehors des écoles et en opposition avec elles, les humanistes, à partir de Pétrarque, soutiennent la supériorité de l'étude du latin fondée sur la lecture directe des auteurs de

4. Cf. *Tavoni : 1990*, p. 170-184 et p. 188-190, et *Auroux : 1992*, p. 24-28.
5. Cf. *Rico : 1978* et *Rizzo : 1986*, p. 394-401.
6. Du *Doctrinale* d'Alexandre de Villedieu, qui a connu une fortune considérable, au *Græcismus* d'Éverhard de Béthune, non moins répandu, qui ne manquaient jamais au programme d'études des universités de l'époque (cf. *Rico : 1978*, p. 13).
7. Cf. *Avesani : 1967*, p. 17, n. 9, et *Avesani : 1965* ; *Rizzo : 1986*, p. 395-401.

l'Antiquité plutôt que sur les instruments de la didactique médiévale.[8] Encore convient-il de préciser que les déclarations théoriques de refus de la science grammaticale médiévale ne sont pas toujours, ou pas immédiatement, suivies de son abandon effectif.[9] Quoi qu'il en soit, c'est chez Lorenzo Valla[10] que « l'aggressione umanistica alla grammatica medievale »[11] se manifeste le plus clairement. Dans son *Epistola apologetica* à Giovanni Serra,[12] dans le préambule du second livre des *Elegantie*[13] et dans de nombreux autres ouvrages,[14] il dresse un canon des grammairiens médiévaux néfastes, « fecem hominum [...] qui aut de grammatica aut de rhetorica aut de significatione vocabulorum aut de expositione auctorum scriptos libros reliquerunt [...] : Franciscum Butum, Suncinatem, Everardum, Martinum, [...] Alexandrum, [...] Alanum, Venturinum, Petrum a Vineis, Ugucionem, *Catholiconem*, Aimonem, Azzonem, Dionysium, Travetum, Benvenutum monachum »,[15] ainsi

8. Cf. *Rico : 1978*, p. 14-18, et *Rizzo : 1986*, p. 396-400.

9. Cf. *Percival : 1976*, p. 81-82 ; *Percival : 1982*, p. 809-810 ; *Rico : 1978*, p. 20 et *Rizzo : 1986*, p. 400.

10. Par ailleurs *Percival : 1975*, p. 255-256, a démontré grâce à une longue série d'exemples tirés des *Elegantie*, la dette non négligeable de Valla à l'égard des grammairiens médiévaux.

11. *Tavoni : 1990*, p. 172 (« l'agression humaniste contre la grammaire médiévale »).

12. Texte complet dans *Valla : 1984*, p.193-209.

13. Cf. *Valla : 1952*, *passim*.

14. Du *De donatione* à la *Collatio Novi Testamenti*, des *Raudensiane note* à la *Dialectica*, de l'*Apologia* au pape Eugène IV à la *Defensio*, de l'*Antidotum in Facium* à l'*Antidotum I in Pogium* (cf. *Valla : 1984*, p. 200 n.).

15. *Valla : 1984*, p. 199-201 (« lie humaine qui nous a laissé des livres de grammaire, de rhétorique, de sémantique ou de commentaires sur les auteurs »). Cf. *ibid.*, p. 199 n. : « Nel gruppo dei grammatici, "Franciscum Butum" è il commentatore di classici e autore di *ars dictaminis* Francesco da Buti; "Everardum", l'autore del *Grecismus* Eberardo di Béthune [...]; "Martinum", il modista Martino di Dacia [...]; "Alexandrum", il notissimo Alessandro di Villedieu col suo *Doctrinale*, "Alanum" e "Petrum a Vineis", i grossissimi Alano da Lilla e Pier delle Vigne ; "Ugucionem", Uguccione da Pisa con le sue *Derivationes* ; il "*Catholiconem*", l'opera di Giovanni Balbi da Genova; "Azzonem", probabilmente, il famoso glossatore bolognese Azzone [...]; "Dionysium", "Travetum", "Benvenutum monachum", gli illustri Dionigi da Borgo S. Sepolcro, Niccolò Trevet, Benvenuto da Imola. A queste identificazioni andranno aggiunte quelle di Giovanni da Soncino per il "Suncinatem" [...] e, forse, Venturino da Bergamo per "Venturinum" [...]. Quanto all'"Aimonem", si potrebbe pensare ad [...] Aimone di Auxerre » (« Dans le groupe des

qu'Isidore de Séville, « indoctorum arrogantissimum »,[16] Papias « et ceteri indigni qui nominentur ».[17] L'humaniste leur oppose la lignée des grands « lingue latine indagatores »[18] (Donat, Servius et Priscien), dont il se sentait avec fierté l'héritier légitime.

« Evidente », a justement observé Rico, « el sentido de las *Elegantie* : sanar el latín para sanar los saberes, hacer de la *eloquentia* (gramática, retórica, filología) núcleo de toda la cultura ».[19] Pour produire dans toute l'Europe l'extraordinaire *sueño del humanismo*, se sont alignés sur la position de Valla, outre les restaurateurs géniaux du primat du classicisme (dont Érasme,[20] pour n'en citer qu'un), également des humanistes bilingues de la stature d'Elio Antonio de Nebrija et de Pierre de la Ramée, qui conjuguent dans leur expérience et leurs activités le renouvellement de la didactique du latin et l'affirmation de la grammaticalité de leur propre langue

grammairiens, *Franciscus Butus* est Francesco da Buti, commentateur de textes classiques et auteur d'un *ars dictaminis* ; *Everardus* est Evrard de Béthune, auteur du *Grecismus* [...] ; *Martinus* est le modiste Martin de Dacie [...] ; *Alexandrus* est le très connu Alexandre de Villedieu avec son *Doctrinale* ; *Alanus* et *Petrus a Vineis*, les deux très importants Alain de Lille et Pierre des Vignes ; *Ugucio* est Uguccione da Pisa, auteur des *Derivationes* ; le *Catholicon* désigne l'œuvre de Giovanni Balbi da Genova ; *Azzo* désigne probablement le fameux glossateur bolonais Azzone [...] ; *Dionysius*, *Travetus*, *Benevenutus monachus* désignent respectivement Dionigi da Borgo S. Sepolcro, Nicholas Trevet et Benvenuto da Imola. A ces identifications, on ajoutera celle de Giovanni da Soncino pour *Suncinas* [...] et, peut-être, Venturino da Bergamo pour *Venturinus* [...] Quant à *Aimo* on pourrait penser à [...] Aymon d'Auxerre. »)

16. « Le plus arrogant des ignorants ».

17. « Et tous les autres indignes même d'être nommés ».

18. *Valla : 1952*, p. 602 (« Investigateurs de la langue latine »).

19. *Rico : 1978*, p. 24 (« Evidente est la signification des *Elegantie* : guérir le latin pour guérir les savoirs, faire de l'éloquence (grammaire, rhétorique, philologie) le noyau de toute la culture »).

20. Qui critique à maintes reprises les « Papiam, Huguitionem, Ebrardum, Catholicon, Joannem Garlandum, Isidorum cæterosque indignos qui nominentur » (*Opus Epistolarum Des. Erasmi* [...] edd. P.S. Allen et H.M. Allen, Oxford, t. I, n° 26, ll. 88-90, p. 115) : « Papias, Uguccione, Evrard, le *Catholicon*, Jean de Garlande, Isidore et tous les autres qui ne méritent même pas d'être nommés », coupables d'avoir réduit les humanités « ad recentia quædam imperitiæ præcepta, puta modos significandi, verbosa commenta, et ad ridiculas grammaticæ disciplinæ regulas delirimentaque innumera » (*ibid.*, p. 108 : « à de nouveaux enseignements fondés sur l'ignorance – entendez les modes du signifier, invention oiseuse, à des règles grammaticales ridicules, à d'innombrables extravagances »).

vernaculaire, l'un dans la *Gramática de la lengua castellana*, publiée en 1492, et l'autre dans la *Gramere*, imprimée en 1562. Le séjour de dix ans de Nebrija en Italie, entrepris dans sa dix-neuvième année,[21] est à l'origine de son projet de rendre à leur pays les grands classiques latins bannis d'Espagne, comme il le dit lui-même dans la dédicace de son *Vocabulario Español-Latino*.[22] Sa pratique de l'enseignement du latin (à partir de 1470, entamée dès son retour en Espagne, et qui culmine avec la publication des *Introductiones latinæ* en 1481) aboutit – toujours d'après Nebrija – à une dure querelle contre tous les « barbares », c'est à dire, d'une part, les grammairiens et les lexicographes médiévaux déjà pris pour cibles par Valla,[23] d'autre part, les *auctores minores* déjà évoqués, à commencer par la *Chartula*.[24] Dans la lettre de dédicace à Juan Rodriguez de Fonseca, évêque de Palencia,[25] d'une de ses éditions de textes scolaires,[26] l'humaniste espagnol en arrive à souhaiter la destruction pure et simple (*excidium perniciemque*) de la *Chartula* comme de ces autres opuscules qu'il considère comme des sottises non

21. Dans les années 1460-1470, au collège espagnol Saint-Clément de Bologne. Cette information biographique est tirée, comme les suivantes, de *Quilis : 1984*, p. 9-18 et de *Esparza Torres : 1995*, p. 46-69. Certains ont même envisagé un contact direct entre Nebrija et des humanistes tels qu'Alberti, en particulier (cf. *Terracini : 1979*, p. 50-51, n. 114, et *infra*, p. LII, n. 161).

22. Cit. dans *Quilis : 1984*, p. 10.

23. Cf. Elio Antonio de Nebrija, *Lexicon ex sermone latino in hispaniensem*, Salamanca, *s. n.*, 1492, f° ai : « los Doctrinales, los Pedros Elías y otros hombres aún más duros, los Galteros, los Ebrardos, Pastranas y otros no sé qué apostizos y contrahechos gramáticos no merecedores de ser nombrados » – cit. dans *Rico : 1978*, p. 51.

24. Cf. *Avesani : 1967*, p. 22-24 et *Avesani : 1997*, p. 400-403 ; *Rico : 1978*, p. 59-61.

25. Le texte se lit dans *Avesani : 1967*, p. 22-24 – d'où sont tirées les citations de ce paragraphe.

26. « Si tratta di un volumetto in caratteri gotici, in quarto, ff. 68, segn. a^8-g^8, h^{10}, più due fogli senza segnatura in principio, dove, sotto lo stemma di Ferdinando il Cattolico, si trova il titolo *Libri minores de novo correcti per Antonium Nebrissensem* [...]. Segue (ff. 1^v-2^v) il privilegio di Ferdinando il Cattolico, datato 24 ottobre 1511, con alla fine la marca tipografica di Arnao Guillén de Brocar » (*ibid.*, p. 22, n. 3 : « Il s'agit d'un petit volume en caractères gothiques, in quarto, de f°s 68, sign. a^8-g^8, h^{10}, plus deux feuillets sans signature en tête, où, sous le blason de Ferdinand le Catholique, se trouve le titre *Libri minores de novo correcti per Antonium Nebrissensem* [...]. Suit le privilège de Ferdinand le Catholique, daté du 24 octobre 1511, avec à la fin la marque typographique de Arnao Guillén de Brocar »).

seulement à ne pas lire mais carrément à déchirer ou à brûler si elles vous tombent entre les mains.[27]

Rico a souligné justement, dans l'énumération de Nebrija, l'usage rare du pluriel qui discrédite l'éducation médiévale dans son ensemble : « los *Doctrinales*, los Pedros Elías y otros nombres aún más duros, los Galteros... ».[28] Un trait analogue, où le choix grammatical fait sens, se retrouve dans le discours prononcé par Ramus lors de l'inauguration des cours au Collège de Presles en 1546,[29] et, ce qui nous intéresse particulièrement, dans un endroit fameux du premier des *Libri de familia*, où Alberti décrit

27. Cf. *ibid.* : « quisquilias, non modo <non> legendas, sed si forte in manus inciderint, lacerandas, aut igni subiciendas ».

28. *Rico : 1978*, p. 51 (« les *Doctrinales*, les Pierre Hélie et autres auteurs encore plus durs, les Gauthier... »).

29. Cf. *Petri Rami oratio de studiis philosophiæ et eloquentiæ conjugendis, Lutetiæ habita anno 1546*, dans *Petri Rami professoris regii et Audomari Talæi collectanæ præfationes, epistolæ, orationes*, Parisiis, apud Dionysium Vallensem, 1577, p. 295-307 : 304 : « Veterem aliquem hujus Academiæ doctorem centum abhinc annos vita functum cogitatione, si placet (quoniam mentes nostræ liberæ sunt, et ea quæ volunt, intuentur) excitemus. Quid ille ? si temporum suorum memoriam cum his temporibus comparabit, non quæ futura esse prædico, sed quæ jam in Gallia, Italia, Britannia, cunjunctis cum rerum scientia literis effloruerunt, nonne stupefactus et attonitus hærebit ? Neminem nisi barbare et inepte loquentem audierat : audiet omnis ætatis innumerabiles latine et ornate scribentes et dicentes. de Græcis literis vulgatum illud frequenter audierat, Græcum est, non legitur : audiet non qui Græce legant expeditissime, quoties opus erit, sed qui totam eam linguam summa cum laude explicent. Quid reliquarum artium præteritas tenebras cum præsenti luce ac splendore conferam ? Audierat in grammaticis, poëtis, oratoribus, Alexandros de villa Dei, Facetos, Græcismos : in philosophia, Scotos et Hispanos : in medicina, Arabas : in theologia, nescio unde ortos : audiet Terentium, Cæsarem, Virgilium, Ciceronem, Aristotelem, Platonem, Galenum, Hippocratem, Mosem et Prophetas, Apostolos, ac reliquos Evangelii veros germanosque nuntios, et quidem omnibus linguis loquentes » (« Du moment que nos esprits sont libres, et saisissent ce qu'ils veulent, évoquons, s'il vous plaît, la mémoire d'un ancien docteur de cette Académie, mort il y a cent ans. Eh bien ! s'il compare cette époque-ci et la sienne, ne verra-t-il pas d'un œil étonné et stupéfait l'épanouissement des lettres et des sciences réunies, non pas à venir mais déjà avancé en Gaule, en Italie, en Angleterre ? Il entendait seulement des gens parler de manière barbare et rustre ; il écoutera quantité d'hommes de tout âge parler et écrire un latin élégant. Concernant les lettres grecques, il entendait souvent ce cliché : "c'est du grec, c'est illisible" ; il entendra non pas des personnes qui lisent très couramment le grec dès qu'il en est besoin, mais des gens capables de lui expliquer toute la langue d'une manière qui mérite les plus grands éloges. Comment comparer les ténèbres passées et la lumière et la splendeur actuelles des autres arts ? Comme grammairiens, comme poètes, comme orateurs, il connaissait les Alexandre de Villedieu, les Facetus, les Grécismus ; en philosophie, les Écossais et les Espagnols, en médecine, les Arabes ;

le projet didactique qu'il a élaboré pour l'instruction civique des enfants :

> Facciano adunque e padri ch'e fanciulli si dieno alli studi delle lettere con molta assiduità, insegnino a' suoi intendere e scrivere molto corretto, né stimino averli insegnato se none veggono in tutto e garzoni fatti buoni scrittori e lettori. E sarà forse quasi simile qui mal sapere la cosa e nolla sapere. Apprendano dipoi l'abaco, e insieme, quanto sia utile, ancora veggano geometria, le quali due sono scienze atte e piacevoli a' fanciulleschi ingegni, e in ogni uso ed età non poco utile. Poi ritornino a gustare e poeti, oratori, filosofi, e sopra tutto si cerchi d'avere solleciti maestri, da' quali e fanciulli non meno imparino costumi buoni che lettere. E arei io caro che e miei s'ausassero co' buoni autori, imparassino grammatica da Prisciano e da Servio, e molto si facessino familiari, non a cartule e gregismi, ma sopra tutti a Tullio, Livio, Sallustio, ne' quali singularissimi ed emendatissimi scrittori, dal primo ricever di dottrina attingano quella perfettissima aere d'eloquenzia, con molta gentilezza della lingua latina [...]. Cerchisi la lingua latina in quelli e quali l'ebbono netta e perfettissima ; negli altri togliànci l'altre scienze delle quali e' fanno professione.[30]

en théologie, des gens venus je ne sais d'où ; il entendra Térence, César, Virgile, Cicéron, Aristote, Platon, Galien, Hippocrate, Moïse et les Prophètes, les Apôtres, et les autres véritables annonciateurs de l'Évangile, et il les entendra parler dans toutes ces langues »).

30. *Alberti : 1994*, I 2070-2097 (« Que les pères fassent donc en sorte que leurs enfants s'adonnent à l'étude des lettres avec beaucoup d'assiduité, qu'ils leur enseignent à comprendre et à écrire très correctement, et n'estiment pas les avoir instruits tant qu'ils ne voient pas leurs fils devenus capables de maîtriser en tout point l'art de l'écriture et de la lecture. Et mal savoir une chose ou ne pas la savoir revient ici à peu près au même. Qu'ils apprennent ensuite l'arithmétique, et en même temps qu'ils voient ce qu'il est utile de géométrie, ces deux sciences étant appropriées et agréables aux jeunes esprits, et en toute occasion et à tout âge d'une utilité non négligeable. Puis qu'ils goûtent de nouveau les poètes, les orateurs, les philosophes, et surtout que l'on recherche des maîtres attentionnés, de qui les enfants apprennent les bonnes manières autant que les lettres. Quant à moi, je tiendrais à ce que mes enfants se forment avec les bons auteurs, apprennent la grammaire de Priscien et de Servius, et se familiarisent de manière approfondie non pas avec les *cartule* et les *gregismi*, mais avant tout avec Tullius [*i.e.* Cicéron], Tite-Live, Salluste : qu'ils puisent chez ces écrivains excellents, et dont la langue est particulièrement pure, lors de l'apprentissage des premiers rudiments, cette parfaite allure d'éloquence et cette grande noblesse propres à la langue latine. [...] C'est auprès d'eux et de ceux qui possédèrent une langue nette et parfaite que l'on doit chercher le latin ; dans les autres écrivains, que l'on retire les autres savoirs, dont ils font profession »).

Comme Valla, donc, mais quelques années plus tôt (les trois premiers *Libri de familia* ont été composés entre 1433 et 1434[31]), Alberti critique les formes et les instruments de l'enseignement traditionnel du latin, les désignant par métonymie comme *cartule* et *gregismi*[32] ; comme Nebrija et Pierre de la Ramée, mais bien avant, il joint à ce jugement négatif sur la grammaire latine médiévale une description attentive de son *volgare* maternel.

L'affirmation de la grammaticalité du *volgare*

Concernant cette autre entreprise, le primat de Leon Battista est non seulement chronologique, mais aussi et surtout idéologique. La linguistique appliquée du Moyen Âge européen reconnaît au latin des caractéristiques qu'elle refuse aux langues vernaculaires modernes. Jusqu'au XIVe siècle au moins, le rapport entre le premier et les secondes « est très différent de celui qui existe pour nous entre la langue maternelle et une langue seconde. Le rapport que nous connaissons est toujours entre une langue maternelle, apprise d'abord par l'usage puis par un apprentissage scolaire à l'aide des grammaires et de dictionnaires, et une langue seconde apprise par des règles mais aussi souvent par des contacts avec des locuteurs natifs de cette langue. Dans le contexte médiéval, la situation est bien différente. La langue maternelle n'a jamais été apprise de façon réflexive et personne, par ailleurs, n'est vraiment locuteur natif du latin ».[33] Ces considérations, que Serge Lusignan formule de manière spécifique pour le cas français,[34] peuvent être étendues sans problème à l'Europe médiévale dans son ensemble, comme le fait James J. Murphy :

31. Cf. *Trenti : 1992*, p. 635 et, surtout, *Furlan : 1994*, p. 438-446, en particulier p. 440-442.

32. Cf. *Grayson : 1952* et *Billanovich : 1954*.

33. *Lusignan : 1987*, p. 35-36.

34. Sur le statut et l'enseignement du latin dans la France médiévale, voir aussi *Rickard : 1968*, p. 1-6 et *Giard : 1984*, p. 498-503.

> One of the most obvious, yet little studied, facts about Europe in the High Middle Ages is that Latin was at all times and in all places a foreign language. It had to be learned as an overlay on some other, native language like Irish, Old French, or Middle High German. While some of the so-called « Romance » languages like what came to be Italian may not have been completely removed from Latin by the twelfth century, it is certainly true that the heart-language – the « vernacular » – of even the Italians must have been a far cry from the Latin of Cicero or even Augustine. And imagine the difficulties of language learners whose phonetic background was Celtic, Germanic, or Slavic ![35]

Dans les écoles de grammaire médiévales, la langue vernaculaire est un moyen de communication secondaire. Elle n'est pas objet mais, tout au plus, instrument partiel de description grammaticale, utilisé par maîtres et élèves uniquement dans la première phase de l'enseignement et de l'apprentissage du latin. De même que, dans la France médiévale, la stratégie pédagogique prévoyait l'usage de la langue vernaculaire à seule fin de rendre l'écolier capable de s'exprimer en latin scolastique,[36] ainsi dans l'Angleterre du XIIIe siècle, l'opposition entre latin et langue vernaculaire présente dans la majeure partie des documents didactiques qui nous sont parvenus ne laisse-t-elle aucun doute : les maîtres recouraient au français ou à l'anglais uniquement quand il fallait éclaircir aux élèves quelque difficulté du latin.[37] Et de même qu'au

35. *Murphy : 1980*, p. 159 (« Un des faits les plus évidents, bien qu'il ne soit que peu étudié, à propos de l'Europe du haut Moyen Âge est que, partout et en tout temps, le latin était une langue étrangère. Il fallait l'étudier comme une couche supplémentaire sur quelque autre langue maternelle comme l'irlandais, l'ancien français, ou le moyen haut allemand. Bien que certaines des langues appelées « romanes », comme ce qui allait devenir plus tard l'italien, n'aient peut-être pas été complètement séparées du latin au début du XIIe siècle, il n'en est pas moins vrai que la langue du cœur – le vernaculaire – même chez les Italiens ne devait pas avoir grand chose à voir avec le latin de Cicéron ou de saint Augustin. Imaginez en plus les difficultés rencontrées par des apprentis dont la base phonétique était celtique, germanique ou slave ! »).

36. Cf. *Lusignan : 1987*, p. 38.

37. Cf. *Hunt : 1991*, p. 433.

Portugal, durant les quatre premiers siècles de la monarchie, le *romanço* parlé par le peuple était juste un vecteur pour l'apprentissage du latin, autrement plus noble,[38] ainsi, dans les écoles de grammaire italiennes, l'alphabétisation et les premières lectures se faisaient en latin.[39] Comme Dante en témoigne, on recourait au *volgare* pour *montrer* plus facilement le latin aux élèves et pour que ces derniers puissent plus aisément y *entrer* :

> Ancora, questo mio volgare fu introduttore di me ne la via di scienza, che è ultima perfezione, in quanto con esso io entrai ne lo latino e con esso mi fu mostrato : lo quale latino poi mi fu via a piú innanzi andare.[40]

En somme, « au Moyen Âge, la tradition grammaticale occidentale (la discipline appelée *grammatica*) ne s'occupa que d'enseigner le latin ; aucune autre langue ne fut l'objet d'un enseignement scolaire ».[41]

La supériorité, dans le domaine pratique de l'enseignement scolastique, de la langue de la Rome antique sur celles de l'Europe moderne avait comme corollaire idéologique la conviction que le latin, à la différence des langues vernaculaires, était un système linguistique parfait, unitaire et immuable, dérivé, selon certains, directement du grec et indirectement de l'hébreu et de la langue de Dieu,[42] doué de régularité grammaticale au point de s'identifier avec la grammaire elle-même. De nombreux documents, provenant de différents pays européens et allant des

38. Cf. *Pinto : 1961*, p. 124.

39. Oralement ou par écrit, par de rapides gloses explicatives (cf. *De Blasi : 1993*, p. 383-384).

40. *Convivio [Le banquet]*, I XIII : « Mon vernaculaire a été aussi mon précepteur sur le chemin de la science, qui est l'ultime perfection, car, par lui, je suis entré dans le latin qui, par lui, m'a été montré : et le latin ensuite m'a été une voie pour aller plus avant »). Ce témoignage de Dante est rapporté et commenté dans *De Blasi : 1993*, p. 383-384.

41. *Percival : 1992*, p. 226.

42. Cf. *Lusignan : 1987*, p. 42-43 et *Rizzo : 1990*, p. 7-8.

considérations du moine allemand Otfried († 833 *ca.*)[43] à celles du *Donatz proensal* d'Uc Faidit (1240 *ca.*),[44] jusqu'au *Codex diplomaticus regni Croatiæ, Dalmatiæ et Slavoniæ* (1333)[45], attestent qu'au Moyen Âge s'est établie une équivalence entre les termes de « latin » et de « grammaire », opposés eux-mêmes, explicitement ou non, aux systèmes linguistiques et culturels rattachés au concept de « vernaculaire » ou de « langue maternelle »[46]. « On retrouve aussi cette acception du mot en ancien français. C'est ainsi que le dictionnaire Tobler-Lömmatzsch distingue comme sens possible du mot "grammaire" celui de langue latine ou d'œuvre écrite en latin et cite plusieurs exemples d'emploi

43. Cf. « Huius enim linguæ barbaries, ut est inculta et indisciplinabilis, atque insueta capi regulari freno grammaticæ artis, sic etiam in multis dictis scriptum est, propter literarum aut congeriem aut incognitam sonoritatem difficilis » (« La barbarie de cette langue, déja inculte et indisciplinée et peu encline à se soumettre au frein régulateur de l'art grammatical, se révèle en outre difficile – cela a été dit dans de nombreux textes – en raison de l'accumulation des lettres ou de leur sonorité inconnue ») – cit. dans *Percival : 1975*, p. 247.

44. Cf. *Faidit : 1969*, p. 88 : « Las oit partz que om troba en gramatica troba om en vulgar provençhal » (« Les huit parties que l'on trouve en grammaire, on les trouve dans le *vulgar* provençal »).

45. « Scripta sunt quatuor priuilegia similem unum alteri, duo scripta in gramatica latine et alia in sclauonico ». (« Quatre privilèges ont été écrits, l'un semblable à l'autre, deux en grammaire latine et deux en slavon ») – cit. dans le *Lexicon* : *1973*, *s.v.* « Gramatica ».

46. Cf. *Mengaldo : 1971*, p. 260 ; *Percival : 1975*, p. 247-248 ; *Coppini : 1987*, p. 181-187 et p. 190-191. Pour une vision d'ensemble, cf. *Rizzo : 1990*, p. 33-40 et *Giard : 1984*, p. 500, qui rappelle comment dans l'Europe médiévale (en France en particulier), le terme *grammatica* « désigne soit la langue latine elle-même, considérée en tant que langue écrite et fixée par un corps de règles [...] ; soit le corpus textuel qui énonce et discute ces règles (c'est l'acception que « grammaire » a conservée dans la langue actuelle) ; soit enfin, selon la terminologie antique du cycle des arts libéraux, le premier niveau d'étude consacré successivement à l'alphabétisation, à l'apprentissage du latin, au déchiffrage du sens (*lectio*) et à l'explication (*enarratio*) en cette langue des auteurs classiques ». Ailleurs (dans *Giard : 1992*, p. 208), la même chercheuse affirme qu'« au Moyen Âge, le latin, langue naturelle dans son origine, mais semi-artificialisée dans son usage maintenu, assure seul la fonction officielle de langue écrite et se trouve seul thématisé comme langue stable, réglée et normée par une *grammatica*, ce mot ayant d'ailleurs pris un sens ambigu, à la fois 'grammaire' et 'langue écrite' ». On peut souscrire à ce propos, en précisant que, dans le passage de Dante (*De vulgari eloquentia*, I 1) qu'elle cite pour démontrer le double sens pris par le terme latin *grammatica*, ce mot ne signifie pas 'langue écrite', mais 'langue de culture réglée et conventionnelle' ou même, plus simplement, 'latin' (cf. *Mengaldo : 1971*, p. 268).

du mot en ce sens dans des textes fort divers ».[47] En ancien anglais également, le terme *grammar* indiquait exclusivement la grammaire latine, « as Latin was the only language that was taught grammatically ».[48]

Cette correspondance terminologique et l'idéologie qui la sous-tend trouvent leur expression la plus nette dans le *De vulgari eloquentia* de Dante,[49] grandiose synthèse de ce que la philosophie du langage médiévale avait produit en Europe. Après celui-ci, on peut citer, pour l'aire italienne, plusieurs autres exemples, antérieurs ou postérieurs, parfois de beaucoup, à Alberti ou même contemporains.[50] Ainsi, ce maître qui, dans la profession de foi

47. *Lusignan : 1987*, p. 43. Cf. aussi *Lusignan : 1987a*, p. 959. En ancien français, le sens de 'latin' pour le terme *gramaire* se maintient au moins jusqu'au XVIᵉ siècle (cf. *Huguet : 1946*, *s.v.* « Grammaire »).

48. *Simpson & Weiner : 1989*, *s.v.* « Grammar[1] » (« étant donné que le latin était la seule langue enseignée au moyen d'une grammaire »).

49. Cf. *Mengaldo : 1971* ; *Lusignan : 1987*, p. 44-46.

50. Cf. « Incominciasi lo libro primo di Paulo Orosio, raccontatore di Storie, translatato della *grammatica* in volgare per Bono Giamboni » (Bono Giamboni, *Delle Storie contra i Pagani di Paolo Orosio libri VII*, p. 1 : « Ci-commence le premier livre de Paul Orose, raconteur d'histoires, traduit de la *grammatica* en *volgare* par Bono Giamboni ») ; « et ordiniamo che 'l camarlengo sia tenuto di fare chiamare al suo consellio tre buoni omini, che debbiano rivedere questo Costeduto ; e quelli capitoli che a loro parràe, sieno tenuti di fare scrívare in carte di bambagia, o vero di carte di pecora, tucti gli ordini che per li detti tre omini fussero fermati, di buona léttara di testo, e non in *grammatica* » (*Statuto del Comune di Montagutolo dell'Ardinghesca*, p. 47 : « et nous ordonnons que le camerlingue soit tenu d'appeler en son conseil trois *boni homines*, qui devront revoir ledit statut ; et que ces chapitres qu'ils voudront, qu'ils soient tenus de les faire écrire sur papier de coton, ou même sur parchemin, tous les ordres que lesdits trois hommes auront retenus, en bonne écriture de texte et non pas en *grammatica* ») ; « Quegli la ingannò in questo modo : che fece uno pomo d'oro e scrissevi su queste parole in *gramatica* : *Iuro tibi sane per numina sacra Diane me tibi nupturam dominam sponsamque futuram*, cioè a dire in volgare : "Io ti giuro sanamente per la dea della sagrata Diana che io mi mariterò e che io sarò tua donna e tua sposa" » (Anonyme, *Commento ai Rimedi d'Amore di Ovidio*, p. 985 : « Celui-ci la trompa de la manière suivante : il fabriqua une pomme d'or et écrivit dessus ces mots en *grammatica* : "Iuro tibi sane per numina sacra Diane me tibi nupturam dominam sponsamque futuram", c'est-à-dire en *volgare* : "Je te jure en pleine possession de mes esprits par le saint nom de Diane que je me marierai avec toi et que je serai ta femme et ton épouse" ») ; « De scrívare le dette Constituzioni per *gramatica* e per volgare ; e come siano suggellati li libri li quali se faranno di chelle » (*Statuti volgari de lo Spedale di Santa Maria Vergine di Siena scritti l'anno* MCCCV, p. 85 : « D'écrire lesdites Constitutions en *grammatica* et en *volgare* ; et comment doivent être scellés les livres qui les contiendront ») ; « E però sappiate, che l'orazione ch'è solamente in foglie di parole sanza devozione di cuore non piace punto a Dio, anzi volge l'orecchie che non l'oda, che elli non ha cura di tale linguaggio che priega Dio sanza divozione

di cuore, che elli parla a Dio patrolianto metà in francesco, e metà in *gramatica* » (Zucchero Bencivenni, *Esposizione del Paternostro*, p. 82 : « Et sachez donc que l'oraison qui est faite seulement de mots sur le papier sans dévotion de cœur ne plaît pas du tout à Dieu, au contraire il détourne les oreilles pour ne pas l'entendre, car il n'a cure d'un tel langage qui prie Dieu sans dévotion de cœur, car il parle à Dieu moitié en français, moitié en *grammatica* ») ; « Il quale libro a te frate Nastagio dell'ordine de' frati minori, uomo discreto e litterato, co molta fatica recò di versi in prosa, lasciandone certa parte, sanza la quale li parve che questo libro sofficientemente potesse istare ; e io poscia, ad istanzia di te, non molto lievemente, di *grammatica* in lingua volgare traslatai » (Andrea Lancia, *Eneide volgarizzata*, p. 166 : « lequel livre, pour toi frère Anastase, de l'ordre des frères mineurs, homme de jugement et de savoir, au prix d'un grand effort, [il] a fait passer de vers en prose, tout en laissant de côté une certaine partie, sans laquelle il lui parut que ce livre pouvait cependant se tenir ; et par la suite, sur ta demande, je l'ai traduit, non sans difficulté, de *grammatica* en *volgare* ») ; « Anch'è statuto e ordinato che 'rettori di questa arte siano tenuti e debiano fare asemplare questo statuto in volgare, sí che quelli che ignorano e non sanno *gramatica* possino tutti capitoli di questo constituto leggere e [in]tendere per volgare » (*Statuto dello Spedale di Santa Maria Di Siena*, p. 119 : « il a été aussi statué et ordonné que les recteurs de ce métier sont rigoureusement tenus de faire copier ce statut en *volgare*, pour que ceux qui ignorent et ne savent pas la *grammatica*, puissent lire tous les chapitres de ce statut et les entendre en *volgare* ») ; « e però che il primo luogo ove si pesava non era sofficiente a tanto strepito, vi si feciono due luoghi ove si pesava, e però si diclina il nome di Pisa in *gramatica* : pluraliter, nominativo hee Pise" (Giovanni Villani, *Nuova cronica*, II 11 : « et comme le premier endroit où l'on pesait ne suffisait pas à tant de cohue, on y fit deux endroits où l'on pesait ; c'est pourquoi on décline le nom de Pise en *grammatica* : pluraliter, nominatif hee Pise ») ; « Poi crescendo gli abitanti, si raccomunò l'uno luogo e l'altro, e però secondo *gramatica* si diclina in plurali : pluraliter nominativo hee Sene" (*ibid.*, II 19 : « Puis la population croissant, on rassembla les deux endroits ; c'est pourquoi selon la *grammatica* on décline ce nom au pluriel : pluraliter nominatif hee Sene ») ; « e cominciò ad allegare con una *gramatica* grossa: – Domine judex, reputate non esse malitiam, sed errorem » (Franco Sacchetti, *Trecentonovelle*, Nouv. 139 : « et il commença à arguer en mauvaise *grammatica* : – Domine judex, reputate non esse malitiam, sed errorem ») ; « lui curiosamente ascoltava, voleva intendere, recordavase pur de *grammatica* e parlava latino non incongruamente, non so se per avere scripti tanti libri quanti avea o pur per recordarse de quella avea imparato da fanciullo » (Sabadino degli Arienti, *Novelle porretane*, Nouv. 57 : « lui écoutait curieusement, essayait de comprendre, se rappelait même sa *grammatica* et parlait latin convenablement, je ne sais si d'avoir écrit autant de livres qu'il en avait ou bien de se remémorer ce qu'il avait appris étant enfant ») ; « Io voglio che tu faccia a mio modo, e questo è che tu dica di avere studiato in medicina, e che abbi fatto a Parigi qualche sperienzia : lui è per crederlo facilmente per la semplicità sua, e per essere tu litterato e poterli dire qualche cosa in *gramatica* » (Niccolò Machiavelli, *Mandragola*, I 3 : « Je veux que tu fasses suivant mon idée, à savoir que tu dises que tu as étudié la médecine, et que tu as fait quelques expériences à Paris ; il le croira facilement, lui un naïf, toi un lettré capable de lui dire quelques mots en *grammatica* ») ; « E, comeché io nella mia fanciullezza poco innanzi procedessi nella *grammatica*, pur mi voglio ricordare che Mizione, il quale amava cotanto Eschino che egli stesso avea di ciò maraviglia, nondimeno prendea talora sollazzo di beffarlo » (Giovanni Della Casa, *Galateo*, 19 : « Et, même si, dans mon enfance, je n'ai pas été très loin dans l'étude de la *grammatica*, je veux me souvenir que Micion, qui aimait tellement Eschine qu'il s'en étonnait lui-même, prenait parfois plaisir, néanmoins, à le moquer ») ; « Onorio III, quale

exigée par la curie patriarcale de Venise en 1587, déclare enseigner « grammatica a vinti scolari », entendant encore, par là, le latin.[51] En somme, comme l'a bien synthétisé Mirko Tavoni, une sorte de sens commun, transmis par les détenteurs les moins aguerris de la culture grammaticale, confond dans le même terme de *grammaire* le latin et ce que nous continuons à appeler grammaire. Cette confusion s'est formée parallèlement au processus de polarisation entre le latin et les langues vernaculaires ; elle en est même le reflet métalinguistique.[52] Que cette idéologie persistât à l'époque où a été composée la grammaire *De la langue toscane* est un fait attesté par la querelle lancée à Florence en mars 1435 sur la nature de la langue en usage dans la Rome antique, querelle à laquelle participent d'abord Flavio Biondo[53] et Leonardo Bruni,[54] et par la suite les plus fameux humanistes de la première moitié du XVe siècle, dont Alberti.

Au centre de la polémique,[55] qui jusqu'au siècle suivant implique de nombreux hommes de lettres en Italie et plus d'un savant en Europe, il y a cette question : dans la Rome antique, lettrés et illettrés parlaient-ils une seule et même langue, le latin, seulement différenciée en niveaux et en registres (comme le soutenait Flavio Biondo), ou bien y avait-il, en ce temps-là, la même situation de diglossie qu'à l'époque moderne, avec une

privò un vescovo della Sassonia inferiore per non aver imparato *grammatica*, né letto mai il Donato » (Paolo Sarpi, *Istoria del Concilio tridentino*, II 86 : « Honorius III, qui destitua un évêque de Basse-Saxe, parce qu'il n'avait pas appris la *grammatica* ni jamais lu Donat »). Les sept premiers exemples, qui remontent aux dernières années du XIIIe siècle et aux premières du XIVe, sont tirés des archives de *Tesoro* ; les sept autres (dont certains ont déjà été cités dans *Mengaldo : 1971*, p. 260 et dans *Percival : 1975*, p. 247), sont tirés des archives de *Letteratura Zanichelli : 1997*.

51. L'exemple est cité dans *Grendler : 1989*, p. 47 et n. 12 (« la grammaire à vingt écoliers »).

52. Cf. *Tavoni : 1984*, p. 15.

53. Qui a exposé sa pensée dans la lettre *De verbis romanæ locutionis*, datée du 1er avril 1435 (le texte se lit maintenant dans *Tavoni : 1984*, p. 197-215).

54. Qui a répondu à Biondo, le 7 mai suivant, par la lettre *An vulgus et literati eodem modo per Terentii Tulliique tempora Romæ locuti sint* (le texte se lit maintenant *ibid.*, p. 216-221, à la suite du précédent).

55. La contribution de *Mazzocco : 1993* n'apporte pas grand chose à la reconstruction présentée par *Tavoni : 1984*, auquel est empruntée toute cette partie de mon introduction.

opposition entre le latin et le *volgare* (comme le prétendait, selon la plupart, Leonardo Bruni) ?[56]

La conviction qu'il était impossible aux classes populaires de l'Antiquité d'utiliser le latin est fondée chez Bruni sur l'opposition déjà évoquée entre le latin et le *volgare*, synonyme l'un de grammaticalité, l'autre d'agrammaticalité. « Latina lingua », soutenait-il, « a vulgari in multis differt, plurimum tamen terminatione, inflexione, significatione, constructione et accentu »[57] ; nourrices, femmes du peuple et autre plèbe ne pouvaient se servir du latin, parce qu'elles étaient incapables de décliner et de conjuguer correctement (en d'autres termes, parce qu'elles ignoraient les bases de la grammaire).[58] Pour sa

56. Flavio Biondo a attribué à Leonardo Bruni la conviction que, chez les Romains, la foule des illettrés parlait le même *volgare* que celui utilisé à l'époque contemporaine. Les choses étaient différentes. La thèse de Bruni était que la plèbe de l'Antiquité parlait un *volgare*, mais non qu'il fût identifiable au *volgare* moderne. Comme l'a démontré Tavoni (*ibid.*, p. X-XIII et p. 5-10), l'analogie entre les temps modernes et l'Antiquité postulée par Bruni résidait dans la situation linguistique générale. L'opposition n'était pas entre le latin et le *volgare* moderne, mais entre le latin (conçu comme seule langue grammaticale) et un *volgare* (conçu génériquement comme langue du peuple, non réductible à la grammaire). Les argumentations de Bruni, toutefois, se prêtaient facilement au malentendu qui s'ensuivit. Curieusement, l'intéressé ne réagit que par un très léger rectificatif. Dans le cadre d'une reconstruction historique, le fait que la thèse attribuée à Bruni ait été mal comprise ou déformée est sans importance : pour tout le monde, ou presque, la thèse de Bruni était celle divulguée par Biondo, et non pas l'autre.

57. *Ibid.*, p. 219 (« La langue latine diffère beaucoup de la vulgaire, surtout du point de vue des désinences, de la flexion, du sens, de la construction et de l'accent »).

58. Cf. *ibid.* : « Mulierculæ igitur illæ ac nutrices tuæ, si de supellectili recte dicendum erit, *supellex* dicent. Rursus vero si inclinandum, ita ut possessionem vel generationem significet, *supellectilis* dicent, et si poscat intentio *supellectili supellectilem* variabunt, eædemque cum pluraliter dicendum erit, *supellectilia* variato genere pronunciabunt, et *supellectilium* et *supellectilibus*. Per Deum immortalium, nonne videtis impossibilia vos credere ? [...] *Cado, cecidi* si casum significet : si cædem *cecidi* media producta. Ita queso internoscent mulieres et turba, atque ita loquentur ? » (« Donc tes bonnes femmes et tes nourrices, devant parler au cas sujet de *suppellettile*, diraient *supellex* ? Et par contre, devant le décliner, pour indiquer la possession ou le génitif, diraient-elles *supellectilis*, et si nécessaire le changeraient-elles en *supellectili* et en *supellectilem* ? Et, s'agissant de décliner le pluriel, diraient-elles *supellectilia*, en changeant le genre, puis *supellectilium* et *supellectilibus* ? Par les dieux immortels, mais vous rendez-vous compte que vous croyez à des choses impossibles ? [...] Pour l'idée de 'chuter', nous avons le verbe *cado, cecidi* ; pour l'idée de 'tuer' nous avons *cecidi*, en allongeant la voyelle médiane. Par amour du ciel, les bonnes femmes et le petit peuple seraient-ils capables de faire une telle distinction et de s'exprimer en conséquence ? »).

part, Flavio Biondo défend, pourrait-on dire, une « latinité minimum » du *volgare*, lui reconnaissant d'un côté une grammaticalité rudimentaire[59] et insistant de l'autre sur sa communauté lexicale avec le latin.[60] Mais surtout, afin de démontrer, contre Bruni, que le *volgare* moderne n'existait pas dans l'Antiquité, il en fixe la date de naissance à l'époque des invasions barbares, élaborant une sorte de « théorie de la catastrophe » ou de la corruption,[61] selon laquelle le *volgare* moderne est né de la dissolution politique, culturelle et linguistique de l'Empire romain, après les invasions barbares (Goths et Vandales notamment), à la suite du brassage entre le latin mal appris des envahisseurs et les langues de ces étrangers mal apprises par les Romains, qu'ils avaient vaincus :

> Postea vero quam urbs a Gothis et Vandalis capta inhabitarique cœpta est, non unus iam aut duo infuscati, sed omnes sermone barbaro inquinati ac penitus sordidati fuerunt ; sensimque factum est, ut pro romana latinitate adulterinam hanc barbaricam mixtam loquelam habeamus vulgarem.[62]

Cette querelle s'est développée dans les cénacles humanistes et, parmi ceux qui y prennent part, directement ou non, personne

59. Cf. « Omnibus ubique apud Italos corruptissima etiam vulgaritate loquentibus idiomatis natura insitum videmus, ut nemo tam rusticus, nemo tam rudis tamque ingenio hebes sit, qui modo loqui possit, quin aliqua ex parte tempora casus modosque et numeros noverit dicendo variare, prout narrandæ rei tempus ratioque videbuntur postulare » (« Partout en Italie, par la nature même de la langue, nous voyons chez tous ceux qui parlent même le *volgare* le plus dégradé qu'aucun n'est si paysan, si fruste ou si bête au point de parler sans varier en quelque mesure temps, cas, modes et nombre, selon les exigences de la narration ») – cit. par *Tavoni : 1984*, p. 213. Voir aussi *ibid.*, p. 36, et *Tavoni : 1992a*, p. 62.

60. Comme le signale *Tavoni : 1984*, p. 22, « È infatti nella retorica di Cicerone che Biondo trova [...] l'idea della latinità come di un fondo lessicale comune che si articola poi in linguaggio volgare, linguaggio dell'oratoria, linguaggio della poesia » (« C'est en effet dans la rhétorique de Cicéron que Biondo trouve [...] l'idée de la latinité comme fonds lexical commun qui s'articule ensuite en langage populaire, langage de l'art oratoire, langage de la poésie »).

61. Cf. *Bahner : 1966*, p. 74 ss., et *Marazzini : 1989*, p. 17 ss.

62. *Tavoni : 1984*, p. 214-215 (« Après que Rome eut été conquise et eut commencé à être habitée par les Goths et les Vandales, ce n'est pas juste une ou deux personnes, mais tout le monde qui fut contaminé et souillé par le langage barbare ; le résultat, c'est qu'à la place du latin des Romains, nous avons ce parler barbare hybride et bâtard »).

ne remet en cause la supériorité du latin sur le *volgare.*[63] L'un d'entre eux, en l'occurrence Lorenzo Valla, va même jusqu'à considérer les langues modernes de l'Italie, et de l'Europe en général, comme une seule et même « erreur » monumentale,[64] dépourvue de toute rationalité grammaticale.[65] Cependant, si de telles positions dénient à la langue contemporaine toute possibilité de codification, la reconstruction de Flavio Biondo n'exclut pas sa perfectibilité ; en reconnaissant une analogie entre la situation socio-linguistique moderne et la situation antique, il restitue à celle-là la dignité que les autres réservent à celle-ci. Si le *volgare* est le résultat d'une corruption du latin, on ne peut nier qu'il ait une certaine noblesse, fût-elle déchue ; si dans la Rome antique, il y a eu une seule et même langue, différenciée en deux variétés, basse et haute, la même distinction pourrait s'appliquer à la langue de l'Italie moderne. Si les gens de lettres, adoptant le *volgare* comme instrument d'échange artistique et scientifique, s'engageaient à le perfectionner, pourraient alors coexister un *volgare* inférieur, pour les usages courants, et un *volgare* supérieur, réservé aux arts et aux sciences.

63. Cf. *Tavoni : 1984*, p. 38, et *Marazzini : 1989*, p. 20.

64. Cf. *Coppini : 1987*, p. 209.

65. Cf. Lorenzo Valla, *Apologus II*, dans *Tavoni : 1984*, p. 266-270 : « Numquam animadverti romanum romane, aut florentinum florentine, aut neapolitanum neapolitane, aut venetum venete alium alio magis loquentem [...]. Quis de lingua gallica, hispana, germanica, florentina, neapolitana, veneta, et item de reliquis, rationem exigit, et non ipso usu contentus est ? (« Entendant un Romain parler romain, un Florentin, florentin, un Napolitain, napolitain, un Vénitien, vénitien, je n'ai jamais remarqué que l'un parlât mieux que l'autre [...]. Qui exige de la langue française, de l'espagnole, de l'allemande, de la florentine, de la napolitaine, de la vénitienne, et des autres pareillement, une rationalité grammaticale sans se contenter de l'usage ? »). Pour « ratio » au sens de 'rationalité grammaticale', voir *Cesarini Martinelli : 1980*, en particulier p. 47 et p. 62 – où on peut lire ce commentaire : « Fra quanti parlano i dialetti volgari, non può stabilirsi un parametro di correttezza e veridicità, né affermare che uno parli meglio [...] di un altro [...] ; nei volgari infatti è assente ogni regola razionale » (« Parmi ceux qui parlent les différentes langues vernaculaires, on ne peut établir un paramètre de correction et de véridicité, ni affirmer qu'un tel parle mieux [...] que tel autre [...] ; dans les langues vernaculaires, en effet, toute règle rationnelle est absente »). Méprisant profondément le français, jugé par lui *versipellis* (c'est-à-dire 'ayant trop tendance à changer de peau') et dépourvu de toute règle (cf. *Érasme : 1966*, p. 600), Érasme était bien d'accord avec Valla.

Un auteur, en particulier, développe ces arguments, Leon Battista Alberti. Il intervient dans la polémique peut-être en 1437-1438,[66] avec le *Proemio* au livre III du *De familia*, moins comme partisan des idées de Biondo que comme adversaire farouche des thèses attribuées à Bruni, et non pas de celle qui est au centre du débat (l'existence, dans la Rome antique, de deux langues au lieu d'une), mais de celle, secondaire, qui nie la grammaticalité du *volgare*. Contre la théorie de Bruni postulant un bilinguisme antique latin-vernaculaire, Alberti fait sienne la théorie de la catastrophe de Biondo[67] ; contre l'identité entre latin et grammaire avancée par ceux qui pensent « la lingua in quale scrissero e' dotti essere una quasi arte e invenzione scolastica piú tosto intesa che saputa da' molti »,[68] il soutient que le latin était le code non seulement des échanges publics et des usages élevés, mais également des échanges privés

66. Selon toute probabilité, le *Proemio* au livre III remonte en fait aux années 1436-1440 *ca.*, et il n'est guère possible de préciser davantage sa date de composition. Cf. *Furlan : 1994*, p. 441-442.

67. Cf. *Alberti : 1994, Proemio del lib. III* 27-37 : « Fu Italia piú volte occupata e posseduta da varie nazioni : Gallici, Goti, Vandali, Longobardi, e altre simili barbare e molto asprissime genti. E, come necessità o volontà inducea, i popoli, parte per bene essere intesi, parte per piú ragionando piacere a chi essi obediano, cosí apprendevano quella o quell'altra lingua forestiera, e quelli strani e avventizii uomini el simile se consuefaceano alla nostra, credo con molti barbarismi e corruttela del proferire. Onde per questa mistura di dí in dí insalvatichí e viziossi la nostra prima cultissima ed emendatissima lingua » (« L'Italie fut plusieurs fois occupée et soumise par différentes nations : Gaulois, Goths, Vandales, Lombards, et autres peuples aussi barbares et brutaux. Et, poussés par la nécessité ou la volonté, ses habitants, en partie pour être bien compris, en partie pour plaire davantage, en parlant, à ceux auxquels ils obéissaient, apprenaient ainsi telle ou telle langue étrangère, et pareillement ces personnes venues d'ailleurs se familiarisaient avec la nôtre, en commettant, je pense, force barbarismes et solécismes. De sorte que par ce mélange, notre langue, à l'origine si cultivée et si parfaite, se faisant jour après jour plus sauvage, s'est gâtée »).

68. *Ibid.*, 44-46 (« que la langue dans laquelle écrivaient les lettrés était une sorte d'art et d'invention savante comprise plus que sue par la plupart »). Significativement, le binôme latin-*volgare* n'apparaît jamais chez Alberti, « whose primary objective is the formulation of the vernacular language rather than reconstruction of the linguistic state of antiquity, the area of investigation connected with this binomial. Alberti and his followers make use exclusively of the term *lingua latina* » (*Mazzocco : 1993*, p. 183 : « dont l'objectif primordial est la formulation de la langue vulgaire plutôt que la reconstruction de l'état linguistique de l'Antiquité, zone de recherche liée au binome [*sc.* latin-*volgare*]. Alberti et ses disciples emploient exclusivement le terme de *lingua latina* »).

et des usages plus humbles.[69] Surtout il souligne qu'à l'instar des classes inférieures de l'Antiquité incapables de décliner et de conjuguer en latin, les esclaves alloglottes,[70] dans la Toscane du XVe siècle, n'arrivent pas à décliner et à conjuguer en *volgare*,[71] ce qui prouve que désinences et concordances, attributs de la grammaticalité, ne sont pas l'apanage du latin, mais peuvent être reconnus également au *volgare*. Celui-ci à l'avenir pourrait donc et devrait être employé non seulement dans le cadre modeste de la communication quotidienne et privée, mais aussi dans celui plus prestigieux de l'art, de la science et de la littérature. Ici encore, il convient de suivre l'exemple des anciens, qui, dans leur langue splendide, ont traité aussi bien « di cose ben vulgari e domestice » que d'« arti scolastice e scienze »[72] :

> Ben confesso quella antiqua latina lingua essere copiosa molto e ornatissima, ma non però veggo in che sia la nostra oggi toscana tanto d'averla in odio, che in essa qualunque benché ottima cosa

69. Cf. *Alberti : 1994*, 46-53 :« Se qui fusse luogo da disputare, dimanderei chi apresso gli antichi non dico in arti scolastice e scienze, ma di cose ben vulgari e domestice ma' scrivesse alla moglie, a' figliuoli, a' servi in altro idioma che solo in latino. E domanderei chi in publico o privato alcuno ragionamento mai usasse se non quella una, quale perché a tutti era commune; però in quella tutti scrivevano quanto e al popolo e tra gli amici proferiano » (« Si c'était ici le lieu de discuter, je demanderais qui, chez les Anciens, je ne parle pas de la littérature savante et des sciences, mais pour les choses les plus prosaïques et les affaires domestiques, a jamais écrit à sa femme, à ses enfants, à ses serviteurs en une autre langue qu'en latin. Et qui dans un discours public ou privé a jamais employé autre chose que cette langue, dans laquelle, puisqu'elle était commune à tous, tout le monde écrivait tout ce qu'il disait soit au peuple soit entre amis »).

70. Cf. *Bertolini : 1996*, p. 225-228.

71. Cf. *Alberti : 1994*, 53-60 : « E ancora domanderei se credono meno alle strane genti essere difficile, netto e sincero profferire questa oggi nostra quale usiamo lingua, che a noi quella quale usavano gli antichi. Non vediamo noi quanto sia difficile a' servi nostri profferire le dizioni in modo che sieno intesi, solo perché non sanno, né per uso possono variare casi e tempi, e concordare quanto ancora nostra lingua oggi richiede ? » (« Et je demanderais encore s'ils croient qu'il est moins difficile aux étrangers de parler juste et bien cette langue que nous parlons aujourd'hui qu'à nous de parler celle qu'utilisaient les Anciens. Ne voyons-nous pas comme nos serviteurs ont du mal à prononcer les mots de manière compréhensible, simplement parce que, ne l'ayant ni apprise ni pratiquée, ils sont dans l'impossibilité de varier les cas et les temps et de faire toutes les autres concordances qu'exige notre langue actuelle ? »).

72. Cf. *supra*, n. 69 (« les choses les plus prosaïques et les affaires domestiques » et « de la littérature savante et des sciences »).

> scritta ci dispiaccia [...]. E sia quanto dicono quella antica apresso di tutte le genti piena d'autorità, solo perché in essa molti dotti scrissero, simile certo sarà la nostra s'e' dotti la vorranno molto con suo studio e vigilie essere elimata e polita.[73]

Cinquante ans plus tard, certains des arguments du *Proemio* contre la domination du latin et en faveur de l'émancipation du *volgare* sont repris par Nebrija dans le prologue de sa *Gramática de la lengua castellana.*[74] Les affirmations d'Alberti

73. *Alberti : 1994*, 80-98 (« Je reconnais volontiers que l'ancienne langue latine était fort riche et très distinguée, mais pour autant je ne vois pas en quoi notre toscan d'aujourd'hui est à haïr, au point que tout ce qui s'y écrit, même excellemment, doive nous déplaire [...]. Et si la langue antique a, dans tous les pays, autant d'autorité qu'on le dit, c'est simplement parce que de nombreux lettrés l'ont écrite, et il en ira de même pour la nôtre si les lettrés veulent bien la limer et la polir par leurs efforts et leur travail »).

74. Cf. *Bahner : 1966*, p. 50 : « También recibió Nebrija durante su estancia en Italia bastantes estímulos del llamado "humanismo vulgar". Lo más notable es que a mediados del siglo XV se robustecío en Italia la lucha de humanistas aislados, a la cabeza de los cuales iba Leon Battista Alberti, contra el predominio del latín y a favor de la emancipación del *volgare.* En esta lucha se esgrimieron argumentos que Nebrija vuelve a tomar en el prólogo a su gramática castellana » (« Nebrija a aussi reçu, au cours de son séjour en Italie, une puissante incitation de la part de ce que l'on appelle "l'humanisme vulgaire". Le plus notable est que, au milieu du xve s., en Italie la lutte des humanistes isolés, à la tête desquels se trouvait Alberti, s'intensifiait contre la domination du latin et en faveur de l'émancipation du *volgare.* Au cours de cette lutte on a échangé des arguments que Nebrija reprend dans le prologue de sa grammaire espagnole »). Cf., en effet, *Nebrija : 1984*, p. 100-101 : « Ésta [*sc.* la langue castillane] hasta nuestra edad anduvo suelta y fuera de regla, y a esta causa a recebido en pocos siglos mucħas mudanças ; por que si la queremos cotejar con la de oi a quinientos años, hallaremos tanta diferencia y diversidad cuanta puede ser maior entre dos lenguas. I por que mi pensamiento y gana siempre fue engrandecer las cosas de nuestra nación, y dar a los ombres de mi lengua obras en que mejor puedan emplear su ocio, que agora lo gastan leiendo novelas o istorias embueltas en mil mentiras y errores, acordé ante todas las otras cosas reduzir en artificio este nuestro lenguaje castellano, para que lo que agora y de aquí adelante en él se escriviere pueda quedar en un tenor, y estender se en toda la duración de los tiempos que están por venir, como vemos que se a hecħo en la lengua griega y latina, las cuales por aver estado debax̄o de arte, aun que sobre ellas an passado mucħos siglos, toda vía quedan en una uniformidad » (« Celle-ci [*scil.* la langue espagnole], jusqu'à notre époque, allait libre et sans règle, et pour cette raison elle a connu, en peu de siècles, beaucoup de changements, car si nous voulons comparer celle d'aujourd'hui avec celle d'il y a cinq cents ans, nous trouverions une différence et une diversité telles qu'il ne peut y en avoir de plus grandes entre deux langues. Et puisque mon intention et désir a toujours été de promouvoir la grandeur de notre nation, et de donner aux hommes de notre langue des ouvrages dans lesquels ils puissent mieux employer leurs loisirs, qu'ils gâtent aujourd'hui à la lecture de nouvelles ou d'histoires enveloppées en mille mensonges ou erreurs,

trouvent aussi un écho non négligeable, plus d'un siècle plus tard, dans la préface *Aux lecteurs* du *Traité de la grammaire française* de Louis Meigret,[75] qui s'inscrit dans la lignée de Claude de Seyssel, le fondateur de la tradition française – qui a connu l'année précédant la publication du *Traité*, avec Joachim du Bellay, son expression la plus haute.[76]

On peut donc à bon droit reconduire à l'initiative d'Alberti le mouvement de « défense et illustration » des différentes langues nationales qui, à partir de la fin du XVe siècle, trouve des porte-parole et des partisans dans toute l'Europe – depuis Nebrija, de Seyssel, du Bellay et Meigret, déjà cités, pour l'espagnol et le français, à Sperone Speroni pour l'italien, Fernão de Oliveira pour le portugais et Gruffyd Robert pour le gallois[77].

Sylvain Auroux a observé que le processus de grammatisation des langues vernaculaires à la Renaissance ne ressemble en rien, dans ses motivations, à celui qui a concerné, quelques siècles plus tôt, l'irlandais ou le provençal. « Il ne s'agit plus seulement de fournir un instrument à la poésie, mais de *déplacer le milieu linguistique de l'ensemble des activités intellectuelles* ».[78] Parmi les auteurs de grammaires consacrées à un *volgare* européen, Alberti est le premier à poursuivre cet objectif. Plusieurs générations plus tard, bien d'autres (par exemple, pour l'Espagne,[79] Antonio

il convient, avant toute autre chose, de ramener notre langue espagnole à un art, pour que ce que désormais l'on pourra y écrire, puisse demeurer dans la même teneur et s'étendre sur toute la durée des temps à venir, comme nous voyons que cela est arrivé pour les langues grecque ou latine, lesquelles, pour avoir été soumises à un art, bien que sur elles aient passé nombre de siècles, demeurent toutefois uniformes »).

75. Cf. *Meigret : 1980*, p. 1 : « Or est-il que notre langue est aujourd'hui si enrichie par la profession et expérience des langues latine et grecque, qu'il n'est point d'art ni science si difficile et subtile, ni même cette tant haute théologie (quoiqu'elle lui soit défendue, portant la peine de la coulpe d'autrui) dont elle ne puisse traiter amplement et élégamment ».

76. On trouve une bonne vue d'ensemble sur cette tradition dans *Hausmann : 1980a*, p. 146-149.

77. Cf. *De Moura Santos : 1975*.

78. *Auroux : 1992*, p. 23. L'italique est de moi.

79. Sur la diffusion de la théorie de la catastrophe en Espagne, voir surtout *Bahner : 1966*, p. 46 ss., p. 59 ss. et p. 73 ss. ; *Roldán Pérez : 1976*, p. 222-226 ; *Tavoni : 1990*, p. 229 ss. ; *Sarmiento : 1992*, p. 330-332. Il convient de signaler que les échos de la discussion sur la nature de la langue parlée dans la Rome antique,

de Nebrija[80] et les auteurs anonymes de deux grammaires publiées à Louvain en 1555[81] et 1559[82] ; au Portugal,[83] Fernão

qui s'est développée à partir des années 1430 dans les milieux humanistes italiens, sont parvenus dans la péninsule ibérique indépendamment de Nebrija (cf. *Tavoni : 1990* et *Binotti : 1988*).

80. Cf. *Nebrija : 1984*, p. 98-99 : « De allí, començando a declinar el imperio de los romanos, junta mente començó a caducar la lengua latina, hasta que vino al estado en que la recebimos de nuestros padres, cierto tal que cotejada con la de aquellos tiempos, poco más tiene que hazer con ella que con la aráviga » (« Dès lors, l'empire des Romains commençant à décliner, simultanément commença à déchoir la langue latine, jusqu'à ce qu'elle en vienne à l'état où nous l'avons reçue de nos pères, assurément telle que si on la compare avec celle de ces temps elle a aussi peu à faire avec elle que l'arabe »), et *ibid.*, 109 : « [Los godos] no sola mente acabaron de corromper el latín y lengua romana, que ia con las muchas guerras avía començado a desfallecer, mas aun torcieron las figuras y traços de las letras antiguas, introduziendo y mezclando las suias, cuales las vemos escriptas en los libros que se escrivieron en aquellos ciento y veinte años que España estuvo debaxo de los reies godos » (« [Les Goths] non seulement commencèrent de corrompre le latin et la langue romaine, qui déjà, du fait des nombreuses guerres, avait commencé à déchoir, mais en plus ils tordirent les figures et tracés des lettres antiques, y introduisant et mêlant les leurs, comme nous les voyons écrites dans les livres qui se sont écrits au cours des cent vingt ans où l'Espagne fut sous le joug des Goths »). Il importe d'ajouter, avec *Esparza Torres : 1995*, p. 96, que « corrupción de la lengua para el gramático no significa "putrefacción". El castellano no es latín potrido » (« pour un grammairien, la corruption de la langue ne veut pas dire sa "putréfaction". L'espagnol n'est pas du latin pourri »).

81. Cf. *Util, y breve institution : 1555*, f° 472 : « Esta lengua tuvo origen de la Latina, salvo que ha degenerado algo por la comunicacion y señorío que naciones extranjeras han tenido sobre ella, como Moros, Cartagineses, Godos, Vantalos, Celtas, Hunnos y Alanos, la cual quedó tan mudada que perdío la puridad de la lengua Latina, aunque todavía han quedado algunos rastros de ella y grande similitud ; de tal manera, que la lengua Española no es otra cosa que Latina corrupta, aunque no tanto que no quede siempre muy semejante á la Latina » (« Cette langue tire son origine de la latine, à ceci près qu'elle a quelque peu dégénéré du fait du commerce et de la domination que de nombreuses nations étrangères ont exercée sur elle, comme les Maures, les Carthaginois, les Goths, les Vandales, les Celtes, les Huns, les Alains etc. ; elle en a été si changée qu'elle a perdu la pureté de la langue latine, bien que soient demeurés quelques traits de celle-ci et une grande similitude ; de telle sorte que la langue espagnole n'est rien d'autre que la latine corrompue, tout en restant toujours semblable à la latine »).

82. Cf. *Gramatica de la Lengua Vulgar de Hespaña : 1559*, f° 505 : « Esta lengua Vulgar tiene su origen de la Latina, sino que con el comercio i aun con el imperio de muchas i mui peregrinas naciones, como Africanos, Godos, Vandalos, Vnos, Alanos i otras ; quedada tan mudada, i desecha de su propiedad, i natural ser, admitiendo en su habla palabras, acentos, y pronunciaciones estranjeras, que ha resultado, i venido a hazerse una lengua de por si, compuesta de la Latina, i de las sobredichas ; de tal manera que tenga mui mucho mas de lo Latino, que de las otras, tanto que claramente se le parescia ser aquella mesma, que antiguamente se usava en Roma : por donde non sin causa se puede llamar esta nuestra Vulgar, lengua Latina alterada, i corrompida » (« Cette langue vernaculaire

de Oliveira[84] et João de Barros[85]), pour garantir à leur idiome la dignité qu'une tradition autonome ne leur a pas conférée,[86] évoquent d'une part la théorie de la catastrophe de Flavio Biondo et, de l'autre, en réponse à la crise d'identité qu'elle provoque,[87] décrivent leur langue d'usage dans un livre de grammaire. Et de fait, en pleine Renaissance, presque tous les grammairiens, à l'exception d'Henri Estienne, affirment que les langues romanes sont nées de la corruption du latin à l'époque des invasions barbares.[88] Les devançant tous largement, Leon Battista Alberti, fait sienne la thèse de la corruption, démonte en théorie le binôme latin-grammaire et met fin à l'embargo imposé par la linguistique médiévale sur l'étude grammaticale des langues vernaculaires.

Primat politique et primat linguistique

Dans le *Proemio* au livre III du *De familia*, Alberti traite un autre thème cardinal pour l'idéologie d'une bonne part des

tire son origine de la langue latine, si ce n'est qu'à cause du commerce ou même de la domination de beaucoup de nations tout à fait étrangères, comme les Africains, les Goths, les Vandales, les Huns, les Alains etc. elle en a été si changée, et privée de sa propriété et de son être naturel, admettant en son sein des mots, des accents et des prononciations étrangers, qu'elle en est venue à former une langue à part, composée de la latine et des langues susdites ; de telle manière qu'elle doit beaucoup plus au latin qu'aux autres langues, à tel point qu'elle paraît extérieurement être celle-là même que l'on employait dans l'Antiquité à Rome : par suite, non sans raison, on peut nommer notre vernaculaire langue latine altérée ou corrompue »).

83. On trouve une vue d'ensemble sur la diffusion de la théorie de la catastrophe au Portugal dans *Tavoni : 1990*, p. 213 et p. 233.

84. Cf. *Coseriu : 1975*, p. 69-70 et p. 88-90.

85. Cf. *Carvalhão Buescu : 1968*, p. 226 : « Pour lui, comme pour la plupart des grammairiens de cette époque, il est [...] indiscutable que les langues vernaculaires ne sont que du latin modifié : 1) soit, dans la prononciation, par l'influence des autres langues (dans notre cas, surtout celles des Goths et des Arabes) et par l'action du temps 2) soit, dans le lexique, par l'adoption des vocables mauresques, castillans et encore d'"autres nations" ».

86. Cf. *Terracini : 1964-1965*, p. 89 ss., p. 119 ss. et p. 128 ss. ; *Tavoni : 1990*, p. 230.

87. Cf. *Sarmiento : 1992*, p. 333.

88. Cf. *Carvalhão Buescu : 1968*, p. 226.

grammaires européennes postérieures. Il s'agit de la découverte du lien profond existant entre primat politique et primat linguistique, tel que le montre, dans l'histoire romaine, l'exemple illustre de l'Empire et du latin.[89] Dans ce parallélisme entre « *imperium* politico della città di Roma e *dominatus* linguistico della lingua di Roma »,[90] comme dans sa définition du canon des modèles moyen-latins néfastes, Alberti sera rejoint par Valla, qui traitera le même sujet, mais avec des convictions et des objectifs bien différents, dans le premier *Prohemium* des

89. Cf. *Alberti : 1994*, 1-24 : « Messere Antonio Alberti [...] solea co' suoi studiosi amici in que' vostri bellissimi orti passeggiando disputare quale stata fosse perdita maggiore o quella dello antiquo amplissimo nostro imperio, o della antiqua nostra gentilissima lingua latina. Né dubitava nostro padre a noi populi italici cosí trovarci privati della quasi devuta a noi per le nostre virtú da tutte le genti riverenza e obedienza, molto essere minore infelicità che vederci cosí spogliati di quella emendatissima lingua, in quale tanti nobilissimi scrittori notorono tutte le buone arti a bene e beato vivere. Avea certo in sé l'antico nostro imperio dignità e maiestà maravigliosa, ove a tutte le genti amministrava intera iustizia e summa equità, ma tenea non forse minore ornamento e autorità in un principe la perizia della lingua e lettere latine che qualunque fosse altro sommo grado a lui concesso dalla fortuna. E forse non era da molto maravigliarsi se le genti tutte da natura cupide di libertà suttrassero sé, e contumace sdegnorono e fuggirono editti nostri e leggi. Ma chi stimasse mai sia stato se non propria nostra infelicità cosí perdere quello che niun ce lo sottrasse, niun se lo rapí ? E pare a me non prima fusse estinto lo splendor del nostro imperio che occecato quasi ogni lume e notizia della lingua e lettere latine » (« Messire Antonio Alberti [...] en se promenant dans vos magnifiques jardins avait pour habitude de discuter avec ses doctes amis pour établir quelle avait été notre perte la plus grave, celle de notre immense empire ancien ou celle de notre auguste langue latine ancienne. Notre père ne doutait pas que pour nous, peuples d'Italie, nous retrouver privés du respect et de l'obéissance qui, eu égard à nos vertus, nous étaient comme dus de la part de tous les peuples était un malheur nettement moindre que de nous voir ainsi dépouillés de cette langue si parfaite, dans laquelle nombre d'excellents écrivains avaient traité de tous les arts de vivre bien et heureux. Notre ancien empire avait certes en lui une dignité et une majesté merveilleuses, pour administrer pleinement la justice à tous les peuples avec une équité suprême, mais, chez un prince, la maîtrise de la langue et de la littérature latines n'était pas sans doute un ornement et une source d'autorité moindres que n'importe quelle autre distinction suprême de la fortune. Et il ne fallait sans doute pas s'étonner vraiment si les peuples, tous par nature épris de liberté, s'étaient dérobés et, rebelles, avaient méprisé et fui nos décrets et nos lois. Mais qui donc n'estimerait que nous avons fait nous-mêmes notre malheur en perdant ainsi ce que nul ne nous avait dérobé, ce dont nul ne s'était emparé ? Et pour ma part je crois que la splendeur de notre empire ne s'est pas éteinte avant que ne se fussent évanouis presque totalement l'éclat et la connaissance de la langue et de la littérature latines »).

90. *Regoliosi : 1993*, p. 69 (« *imperium* politique de la ville et *dominatus* linguistique de la langue de Rome »).

Elegantie[91] et dans le cours inaugural de la nouvelle année universitaire au *Studium* de Rome, en octobre 1455.[92]

Près de soixante ans plus tard, afin de démontrer la nécessité pour le royaume de Castille naissant d'avoir une langue stable et codifiée comme les langues classiques, Nebrija élabore, dans la dédicace de sa *Gramática de la lengua castellana*, la fameuse formule de la « lengua compañera del imperio »,[93] en s'étendant sur le rapport entre l'épanouissement des anciennes langues orientales, du latin et du grec et l'affirmation des empires respectifs.[94] Et en l'espace de

91. Cf. *Valla : 1993*, p. 120-122 : « Cum sepe mecum nostrorum maiorum res gestas aliorumque vel regum vel populorum considero, videntur mihi non modo ditionis nostri homines, verum etiam lingue propagatione ceteris omnibus antecelluisse [...] : opus nimirum multo preclarius multoque speciosius quam ipsum imperium propagasse [...]. Itaque nostri maiores rebus bellicis pluribusque laudibus ceteros homines superaverunt, lingue vero sue ampliatione seipsis superiores fuerunt, tamquam relicto in terris imperio consortium deorum in celo consecuti [...]. Ac, ne pluribus agam de comparatione imperii sermonisque romani, hoc satis est dixisse. Illud iam pridem, tamquam ingratum onus, gentes nationesque abiecerunt ; hunc omni nectare suaviorem, omni serico splendidiorem, omni auro gemmaque pretiosiorem putaverunt, et quasi deum quendam e celo demissum apud se retinuerunt » (« Quand je réfléchis, comme cela m'arrive souvent, aux actions passées de ceux qui nous ont précédés, peuples ou rois, il me semble que nos compatriotes ont surpassé tous les autres non seulement par l'ampleur de leurs possessions mais aussi par la diffusion de leur langue [...] : œuvre splendide et bien plus fameuse et plus précieuse que l'extension de l'empire [...]. En somme, nos pères ont surpassé les autres par la gloire militaire et par quantité d'autres mérites ; mais par la diffusion du latin, ils se sont surpassés eux-mêmes et ayant pour ainsi dire abandonné leur empire sur terre, ont rejoint au ciel le cénacle des dieux [...]. Et un fait suffit pour la comparaison entre l'empire romain et la langue latine : peuples et nations ont rejeté l'un comme un poids désagréable ; l'autre, jugée plus douce que tous les nectars, plus splendide que toutes les soies, plus précieuse que tous les ors et toutes les gemmes, ils l'ont gardée jalousement comme un Dieu descendu du ciel »). Pour Valla, le primat linguistique du latin classique et l'état corrompu du latin médiéval rendaient urgente la restauration de la langue qui avait fait la gloire de Rome ; pour Alberti, au contraire, le retour à la grandeur classique passait par un chemin tout à fait différent : par la langue moderne, qu'il convenait d'améliorer en la confrontant constamment à l'ancienne (cf. *Tavoni : 1984*, p. 150-154 et *Regoliosi : 1993*, p. 77 et p. 105).

92. Cf. *Rizzo : 1994*, p. 75-79.

93. Formule illustrée par *Asensio : 1960*.

94. Cf. *Nebrija : 1984*, p. 97 : « Cuando bien comigo pienso, mui esclarecida Reina, i pongo delante los ojos el antigüedad de todas las cosas que para nuestra recordación y memoria quedaron escriptas, una cosa hállo y sáco por conclusión mui cierta : que siempre la lengua fue compañera del imperio ; y de tal manera lo siguió, que junta mente començaron, crecieron y florecieron, y después junta fue

quelques générations, ce motif devient un leitmotiv chez les grammairiens d'Europe occidentale. En 1529, Geoffroy Tory le reprend à son compte dans son *Champ Fleury* ;[95] en 1536 et 1540, Fernão de Oliveira et João de Barros l'adoptent pour le Portugal, soutenant que leur langue nationale, devenue elle aussi « compañera del imperio », pourrait être le ciment unissant les colonies à la métropole et le vecteur d'une christianisation durable.[96]

Il ne fait aucun doute qu'au moment de rédiger ce passage célèbre, Nebrija s'inspire, directement ou non,[97] de l'idée de Valla. Mais comme l'a démontré Francisco Rico[98] et confirmé Mirko Tavoni,[99] ce n'est là qu'une coïncidence, car ensuite les thèses des deux humanistes divergent notablement. « La lengua, entiende Valla, *no* siempre es compañera del imperio » ;[100] plus généralement, « c'è un'evidente dissimmetria fra la promozione della lingua antica da parte di Valla e la promozione della lingua moderna da parte di Nebrija »[101] : promotion qui, appliquée au castillan « en la plenitud del contexto, suena a una ambición característicamente florentina

la caida de entrambos » (« Lorsque je pense à part moi, Souveraine très éclairée, et que je mets devant mes yeux l'antiquité de toutes les choses qui, pour souvenir et mémoire, ont été écrites, j'en tire comme conclusion certaine : que toujours la langue va de pair avec l'empire. Et elle le suit de telle manière qu'ensemble ils ont commencé, cru et fleuri, et qu'ensuite simultanée fut la chute de tous deux »).

95. Cf. *Tory : 1970*, f° IVv : « Les Romains qui ont eu domination sus la plus grande partie du monde, ont plus prospere, & plus obtenu de victoires par leur langue que par leur lance. Pleust a Dieu que peussions ainsi faire, non pas pour estre Tyrans & Roys sus tous, mais en ayant nostre langue bien reiglee, peussions rediger & mettre bonnes Sciences & Arts en memoire & par escript ». Cf. aussi *Alvar : 1984*, p. 218.

96. Cf. *Asensio : 1960*, p. 408-413, et *Alvar : 1984*, p. 208-211.

97. C'est-à-dire, d'après *Asensio : 1960*, p. 402-407, par le truchement du juriste aragonais Gonzalo García de Santa María, qui fit sienne la réflexion de Valla dans ses *Vidas de los sanctos religiosos*, publiées à Saragosse entre 1486 et 1491, avant donc la publication de la *Gramática*.

98. Cf. *Rico : 1981*, en particulier p. 66-68.

99. Cf. *Tavoni : 1996*, en particulier p. 334-336.

100. *Rico : 1981*, p. 68 (« la langue, veut dire Valla, ne va pas toujours de pair avec l'empire »).

101. *Tavoni : 1996*, p. 335 (« il existe une dissymétrie évidente entre Valla, qui défend la langue antique, et Nebrija, qui veut promouvoir la langue moderne »).

y cuatrocentista (de Leonardo Bruni a Maquiavelo, al través de Alberti, Landino, Poliziano y el Magnífico) : al sueño mediceo de una expansión política y territorial que apoyara la implantación del toscano ».[102]

Ce serait une erreur de supposer que Nebrija ait eu comme source directe l'un quelconque des lettrés cités précédemment, Alberti inclus. Le passage qui, idéologiquement, se rapproche le plus de sa formule se trouve dans le *Commentaire de mes sonnets* de Laurent le Magnifique,[103] composé entre 1482 et 1484, soit plus de dix ans après que l'humaniste espagnol eut quitté l'Italie. Mais dans la première moitié du XVe siècle, l'idéologie qui soulignait l'importance du rapport entre pouvoir politique

102. *Rico : 1981*, p. 67 (« promotion qui, appliquée au castillan, sonne comme une ambition caractéristique de la Florence du XVe siècle (celle de Leonardo Bruni et de Machiavel sans oublier par Alberti, Landino, Politien et Laurent le Magnifique) : comme le rêve des Médicis d'une expansion politique et territoriale qui appuierait l'implantation du toscan »).

103. Cf. *Medici : 1991*, p. 146-147 : « Resta un'altra sola condizione che dà reputazione alla lingua, e questo è quando il successo delle cose del mondo è tale, che facci universale e quasi comune a tutto il mondo quello che naturalmente è proprio o d'una città o d'una provincia sola. E questo si può piú presto chiamare felicità e prosperità di fortuna che vera laude della lingua, perché l'essere in prezzo e assai celebrata una lingua del mondo consiste nella oppinione di quelli tali che assai la prezzono e stimono, né si può chiamare vero e proprio bene quello che depende da altri che da sé medesimo : perché, quelli tali che l'hanno in prezzo potrebbono facilmente sprezzarla e mutare opinione, e quelle condizioni mutarsi per le quali, mancando la cagione, facilmente mancherebbe ancora la degnità e laude di quella. Questa tale degnità d'essere prezzata per il successo prospero della fortuna è molto apropriata alla lingua latina, perché per la propagazione dello Imperio Romano l'ha fatta non solamente comune per tutto il mondo, ma quasi necessaria [...] » (« Reste encore une circonstance qui confère à une langue sa réputation : quand le succès dans les affaires du monde est tel qu'il rende universel et pour ainsi dire commun à tout le monde ce qui naturellement n'est propre qu'à une ville ou à une province. Et on peut appeler cela chance ou faveur de la fortune plutôt que gloire de la langue à proprement parler, car le fait d'être appréciée et fort célébrée pour une langue consiste tout entier dans cette opinion que certains en ont, et l'on ne peut traiter de vrai bien ce qui dépend des autres et non de soi-même. Ceux qui l'apprécient, en effet, pourraient facilement changer d'opinion et la mépriser, et les circonstances extérieures se modifier, et, la cause venant de ce fait à manquer, la dignité et la gloire de la langue auraient vite fait de manquer à leur tour. Cette dignité acquise grâce au succès d'une fortune favorable est tout à fait caractéristique de la langue latine, que l'expansion de l'Empire Romain a rendue non seulement commune mais quasiment nécessaire au monde entier »).

(identifié à l'Empire) et instrument linguistique (le latin) était répandue, en Toscane[104] et ailleurs.[105]

Personne n'a encore éclairci le problème des rapports entre Alberti et Valla,[106] mais les idées communes qu'ils peuvent avoir en matière d'histoire de la langue sont à attribuer plutôt à des cheminements parallèles qu'à des influences directes. En tout état de cause, leur réflexion sur le latin et sur l'Empire naît de la situation historique et de considérations qui sont dans l'air du temps.[107] C'est peut-être pour avoir abondamment respiré en Italie, dans sa jeunesse, cet air du temps brassé par Valla comme par Alberti, que Nebrija a pu exprimer plus tard ses fameuses réflexions sur la langue et sur l'Empire. L'idée que la grammaire d'Alberti, à la différence de celle de Nebrija, ne penserait pas la langue d'un État mais la langue d'une société[108] est, à mon avis, à revoir. Au delà des différences évidentes, déterminées par la diversité des contextes historiques et géopolitiques, plusieurs éléments donnent à penser que la conception du *volgare* comme d'un instrument utile pour affirmer l'identité, sinon d'un État, du moins d'une *patrie*, n'est pas étrangère à Alberti. Que cette *patrie* soit infiniment moins étendue que la future monarchie espagnole ou que le futur empire portugais et reste limitée aux frontières de la Toscane, importe relativement peu. Ce n'en est pas moins une *patrie*, distincte des autres aussi par sa langue, comme le montre ce passage autobiographique :

> Scripsit [...] ut linguæ latinæ ignaris prodesset, patrio sermone annum ante trigesimum ætatis suæ etruscos libros primum,

104. Sur la foi de la période initiale du *Proemio* au livre III du *De familia* cit. *supra*, n. 89, où Alberti raconte que son oncle Antonio, « uomo litteratissimo » (« fin lettré »), s'était entretenu plus d'une fois avec « ses doctes amis » des rapports entre l'Empire romain et le latin, *Tavoni : 1984*, p. 151 considère justement que ce devait être là un thème de discussion courant à l'époque.

105. Avant Alberti et Valla, ce parallélisme avait été fait, dès le début des années 1430, par Antonio da Rho, un humaniste actif dans les cercles culturels de Lombardie (cf. *Regoliosi : 1993*, p. 77-79).

106. Cf. *ibid.*

107. Cf. *ibid.*, p. 79.

108. Comme le pense *Tavoni : 1996*, p. 337.

> secundum ac tertium *De familia*, quos Romæ die nonagesimo quam inchoarat absolvit, sed inelimatos et asperos, neque usquequaque etruscos. Patriam enim linguam, apud exteras nationes per diutinum familiæ Albertorum exilium educatus, non tenebat, et durum erat hac in lingua scribere eleganter atque nitide, in qua tum primum scribere assuesceret.[109]

Notons aussi la correspondance entre le qualificatif de « toscans » (*etrusci*) appliqué dans la *Vita* aux *Libri de familia* et l'épithète de « toscane » (*toscana*), et non pas « florentine », pour définir la langue décrite dans la grammaire *De la langue toscane*,[110] dont la rédaction est présentée comme un service rendu par un *citoyen* à sa *patrie* :

109. *Fubini-Menci Gallorini : 1972*, p. 70 (cf. *Alberti : 1995*, p. 13-14 : « [...] afin d'être utile à ceux qui ne connaissaient pas le latin, à vingt-neuf ans, il écrivit dans sa langue maternelle le premier, le deuxième et le troisième livre *De la famille* qu'il termina à Rome trois mois après les avoir commencés. Mais ils étaient rudes et imparfaits, n'avaient pas reçu le travail de la lime et n'étaient pas écrits dans un toscan très pur. En effet, il ne dominait pas parfaitement sa langue maternelle, ayant été éduqué à l'étranger pendant le long exil de la famille Alberti, et il lui était difficile d'écrire avec élégante et éclat dans une langue à laquelle il s'essayait pour la première fois »).

110. Cf. « Le chose, in molta parte, hanno in *lingua toscana* que' medesimi nomi che in latino » (§ 5 : « Les choses, pour la plupart, ont en *langue toscane* le même nom qu'en latin ») ; « Non troverrai in tutta la *lingua toscana* casi mutati in voce altrove che in questi tre pronomi : *io, tu, esso* » (§ 33 : « Dans toute la *langue toscane*, tu ne trouveras de formes différentes suivant les cas que pour ces trois pronoms : *io, tu, esso* ») ; « Non ha la *lingua toscana* verbi passivi in voce » (§ 47« La *langue toscane* n'a pas de formes spécifiques pour les verbes passifs ») ; « Le congiugationi de' verbi activi in *lingua toscana* si formano dal gerundio latino » (§ 59 : « Les conjugaisons des verbes actifs en *langue toscane* se forment à partir du gérondif latin ») ; « Nè troverrai in tutta la *lingua toscana* verbi monosyllabi altri che questi sei » (§ 70 : « Et dans toute la *langue toscane*, tu ne trouveras pas d'autres verbes monosyllabiques que les six que voici ») ; « ma, per piú suavità, nella *lingua toscana* non si pronuntiano due iuncte vocali » (§ 74 : « Mais en toscan, pour plus de douceur, on ne prononce pas deux voyelles qui se suivent ») ; « Usa la *lingua toscana* questi adverbii in luogo di nomi giuntovi l'articolo » (§ 84 : « La *langue toscane* utilise ces adverbes comme des noms en leur adjoignant l'article ») ; « Molto studia la *lingua toscana* d'essere breve et expedita » (§ 97 : « La *langue toscane* s'applique beaucoup à être concise et alerte »). L'intention d'Alberti, bien saisie par *Tavoni : 1996*, p. 337, de « sancire la nobilitazione della lingua della maggioranza operosa contro la lingua di un'élite rappresentata come inoperosa ; la nobilitazione della lingua dei tecnici, degli artisti e dei mercanti che creano la ricchezza della patria contro la lingua degli umanisti rappresentati come sterili » (« donner ses lettres de noblesse à la langue de la majorité laborieuse, contre celle d'une élite présentée comme inactive ; à la langue des techniciens, des artistes et des marchands qui créent la richesse de leur patrie, contre

Cittadini miei, pregovi : se presso di voi hanno luogo le mie fatighe, habbiate a grado questo animo mio, cupido di honorare la patria nostra ; et insieme, piacciavi emendarmi piú che biasimarmi, se in parte alchuna ci vedete errore.[111]

Il est certain qu'employer, amender et codifier le *volgare* pour servir à la multitude plutôt qu'aux rares connaisseurs du latin représente, de la part d'Alberti, un engagement culturel et civique éminent.[112] Mais les Toscans qui, à partir de Cristoforo Landino,[113] l'enrichissent d'une dimension politique, jusqu'à l'engagement de Laurent de Médicis[114] sur la voie du

celle des humanistes présentés comme stériles »), n'exclut pas la conviction que la langue décrite dans la *Grammatichetta* est la langue de *toute* la patrie, parlée non par une seule classe socio-culturelle, mais par tous les *Toscans*, plus d'une fois évoqués comme une communauté linguistique spécifique : « Non hanno è *Toscani* fra è nomi altro che masculino e feminino » (§ 6 : « Pour les noms, les *Toscans* ont seulement le masculin et le féminin ») ; « Hanno e *Toscani*, in voce, uno preterito quasi testé » (§ 49 : « Les *Toscans* ont un prétérit presque immédiat ») ; « Hanno è *Toscani* certo modo subienctivo » (§ 58 : « Les *Toscans* ont une sorte de mode subjonctif spécifique »).

111. *Grammatichetta* / Grammaire *De la langue toscane*, § 100 (« Mes concitoyens, je vous en prie : si mes travaux ont cours auprès de vous, appréciez mon esprit avide d'honorer notre patrie. Et en même temps, veuillez me corriger plutôt que me blâmer, si quelque part vous voyez une erreur »). Cf. aussi *Grammatichetta* / Grammaire *De la langue toscane*, § 74 : « Chi che sia, a cui diletterà ornare la patria nostra, aggiugnerà qui quello che ci manchi » (« Celui, quel qu'il soit, à qui il plaira d'illustrer notre patrie, ajoutera ici ce qui pourrait manquer »).

112. Cf. *Cardini : 1973*, p. 119 et p. 139-140.

113. *Landino : 1974*, p. 35 : « Se amate adunque la patria, suvvenitela in questa parte, acciò che, come in molte altre cose tutte le italiche terre avanza, cosí in questa [la lingua] ottenga il principato » (« Si donc vous aimez votre patrie, aidez-la en ce domaine, afin que, comme dans maints autres où elle surpasse toutes les autres villes d'Italie, elle soit, là aussi, la première »). Cf. aussi *Cardini : 1973*, p. 121-149.

114. Cf. *Medici : 1991*, p. 149 : « E forse saranno ancora scritte in questa lingua cose subtili e importante e degne d'essere lette, *maxime* perché insino a ora si può dire essere l'adolescenzia di questa lingua, perché ogni ora piú si fa elegante e gentile ; e potrebbe facilmente, nella iuventú e adulta età sua, venire ancora in maggiore perfezzione, e tanto piú aggiugnendosi qualche prospero successo e augumento al fiorentino imperio : come si debbe non solamente sperare, ma con tutto l'ingegno e forze per li buoni cittadini aiutare » (« Et peut-être écrira-t-on encore en cette langue des choses subtiles, importantes et dignes d'être lues, *maxime* parce que jusqu'à présent elle est, peut-on dire, en son adolescence, se faisant chaque jour plus élégante et plus noble ; et elle pourrait bien, en sa jeunesse, puis en sa maturité, devenir encore plus parfaite, surtout si quelque beau succès surviendra, en donnant plus de poids à l'empire florentin : ce qu'on ne doit pas seulement espérer, mais promouvoir de toutes ses forces et de tout son esprit, comme tout bon citoyen »). Cf. aussi *Cardini : 1973*, p. 188-191.

nationalisme linguistique, suivie peu après par Nebrija, ne font que réélaborer l'initiative d'Alberti de manière plus complexe et avec des outils différents.[115] La semence jetée par Alberti dans sa petite patrie germe un siècle plus tard dans un territoire immense, s'étendant, au delà des frontières de l'Europe, jusqu'au nouveau monde.

Arts de la parole et arts figuratifs : *l'Ordre des lettres pour la langue toscane*

Il est un autre domaine où notre grammairien, élaborant avec génie des intuitions exprimées dans les cercles humanistes italiens de sa génération et de la génération précédente,[116] anticipe des tendances qui se sont affirmées en Europe seulement à partir du XVIe siècle.[117] Il s'agit des rapports qu'il établit entre les disciplines liées à la langue d'une manière ou d'une autre (grammaire, rhétorique et dialectique) et l'architecture et les arts figuratifs d'autre part. L'exigence (commune à certains peintres, sculpteurs et architectes des XIVe et XVe siècles) de rompre avec leur appartenance traditionnelle

115. Cf. *Cardini : 1973*, p. 121. Au début de ce siècle, quand la paternité de la grammaire *De la langue toscane* était encore incertaine, Luigi Morandi l'attribua par erreur à Laurent de Médicis, à qui appartenait le manuscrit d'où a été tirée la seule copie de l'œuvre qui nous soit parvenue (cf. *infra*, « Notice philologique », p. LXXVI). « Interessante non è tanto l'errore di attribuzione quanto la motivazione con cui lo studioso identificava in Lorenzo l'autore dell'opuscolo e cioè la singolare coincidenza fra alcuni passi della grammatica e brani del *Comento* laurenziano, soprattutto a proposito del rapporto tra dominio politico e lingua » (*Passarelli : 1999*, p. 79 : « Ce qui est intéressant, ce n'est pas tant l'erreur d'attribution que la raison pour laquelle le chercheur identifiait l'auteur de l'opuscule à Laurent, à savoir la coïncidence singulière entre certains passages de la grammaire et du *Commentaire* laurentien, notamment concernant le rapport entre langue et domination politique »). *Morandi : 1908*, p. 20 écrivait, en effet, que « nell'uno e nell'altro scritto [...] l'amore della lingua si confonde con quello della città patria, e l'onore e le sorti di questa si considerano comuni con l'onore e le sorti di quella » (« dans l'un et l'autre ouvrages [...] l'amour de la langue se confond avec l'amour de la ville patrie, et l'honneur et les destinées de l'une et de l'autre sont considérés comme inséparables »).

116. Cf. *Baxandall : 1971*, p. 23-71 et p. 73-150.

117. Cf. *Lardet : 1986*, p. 157-162.

aux arts mécaniques et non aux arts libéraux, afin de favoriser la circulation entre les différentes disciplines,[118] trouve dans les œuvres d'Alberti une expression achevée et complexe. « Si la triade *poiema, poiesis, poietes* structure [...] le *De pictura* d'Alberti, son *De re ædificatoria* [...] influera en revanche sur l'esthétique des *Poetices libri septem* (1561) de Scaliger [...]. Polyvalent, Alberti ne se distingue pas seulement en fait d'arts plastiques : rédacteur [...] de la première grammaire du toscan, il s'affirme également comme un maître du dialogue éthique en vernaculaire, ainsi que dans ce *Della famiglia* [...] qui proclame la venue à maturité d'un *volgare* supérieur même au latin ».[119] Personne, en somme, comme l'a écrit Francisco Rico, « dio el paso de la lengua y la literatura a las artes plásticas con más seguritad que Leon Baptista Alberti ».[120] C'est à lui, qui a su saisir et exalter les nombreuses analogies existant entre l'art du *trivium* et les arts figuratifs, que l'on doit la maturation de l'idéal humaniste d'une esthétique fondée sur la langue.

Concernant la grammaire, voilà ce qu'on lit dans le *De pictura* :

> Voglio che i giovani, quali ora nuovi si danno a dipignere, cosí facciano quanto veggo di chi impara a scrivere. Questi in prima separato insegnano tutte le forme delle lettere, quali gli antiqui chiamano elementi ; poi insegnano le silabe ; poi apresso insegnano componere tutte le dizioni.[121]

Dans la grammaire *De la langue toscane*, Alberti suit pas à pas la démarche décrite dans le *De pictura* pour l'enseignement de la langue : l'ouvrage s'ouvre par une table contenant « toutes

118. Cf. *Lardet : 1992*, p. 189.
119. *Ibid.*
120. *Rico : 1993*, p. 63 (trad. fr. de Jean Tellez, p. 68 : « [Personne] ne sut franchir avec plus d'assurance que Leon Battista Alberti la distance qui sépare la langue et la littérature des arts plastiques »).
121. *De pictura*, dans *Alberti : 1973*, p. 94 (« Je veux que les jeunes qui se lancent maintenant dans la peinture fassent comme je vois faire à ceux qui apprennent à écrire. Ceux-ci d'abord apprennent séparément toutes les formes des lettres, ce que les anciens appelaient éléments ; puis ils apprennent les syllabes ; enfin ils apprennent à composer tous les mots »).

les formes des lettres », qui précède l'exposition grammaticale proprement dite.[122] Les points communs ne s'arrêtent pas là : on peut saisir d'autres coïncidences de méthode et de finalité entre le traité sur la peinture (dans sa rédaction italienne) et celui sur la grammaire, en particulier dans l'intention de vulgarisation, dans l'approche expérimentale du toscan ou dans le destinataire socioculturel visé,[123] qui, dans les deux cas, est représenté par ces *nombreux* utilisateurs du *volgare* auxquels Alberti déclare vouloir servir dans le *Proemio* au livre III du *De familia* déjà cité.

Concernant la rhétorique, la théorie artistique échafaudée dans le *De pictura* dépend entièrement de la codification transmise par les œuvres de Quintilien et de Cicéron,[124] et le concept fondamental de *composition* picturale (*compositio* dans la version latine) élaboré par Alberti, fondé sur une hiérarchie de quatre éléments interdépendants (les surfaces planes qui s'organisent en membres, les membres qui forment les corps, enfin les corps qui composent l'*histoire*, c'est-à-dire le sujet du tableau),[125] est une métaphore qui applique à la peinture un

122. Cf. § 2.

123. Cf. *Passarelli : 1999*, p. 50-56.

124. Cf. *Spencer : 1957* ; *Baxandall : 1971*, p. 156-160 ; *Maraschio : 1972*, p. 187-199.

125. Cf. *De pictura* (rédaction latine), dans *Alberti : 1973*, p. 61-63 : « Est autem compositio ea pingendi ratio qua partes in opus picturæ componuntur [...]. Historiæ partes corpora, corporis pars membrum est, membri pars est superficies. Primæ igitur operis partes superficies, quod ex his membra, ex membris corpora, ex illis historia, ultimum illud quidem et absolutum pictoris opus perficitur » (« La *compositio* est la méthode de peinture par laquelle les parties sont composées en une œuvre picturale [...]. Les parties de l'histoire sont les corps, la partie du corps est le membre ; et la partie du membre est la surface plane. Celles-ci sont donc les premières parties de l'œuvre, car c'est d'elles qu'on obtient les membres, desquels on obtient les corps, et des corps on obtient l'histoire, but ultime et définitif du peintre ») ; *De pictura* (rédaction italienne), *ibid.*, p. 60-62 : « Composizione è quella ragione di dipignere con la quale le parti delle cose vedute si pongono insieme in pittura [...]. Parte della istoria sono i corpi, parte de' corpi i membri, parte de' membri la superficie. Le prime adunque parti del dipignere sono le superficie » (« La composition est cette façon de peindre par laquelle les parties des choses vues s'assemblent en un tableau [...]. Les corps sont partie de l'histoire, les membres, parties des corps, la surface, partie des membres. D'où il résulte que les premières parties de la peinture sont les surfaces »).

terme et un concept empruntés à la rhétorique. Le mot *compositio* y désignait, en effet, l'assemblage d'une phrase ou d'une période à partir d'éléments s'articulant suivant une hiérarchie à quatre niveaux. Les mots s'unissaient en commas (en "syntagmes", dirait-on aujourd'hui), les commas en propositions et les propositions en phrases :

> Fit autem ex coniunctione verborum comma, ex commate colon, ex colo periodos.[126]

Concernant la dialectique, enfin : Alberti qui, dans un passage de son autobiographie, reconnaît voir dans les lettres de l'alphabet (c'est-à-dire dans les premiers éléments décrits dans la grammaire) tantôt des fleurs tantôt des scorpions,[127]

126. Cf. *Baxandall : 1971*, p. 160-161 (la citation latine, tirée d'Isidore de Seville, *Etymologiæ*, II, 18, se trouve p. 200, n. 26). Il convient d'ajouter qu'« Alberti's definition of composition gives surfaces the same primacy in painting that words have in speech. This analogy between words and surfaces is [...] unprecedented and suggests that surfaces are the prime parts of painting for same reason that words are the prime parts of speech » (*Greenstein : 1997*, p. 671. Il convient d'ajouter que «la définition par Alberti de la composition donne aux surfaces la même primauté dans la peinture qu'aux mots dans le discours. Cette analogie entre mots et surfaces est [...] sans précédent et suggère que les surfaces sont les premiers éléments de la peinture pour la même raison que les mots sont les premiers éléments du discours »). Plus généralement, l'esthétique d'Alberti, « toute pénétrée de rhétorique, aura traité non seulement de peinture et de sculpture, mais aussi d'architecture » (*Lardet : 1986*, p. 159). Dans le *De re ædificatoria* (VI 2, p. 447), en effet, la *compositio* se présente comme *concinnitas*, « una versión más de otro principio formulado asimismo en los términos familiares de retórica », consistant « en esa singular armonía, fundada en una norma precisa, en una ratio cierta, que conjugando las partes con el todo engendra la *pulchritudo* » (*Rico : 1993*, p. 64 *passim*). Dans le *De re ædificatoria* (VI 2, p. 447 Orlandi), en effet, la *compositio* se présente comme *concinnitas*, « une autre version d'un autre principe pareillement formulé dans les termes de la rhétorique », consistant « dans cette harmonie singulière, fondée sur une norme précise, sur une *ratio* certaine, qui engendre la *pulchritudo* sur la base d'une conjugaison des parties avec le tout » (*Rico : 1993*, p. 64 *passim* ; *tr. fr. 2002*, p. 68-69).

127. Cf. *Fubini-Menci Gallorini : 1972*, p. 68 : « Sibi enim litteras, quibus tantopere delectaretur, interdum gemmas floridasque odoratissimas videri, adeo ut a libris vix posset fame aut somno distrahi ; interdum autem litteras ipsas suis sub oculis inglomerari persimiles scorpionibus, ut nihil posset rerum omnium minus quam libros intueris » (cf. *Alberti : 1995*, p. 11 : « Tantôt, en effet, les Lettres, auxquelles il prenait tant de plaisir, lui apparaissaient comme des pierres précieuses et des fleurs odorantes, si bien que c'est à peine si la faim et le sommeil pouvaient l'arracher

> non è affatto un visionario. Se ha visto fiori e scorpioni sorgere dalla pagina, è perché l'immagine della dialettica ha di regola due attributi : nella mano destra fiori [...], o anche rami fronzuti [...], e nella sinistra uno scorpione. È dunque una delle sette arti liberali che, sotto gli occhi ammaliati dell'Alberti, s'incarna sulla pagina in entrambi i suoi possibili : ora fiori profumati, promesse di frutti ; ora velenosi scorpioni, dall'insidia fulminea e obliqua, che *in cauda* portano la morte.[128]

En somme, le plus grand théoricien de la peinture et de l'architecture de l'époque humaniste, qui voit dans les lettres (c'est-à-dire dans les premiers éléments de toute langue et de tout enseignement grammatical) les attributs principaux de la dialectique, étend aux arts figuratifs les fondements de la grammaire et de la rhétorique.

L'application la plus évidente de cette nouvelle façon de concevoir les rapports entre toutes ces disciplines se trouve, comme on l'a dit, dans le tableau de l'*Ordre des lettres* qui occupe la première page de la grammaire *De la langue toscane* et qui a son prototype immédiat – une sorte de « brouillon » – dans un feuillet autographe inséré au début du manuscrit *2* de la Biblioteca Moreniana de Florence et intitulé *Ordine dẻlle lættẻre pẻlla ling*^{h}*ua tosc*^{h}*ana.*[129] Le verso de ce feuillet contient une liste de lettres ordonnées selon leur forme, rangées trois par trois sur huit lignes horizontales. On va des signes les plus simples aux plus complexes, de ceux formés par un bâton court (simple ou avec un appendice ou une barre à droite : *i*, *r*, *t*, première

aux livres, et tantôt elles s'assemblaient devant ses yeux comme autant de petits scorpions, en sorte qu'il n'était alors rien au monde qu'il puisse moins voir que les livres »).

128. *Gorni : 1989*, p. 260 (« [Alberti] n'est aucunement un visionnaire. S'il a vu des fleurs et des scorpions surgir de la page, c'est parce que l'image de la dialectique a en général deux attributs : des fleurs dans la main droite [...], ou bien des rameaux feuillus [...], et un scorpion dans la main gauche. C'est donc un des sept arts libéraux qui, sous le regard charmé d'Alberti, s'incarne sur la page sous ses deux formes possibles : tantôt, fleurs parfumées, promesses de fruits ; tantôt, scorpions venimeux, danger traître et foudroyant, portant la mort *in cauda* »).

129. Cf. *Colombo : 1962*, p. 181, et *Bongrani : 1982*, p. 78.

ligne), par deux ou trois bâtons courts (*n, u, m,* deuxième ligne), par un bâton long (simple ou avec un appendice ou une barre à droite : *l, s, f,* troisième ligne) à ceux formés d'une courbe (ouverte, partiellement ou totalement fermée : *c, e, o,* quatrième ligne), d'un bâton long ou d'un trait ondulé dirigé vers le haut et complétés d'une courbe (*b, d, v,* cinquième ligne), d'un bâton long ou d'un trait ondulé dirigé vers le bas et complétés d'une courbe (*p, q, g,* sixième ligne) pour finir avec ceux formés par l'union ou la compression de deux autres signes (*ç*, c^h, g^h, huitième ligne). Dans le tableau de l'*Ordre des lettres* qui ouvre la grammaire *De la langue toscane,* le critère de classement est encore perfectionné et l'ordonnancement des lettres est modifié : Alberti intervertit la troisième et la quatrième ligne (inaugurant par *l, s, f* la série des lettres composées d'un bâton long, qui précédemment était interrompue par la ligne *c, e, o,* des signes courbes sans bâton) et, dans la cinquième ligne, place le *b* à côté du *v,* qu'il considère, dans le *De cyfris,* comme une dérivation du *b*[130]. Dans la version définitive de la liste, à côté d'un schéma horizontal, on peut aussi reconnaître un schéma vertical.[131] Dans ce jeu complexe de rappels géométriques, sous

130. Cf. *Alberti : 1994a,* IV, p. 30 : « alibi, cum de litteris atque cæteris principiis grammaticæ tractaremus, quod medium quidpiam inter B atque V sonet, sic V quasi  hasta inflexa scribendam suadebam, atque hanc quidem ipsam fuere apud veteres qui F inversam scribendum censerent sic  » (trad. franç. par Martine Furno, dans *Furlan : 2000,* p. 705-725 : 711-712 : « Nous en avons parlé ailleurs, lorsque nous traitions des lettres et des autres principes de la grammaire ; parce qu'elle sonne de manière à peu près intermédiaire entre B et V, j'étais d'avis que V devait être écrit quasiment , avec une hampe infléchie, et il y eut des gens chez les Anciens qui pensaient qu'on devait l'écrire comme un F inversé, ainsi :  »). Voir aussi *Colombo : 1962,* p. 176-177 ; *Bongrani : 1982,* p. 77 ; *Gorni : 1989,* p. 265.

131. Cf. *Gorni : 1989,* p. 265-266 : « La *i* è la prima lettera in assoluto, perché il semplice, l'uno è l'inizio. E la *n* della seconda terna, a questa stregua, altro non è che due volte *i* (*u,* a sua volta, è un *n* ruotato di mezzo giro). Per *c,* capostipite della terza linea, vale forse – posta la forma delle lettere – l'interpretazione di *n* ruotato di un quarto di giro. Con *l* si torna al principio dell'unità, con asta lunga e trattini di modificazione. Non mi risulta che finora si sia dato il giusto peso alla forma speciale di *s* che figura nel foglio riccardiano [*i.e.* moreniano] : tale *s* ingloba una specie di puntino a sinistra sull'asta, che si prolunga poi nel trattino orizzontale, che taglia in croce l'asta di *f.* Sempre percorrendo la linea verticale dei capostipiti, si nota che l'agglutinazione di *c* + *l* dà *d* (*l* + *c,* nel Moreniano, non potevano dare *b* : onde forse la permuta di *b* e *d* nella successiva figura?) [...]. L'avvicinamento incrociato, in quinta

le lettré perce évidemment l'artiste, enclin à prendre le signe alphabétique pour ce qu'il est : une occasion de représentation géométrique stylisée.

Quelques générations plus tard, d'autres grammairiens européens parcourent des voies semblables. En Espagne, entre 1470 et 1490, Nebrija compose et publie l'*Isagogicon cosmographiæ* (« una lúcida presentación del método geográfico de Ptolomeo »[132]), en accord avec l'exigence humaniste, déjà manifestée par Alberti dans la *Descriptio urbis Romæ*,[133] « de situar los nombres y las cosas [...] en el espacio que les era proprio ».[134] En France, Geoffroy Tory, dans le *Champ Fleury*, présente les lettres de l'alphabet comme associations d'éléments géo-

e sesta riga, di *d b* e *p q* consente di riconoscere una specularità orizzontale e verticale tra le quattro lettere : ragione (è da supporre) della loro contiguità, in questa sorta di schema a quattro quadranti. Al settimo rigo la *x*, media tra *a* e *z* (e cioè delle due lettere estreme dell'alfabeto, si ponga mente), rivela la sua natura d'incrocio dei tratti obliqui : diagonale discendente verso destra il trattino di *a*, e diagonale discendente verso sinistra nel corpo della *z* » (« Le *i* est la première lettre absolue, car le simple, l'un est le début. Et le *n* du deuxième triplet, de ce point de vue, n'est qu'un double *i* (le *u*, à son tour, est un *n* renversé). Le *c*, qui ouvre la troisième ligne, peut – vu la forme des lettres – être interprété comme un *n* tourné d'un quart de tour. Avec le *l*, on retourne au principe d'unité, avec un bâton long et un tiret d'altération. À ma connaissance, on n'a pas encore donné tout son poids à la forme spéciale du *s* qui apparaît sur le feuillet du *Morenianus* : ce *s* comprend une espèce de point à gauche sur le bâton, qui se prolonge ensuite dans le trait horizontal, qui barre le bâton du *f*. En continuant à parcourir verticalement les lettres qui ouvrent les lignes, on constate que *c* + *l* donne d (*l* + *c*, dans le feuillet du *Morenianus*, ne pouvait donner *b* ; d'où peut-être la permutation de *b* et de *d* dans la version successive ?) [...]. Le rapprochement croisé, aux cinquième et sixième lignes de *d b* et de *p q* permet de reconnaître une spécularité horizontale et verticale entre les quatre lettres : raison (peut-on supposer) de leur contiguité, dans cette sorte de schéma en quadrants. À la septième ligne, le *x*, intermédiaire entre *a* et *z* (c'est-à-dire, notons-le, entre la première et la dernière lettres de l'alphabet) révèle sa nature de croisement des traits obliques : diagonale descendante vers la droite le trait du *a*, et diagonale descendante vers la gauche dans le corps du *z* »).

132. *Rico : 1993*, p. 70 (trad. franç. cit., p. 76 : « claire présentation de la méthode géographique de Ptolomée »).

133. Cf. *ibid.*, p. 69 : « Su *Descriptio urbis Romæ* y el mapa anejo a ella se enlazan con las ideas sobre la *compositio* y la perspectiva pictóricas y todas echan raíces en el mismo suelo de la ciencia antigua » (trad. franç. cit., p. 75 : « sa *Descriptio urbis Romæ*, avec le plan qui l'accompagne, se rapporte étroitement à ses idées sur la *compositio* et la perspective picturale [...] toutes ces choses ensemble s'enracinant dans un même sol, celui de la science antique »).

134. *Ibid.* (trad. franç. cit., p. 75 : « de situer les noms et les choses [...] dans leur espace à eux »).

métriques et relie leur forme et leurs proportions à celles du corps humain, de ses membres comme du tout. Architecte à la fois de l'alphabet et de la langue française, Tory a étudié en Italie dans les premières années du XVIe siècle,[135] et en 1512, avant d'écrire le *Champ Fleury*, il a préparé l'édition parisienne du *De re ædificatoria* d'Alberti,[136] dont le nom revient plusieurs fois dans son traité orthotypographique, notamment quand il indique certaines lettres qui, grâce à leur forme et à leurs proportions, pourraient être utilisées pour dessiner des plans et des corps de bâtiment :

> Qui en voudra scauoir amplement, si lise en Vitruue autheur en ce tres expert, & en Leon Baptiste Albert Philosophe entre les modernes tres savant.[137]

Entreprise par Tory, l'introduction des arts figuratifs dans la linguistique[138] est poursuivie par Meigret. Dans le *Traité touchant le commun usage*[139] comme dans le *Traité de la Grammaire française*[140]

135. Cf. Jolliffe, « Introduction » à *Tory : 1970*, p. s.n°.
136. Cf. *ibid.*
137. *Tory : 1970*, f° XXr.
138. Cf. *Hausmann : 1980a*, p. 44.
139. Cf. *ibid.*, p. 45 : « Tout au long des centaines de pages qu'il consacre à la question, Meigret ne se lasse pas de nous faire comprendre le rapport entre graphie et phonie en recourant à des métaphores hautes en couleur. La graphie [...] c'est le miroir qui réfléchit l'image de la phonie (*Traité*, CIIIr). Quand elle est mal faite, elle est comme un épouvantail qui fait fuir le lecteur (*ibid.*). Et avant tout, la graphie doit être le portrait de la phonie. Cette comparaison se mue en métaphore filée. Il faut connaître la puissance des lettres comme le peintre connaît les couleurs propres (*ibid.*). Il faut corriger la mauvaise écriture comme "un peintre recourt au vif ou à l'ordonnance qu'il suit pour corriger son portrait" (*Traité*, Er) ».
140. Cf. *Meigret : 1980*, p. 2-3 : « Car, comme l'écriture ne soit que la vraie image de la parole, à bonne raison on l'estimera fausse et abusive si elle ne lui est conforme par un assemblement de lettres convenant au bâtiment des voix. Je crois qu'il n'y a celui de nous qui ne tînt les peintres pour insensés si, pour faire le vrai portrait de l'homme, ils lui peignaient au milieu du front une queue de veau et des tétasses aux épaules : ou lui entassent des cornes de bœuf aux genoux : qui sont toutes choses qu'on ne voit point au vif. Comme quoi donc nous sauverons-nous de mouquerie en l'écriture d'*estoient*, vu qu'onques Français bien appris n'y prononçât *s*, ni *i*, ni *n* : et auquel l'écriture est de huit lettres, là où la prononciation n'est que de cinq voix : car nous disons *etoét* [*i.e.* 'étaient']. Quelle convenance y trouvez-vous donc du vif à son image ? Quelle raison saurions-

ou dans sa préface à la traduction du *Menteur* de Lucien[141], il démontre la nécessité d'un alphabet réformé qui remédie aux carences de l'alphabet traditionnel en proposant diverses analogies entre écriture et arts figuratifs, qui rappellent le parallélisme d'Alberti. C'est à celui-ci que revient le mérite d'avoir été le premier grammairien européen à instituer des rapports significatifs entre arts des mots et arts des figures, harmonieusement insérés dans une vision du monde renaissante, héroïque et universaliste, sans solution de continuité dans l'expérience technico-intellectuelle.

La réforme orthographique

Dans la liste alphabétique de l'*Ordre des lettres pour la langue toscane*, sont présents les signes qui reproduisent graphiquement les oppositions phonétiques entre *u* (deuxième ligne) et *v*

nous mettre en avant qu'elle ne soit aussi monstrueuse qu'est cette autre, de l'homme ? » ; *ibid.*, p. 75 : « Mais, avant que de poursuivre cette manière de bâtiment et les grâces, il faut premièrement voir si l'épreuve et recherche des matières que je fais, qui sont les huit parties d'oraison, vous sera agréable. Car pour néant se travaille l'architecteur de diviser les commodités et proportions d'un édifice, si les raisons qu'il a déduites, touchant la propriété et nature des matières nécessaires à le dresser, ne sont reçues ». À propos de cette dernière comparaison, signalons qu'*Hausmann : 1980a*, p. 122, en a indiqué la source vraisemblable : un passage du *Polito* de Claudio Tolomei, dans lequel les éléments constitutifs de la langue et de la grammaire (c'est-à-dire « oraison, dictions, syllabes, lettres, sèmes ») sont comparés aux éléments constitutifs d'une maison (c'est-à-dire « pierres, mortier, poutres et autres »).

141. Cf. *Meigret : 1980*, p. 145 : « L'écrivain n'a non plus de pouvoir de bâtir son écriture de lettres autres que ne requiert la prolation qu'il entend rapporter, que le peintre de coucher couleurs autres qu'il voit au vif qu'il s'attend portraire » ; *ibid.*, p. 157 : « Voilà, en somme, ce qu'il faut à un Français (si *l* et *n* molles étaient notées) pour écrire non seulement sa langue, mais aussi toutes autres qui sont venues à notre connaissance : pourvu qu'il ait l'entendement de distinguer une voix de l'autre : et qu'il sache approprier chacune lettre à sa propre voix, qui est un travail dont l'enfance triomphe aisément : ni n'avons en cela besoin d'avoir égard à autre langue qu'à celle que nous voulons écrire : tout ainsi que le peintre qui portrait au vif, n'a qu'à prendre garde à celui qu'il veut portraire : et aux couleurs dont il le veut représenter, pour les savoir accommoder telles que le vif les a naturelles » ; *ibid.* : « En quoi un écrivain doit avoir tout tel soin qu'a un peintre qui, à divers temps, portrait quelque homme : d'autant que la grandeur, la grosseur et le teint se changent avec les ans ».

(cinquième ligne), *z* sourd (huitième ligne) et *z* sonore (septième ligne), *c* vélaire (huitième ligne) et *c* palatal (quatrième ligne), *g* vélaire (huitième ligne) et *g* palatal (sixième ligne). Le *v* est désigné par un graphème assez semblable à celui qui aujourd'hui encore sert à distinguer la labiodentale sonore ; le *z* sourd est représenté par une sorte de *c* cédille (*ç*) ; *c* et *g* vélaires sont désignés par deux graphèmes composés de l'association de *c* et *g* et de *h*.

Cette liste alphabétique est suivie d'un petit tableau constitué de deux séquences quasiment identiques de sept voyelles : *a*, *e* ouvert, *e* fermé, *i*, *o* ouvert, *o* fermé, *u*. *E* et *o* fermés sont représentées de la même façon dans les deux séries, c'est-à-dire respectivement par un *e* avec un esprit doux et par un *o* avec le signe des brèves latines.[142] D'une séquence à l'autre, *e* et *o* ouverts, par contre, sont représentés différemment : à la première ligne, ils sont désignés par un signe obtenu en accolant respectivement *a* et *e*, puis *a* et *u*[143] ; à la deuxième ligne, par un *e* virgulé[144] et par un *o* avec un accent aigu.[145]

La troisième et dernière partie de l'*Ordre des lettres* est constituée d'une séquence de trois graphèmes : *é*, qui indique *è*, troisième personne du verbe *essere* ; *ẻ*, le *e* fermé de la série précédente, qui désigne ici l'article défini masculin pluriel ; et

142. Ayant repéré ce signe dans la grammaire *De la langue toscane*, *Bongrani : 1982*, p. 80 le décrit comme quelque chose de « molto simile a una *v* » (« très semblable à un *v* »). Qu'il s'agisse là du signe latin de brévité me semble confirmé par le fait que, au § 61 de la même grammaire *De la langue toscane*, Alberti assimile l'opposition *o* fermé / *o* ouvert du *volgare* à l'opposition *o* bref / *o* long du latin.

143. D'après *Colombo : 1962*, p. 183, ce signe est obtenu par la juxtaposition de *a* et de *o* ; selon *Bongrani : 1982*, p. 78, n. 1, par la juxtaposition de *o* et de *a* ; selon *Richardson : 1984*, p. XXVI, par la juxtaposition de *a* et de *u*, comme la diphtongue latine qui, en position tonique, donne en italien *o* ouvert. Précédemment (voir *Patota : 1996*, p. XXVIII), j'avais adopté la première hypothèse, mais après un nouvel examen de l'original, je penche désormais pour la troisième.

144. Environ quatre-vingt dix ans plus tard, Claudio Tolomei a recouru lui aussi au *e* virgulé pour désigner la voyelle ouverte *e* (cf. *Castellani Pollidori : 1996*, p. XCI et ss.).

145. Alberti, évidemment, expérimente, dans ce « brouillon », deux systèmes de représentation graphique, renvoyant le choix entre l'un et l'autre au moment de la rédaction définitive de la grammaire.

œ, le *e* ouvert de la séquence précédente, qui désigne ici la conjonction *e*.[146]

Pour composer cet inventaire de signes, Alberti, plutôt que d'inventer *ex nihilo* de nouveaux caractères, utilise de manière originale des graphèmes déjà existants. Le signe employé pour désigner le *v* ressemble beaucoup à celui qui dans l'écriture des marchands – sûrement non étrangère à l'expérience graphique d'Alberti[147] – sert pour désigner le *u* et le *v* majuscule ou initial[148] ; le signe employé pour le *c* vélaire résulte de la compression et de l'allongement du digramme utilisé par les marchands pour cette lettre[149] ; le *c* cédille pour l'affriquée dentale est traditionnel.[150] Aussi pour distinguer les voyelles ouvertes et fermées, Alberti utilise pour la plupart, dans les deux séries vocaliques, des signes disponibles : *a* accolé à *e* et *e* virgulé étaient employés traditionnellement pour désigner la diphtongue latine[151] (un son "long", de même que devrait être considéré comme "long" le *e* ouvert, à l'instar du *o* ouvert). L'aspect le plus original de la table réside dans l'utilisation de signes diacritiques du système graphique gréco-latin : l'accent aigu,[152] le signe des brèves latines, l'esprit doux

146. N'oublions pas qu'à Florence, jusqu'au XVIIIe siècle, la conjonction *e* se prononçait ouverte (cf. *Fiorelli : 1953* et *Serianni : 1974*, p. 61).

147. Cf. *Trovato : 1986*, p. 421.

148. On peut en voir un exemple du début du XVe siècle dans *Petrucci : 1989*, p. 193.

149. Cf. *Petrucci : 1989*, p. 159, l. 1 et p. 162, col. 1, l. 2. Selon *Richardson : 1984*, p. XXVI, n. 1, ce signe, comme celui employé pour indiquer le *g* sonore, s'inspire de la ligature utilisée pour *ti* (cf. *Lowe : 1972*, vol. I, p. 17-20).

150. On rencontre des signes semblables à *ç* pour désigner le *z* en Espagne, dans l'écriture wisigothique, dès la fin du VIIIe siècle ; à partir de 1240, le graphème sert à désigner spécifiquement l'affriquée dentale sourde, tandis que le signe *z* désigne l'affriquée dentale sonore. En Italie, le *ç* apparaît au XIe siècle, dans les écritures bénéventine, de chancellerie et notariale, et se répand à partir du XIIIe siècle (cf. *Richardson : 1984*, p. 147-149 et *Maraschio : 1993*, p. 151).

151. Il suffit de renvoyer à *Battelli : 1949*, p. 85. Il y a des exemples dans tous les types d'écriture : précarolingienne italienne, VIIIe-IXe siècles (cf. *ibid.*, p. 120), bénéventine (cf. *ibid.*, p. 129 et p. 137), minuscule carolingienne (cf. *ibid.*, p. 94-96), humaniste livresque et humaniste cursive (cf. *ibid.*, p. 247-48).

152. Sur l'utilisation de l'accent aigu dans le cadre de la tradition scripturale médiévale et humaniste, voir *Castellani : 1995*, p. 12-38.

et l'esprit rude[153] – ces derniers, selon toute vraisemblance, repris de Priscien.[154]

Si, du point de vue paléographique, les nouveautés apportées par Alberti ne sont pas nombreuses, du point de vue orthographique, en revanche, elles sont abondantes, puisqu'il insère les différents signes dans un alphabet totalement réformé. À la fin du XVe siècle, et dans la première moitié du siècle suivant, au nom de la même exigence de rationaliser le système orthographique de la langue vernaculaire nationale, nombre de grammairiens suivent Alberti.[155] Antonio de Nebrija, d'abord dans sa *Gramática* déjà citée, en 1492, puis dans les *Reglas de Orthographía en la lengua castellana*, en 1517, essaie de renouveler l'alphabet afin de doter l'espagnol d'un système graphique univoque, dans lequel chaque lettre représente un phonème et un seul.[156] Giovan Giorgio Trissino, dans son *εpistola de le lettere nuωvamente aggiunte ne la lingua italiana* de 1524, propose d'employer cinq nouveaux graphèmes, permettant de distinguer les *o* et les *e* ouverts ou fermés, le *u* et le *v*, le *i* voyelle ou semi-consonne, le *z* sourd ou sonore.[157] Fernão de Oliveira dans sa *Gramática da língua portuguesa*, en 1536, et João de Barros dans sa *Gramática da língua portuguesa*, en 1540, identifient et distinguent avec de nouveaux signes les oppositions phonétiques propres au portugais dans une optique qui frappe, à première vue, par son « protofonctionnalisme ».[158] Louis Meigret, dans son *Traité touchant le commun usage de l'escriture françoise* en 1531 et 1542,[159] lance en France une « bataille de l'orthographe »[160]

153. Cf. *Canart : s.d.*, p. 91.

154. Cf. *Grayson : 1964a*, p. XXXII-XXXIX.

155. Cf., pour une vision d'ensemble, *Kukenheim : 1932*, p. 31-62 ; *Carvalhão Buescu : 1977*, p. 254-256 ; *Richardson : 1984*, p. XXVI-XXVIII.

156. Cf. *Quilis : 1984*, p. 53-56 ; *Tollis : 1971*, p. 92-103 ; *Esparza Torres : 1995*, p. 153-162.

157. Cf. *Castelvecchi : 1986*, p. XVII-XXVIII.

158. Cf. *Carvalhão Buescu : 1973*, p. 41 ; *Coseriu : 1975*, p. 84 et ss. ; *Swiggers-Vanvolsem : 1987*, p. 171.

159. « Version remaniée et imparfaitement mise à jour de celui de 1531 » (*Hausmann : 1980a*, p. 86, et cf. p. 81-89 et 154-160).

160. Reconstruite par *Catach : 1968*, p. 87-107 et par *Hausmann : 1980a*, p. 77-112.

acharnée qui le conduit ensuite à rédiger le *Traité de la Grammaire française* en 1550 avec une orthographe complètement renouvelée.[161]

Il est naturellement difficile, sur ce point, de comparer les systèmes orthographiques proposés par des grammairiens qui décrivent et codifient des langues différentes. Même en limitant cette comparaison, comme ici, aux langues romanes, il faudrait tenir compte, avec Louis Kukenheim, du fait qu'« elles sont différentes entre elles et [qu']elles n'avaient pas encore une prononciation considérée comme modèle ; il en résulte que les problèmes à résoudre ne sont pas de même nature ».[162] Plus que le contenu de ces diverses tentatives de réforme orthographique, ce sont donc leurs objectifs et les principes dont

161. En désaccord avec *Kukenheim : 1932*, p. 147, selon lequel Meigret n'a eu aucune source contemporaine, *Hausmann : 1980a*, p. 115-117 soutient une influence indirecte d'Alberti : le chaînon entre l'un et l'autre seraient Nebrija et les grammairiens italiens qui ne pouvaient ignorer le travail de Leon Battista Alberti. L'hypothèse est séduisante mais très difficile à démontrer. Un des rares témoignages dont nous disposons, la lettre de Giovanni Aurelio Augurello citée par Mario Equicola dans le *Libro de natura de amore*, laisse à penser que la grammaire *De la langue toscane* n'a pas eu une grande diffusion. En effet, on peut y lire : « Fu un singulare homo, in molte doctrine experto, il quale, como ho inteso, vedendo la prestantia de questa lingua tosca, pensò di fare nove regole, cavate però da la lectione de autori predicti (Dante, Petrarca et Boccaccio), anchora che egli fusse tuscano [...]. Fece egli forsi bella cosa, como sono le altre sue opere eccellenti, in latina et in volgare lingua, in molte doctrine et maximamente in architectura et pictura ; opere da me cercate già con gran studio, et ritrovate anchora, mentre che io era in Firenze, con gran piacere. Ma questa de la lingua non fu possibile che io mai la ritrovassi ; ma vi era, secondo che mi referivano homini da bene » (*Equicola : 1525*, f°s 173v-174r ; transcription interprétative de Laura Ricci, dont il faut voir, sur ce sujet, *Ricci : 1998*, p. 53-86 et *Ricci* : 1999, p. 102. – « C'était un homme singulier, expert en beaucoup de domaines, qui, voyant la prestance de la langue toscane, à ce que j'ai entendu dire, avait décidé de faire de nouvelles règles, tirées toutefois de la leçon des auteurs susdits (Dante, Pétrarque et Boccace), bien que lui-même fût toscan [...]. Il a dû faire un bon travail, à l'instar de ses autres excellents ouvrages, en latin et en *volgare*, qui traitent de nombreux sujets et notamment d'architecture et de peinture ; œuvres que j'ai cherchées avec beaucoup de zèle, et que j'ai fini par trouver, quand j'étais à Florence, à mon grand plaisir. Mais celle sur la langue, il m'a été impossible de la trouver ; pourtant, elle s'y trouvait, comme me l'ont assuré des hommes de bien »). Naturellement, l'idée qu'Alberti se soit fondé sur les trois Couronnes, ce qui n'a jamais été le cas, est simplement le fait de la mentalité *prebembiana* d'Augurello (cf. *Trabalza : 1920*, p. 61-64 et *Colombo : 1962*, p. 177).

162. *Kukenheim : 1932*, p. 12-13.

elles s'inspirent, mais aussi les contextes historico-culturels dans lesquels elles s'inscrivent, qu'il est utile de comparer.

En ce qui concerne les principes et les objectifs, on peut noter que le but de nombreux grammairiens européens du XVIe siècle est d'adapter l'inventaire traditionnel des graphèmes, représenté par l'alphabet latin, à toutes les nouveautés apparues dans les systèmes phonologiques des diverses langues modernes, soit en adoptant de nouveaux graphèmes aptes à distinguer les oppositions qui, en latin, n'existaient pas (par exemple, celles entre voyelles ouvertes et fermées) ou n'étaient pas notées (par exemple, entre *i* et *u* voyelles ou consonnes), soit en éliminant certaines distinctions redondantes (par exemple, entre *c*, *k* et *qu*). Certains (comme Nebrija[163] et Meigret[164]), pour soutenir la valeur de leurs propositions, évoquent le principe formulé par Quintilien dans l'*Institutio oratoria* d'"écrire comme on parle".[165] Pour Alberti également, l'objectif fondamental est de modifier l'alphabet latin afin de le rendre apte à représenter les nouveaux sons du *volgare*. Suffirait à le démontrer le témoignage admiratif de Giovanni Aurelio Augurello, humaniste de la génération suivante, cité par Mario Equicola :

> Et comenciò da li primi principii, ché, vedendo egli che le lettere latine non potevano adgiongere ad exprimere in bona parte le syllabe et dictioni de essa, como de lingua forestera, che è aliena in parte da la latina, fece uno novo alphabeto et cavò dal latino alcune lettere e adgionseli alcune altre, colle quali expremesse quelle parole le quali veramente non si ponno con le latine.[166]

163. Cf. *Nebrija : 1984*, p. 113 ; *Quilis : 1984*, p. 67 ; *Alonso : 1947*, p. 12-13.

164. Cf. *Meigret : 1980*, p. 144.

165. Cf. *Quintilien : 1975*, I 7 30-31, p. 123 : « Ego, nisi quod consuetudo optinuerit, sic scribendum quidque iudico quomodo sonat. Hic enim est usus litterarum, ut custodiant uoces et uelut depositum reddant legentibus ; itaque id exprimere debent quod dicturi sumus » – trad. franç. par Jean Cousin : « Pour ma part, j'estime que, dans les limites prescrites par l'usage, les mots doivent être écrits tels qu'ils sont prononcés. Le rôle des lettres est, en effet, de conserver les sons, et de les restituer aux lecteurs comme un dépôt ; aussi doivent-elles représenter les sons que nous avons à faire entendre ».

166. *Equicola : 1525*, f° 174r (« Et il commença par les premiers principes : voyant que les lettres latines ne pouvaient servir à exprimer, pour une bonne part, les syllabes et les mots de cette langue, étrangère et donc en partie autre que la

Pour ce qui est dés contextes de ces réformes, on peut noter avec Mirko Tavoni[167] que, jusqu'à la Renaissance, l'inadéquation entre graphie et prononciation et les irrégularités orthographiques sont des traits communs traditionnels de toutes les langues vernaculaires européennes, tant dans leur usage pratique que littéraire : comment pourrait-il en être autrement dans un système culturel qui ne requiert la stabilité (y compris graphique) que de la *grammaire*, c'est-à-dire du latin ? C'est seulement après l'abolition, en théorie comme en pratique, de l'identité entre *grammaire* et latin que pourrait s'étendre au *volgare* l'exigence d'une stabilité orthographique. Leon Battista Alberti, qui, le premier, soutient et démontre la grammaticalité de la langue nouvelle, est également le premier à tenter de remédier aux insuffisances de l'ancien système orthographique.

Dans ce domaine aussi, le primat d'Alberti est donc on ne peut plus net, surtout si l'on se rappelle que la définition orthographique des langues européennes est déterminée, à la Renaissance, par trois facteurs principaux : l'essor des mouvements pour l'émancipation littéraire des langues nouvelles ; l'invention et l'utilisation de l'imprimerie ; la naissance et la consolidation des États nationaux ; et qu'en Italie, au moment de la rédaction de la grammaire *De la langue toscane*, un seul de ces facteurs est présent, le premier, tandis que le troisième n'apparaît que plusieurs siècles après. Et pourtant, la tentative de codification orthographique du *volgare* opérée par Alberti est très semblable à celles des grammairiens européens du XVIe siècle. Avec un goût et une technique dignes d'un *designer*,[168] « celui que l'on pourrait appeler le Nébrija ou le Ramus italien »[169] sait rationaliser et remodeler

langue latine, il fit un nouvel alphabet, tirant certaines lettres du latin et leur en ajoutant d'autres, avec lesquelles exprimer les mots qui ne pouvaient vraiment pas l'être avec les lettres latines »). Cf. *supra*, n. 161.

167. Cf. *Tavoni : 1990*, p. 188 et ss.

168. Cf. *Bongrani : 1982*, p. 74.

169. Cf. *Catach : 1968*, p. 24-27 (la citation est à la p. 25). Il est significatif que le primat chronologique d'Alberti dans le domaine des réformes orthographiques soit réaffirmé dans une reconstruction justement axée sur l'aspect historiquement le plus important de la pratique typographique (cf. *Tavoni : 1990*, p. 188-189, n. 40).

les *formes* traditionnelles des lettres, telles que continuent à les employer les marchands écrivains et les copistes, et se charge d'élaborer un système orthographique complet, efficace et surtout *reproductible.*[170] De manière surprenante, tout cela se passe quelques années avant que Johann Gutenberg, exilé politique à Strasbourg, ne commence à expérimenter ses techniques pour reproduire artificiellement l'écriture.

La grammaire *De la langue toscane* : temps, mode et raisons de sa composition

Comme on l'a dit, l'*Ordre des lettres pour la langue toscane* renseigne sur une phase importante de la préparation de la grammaire *De la langue toscane,*[171] rédigée, selon toute probabilité,

170. Reconstruisant le chemin qui de l'*Ordine dèlle lættère* du manuscrit *Moreni 2* conduit au tableau de l'*Ordine delle lettere* de la grammaire *De la langue toscane*, *Bongrani : 1982*, p. 77-78, démontre que le processus de révision est né de la nécessité de perfectionnement fonctionnel, de simplification, voire de dépersonnalisation. De là à reconnaître, dans la création du nouvel alphabet, la réponse à une exigence de *reproductibilité* tout à fait comparable à celle qui a conduit à la découverte et à la diffusion de l'imprimerie, il n'y a qu'un pas, franchi par *Passarelli : 1999*, p. 39-41, qui souligne qu'Alberti, dans ce domaine aussi, était très en avance sur son temps. Il convient de signaler, à ce sujet, l'enthousiasme avec lequel il a salué plus tard l'avènement de la nouvelle technique dans le *De cyfris.* Dans cet ouvrage, lui aussi consacré – fût-ce d'un tout autre point de vue – à l'écriture et aux lettres de l'alphabet, on peut lire : « Cum essem apud Dathum in hortis pontificis maximis ad Vaticanum et nostro pro more inter nos sermones haberentur de rebus quæ ad studia litterarum pertinerent, incidit ut vehementer probaremus Germanum inventorem qui per hæc tempora pressionibus quibusdam characterum efficeret ut diebus centum plus CCta volumina librorum opera hominum non plus trium exscripta redderentur dato ab exemplari. Unica enim pressione integram excriptam reddit paginam maioris chartæ » (*Alberti : 1994a*, II, p. 27-28 ; trad. franç. par M. Furno, cit., p. 709 : « Alors que je me trouvais auprès de Dati dans les grands jardins du pape au Vatican et que, selon notre habitude, la conversation roulait sur des sujets touchant à l'étude des humanités, nous nous retrouvâmes en train d'approuver vivement l'inventeur allemand qui, ces temps-ci, est parvenu, en pressant des caractères, à fournir, en cent jours, plus de deux cents volumes de texte à partir de l'original qui lui avait été donné, travail accompli par trois hommes, pas plus. En effet, en une seule pression, il fournit une page entière de texte, de grand format »).

171. Pour le titre, voir *infra*, « Notice philologique », p. LXXXVI-LXXXVII.

entre juillet 1438[172] et octobre 1441,[173] peu après le *Proemio* au livre III du *De familia*, dont elle est idéologiquement très proche, comme le montre la comparaison de ce passage de l'un et de l'incipit de l'autre :

172. Durant les mois précédant immédiatement juillet 1438, Alberti a composé sa *Vita*, dans laquelle il mentionne toutes les œuvres qu'il a écrites jusqu'en 1437 : le quatrième livre du *De familia* y figure mais non la grammaire. Il pourrait s'agir là juste d'une omission volontaire, dont les motifs toutefois seraient peu clairs. Aussi est-il plus probable que l'ouvrage ne soit pas cité tout simplement parce qu'il n'est pas encore rédigé. Sur ce sujet, voir *Passarelli : 1999*, p. 33 et *Fubini-Menci Gallorini : 1972*, p. 56.

173. Certaines études consacrées à l'histoire de la linguistique à la Renaissance indiquent comme *terminus ante quem* pour la rédaction de la grammaire *De la langue toscane*, l'année 1495, d'autres, 1454. La première date se trouve chez les auteurs qui s'appuient encore sur *Trabalza : 1908* et sur *Kukenheim : 1932*, deux ouvrages précieux mais aujourd'hui dépassés. La date de 1454 est proposée par Cecil Grayson. Dans l'« Introduction » à *Alberti : 1964*, il en situe la composition dans une période comprise entre 1434 et les années suivant immédiatement le séjour d'Alberti à Florence, terminé en 1443 (cf. *Grayson : 1964a*, p. XLIII). Republiant le texte dans *Alberti : 1973*, il recule la date : la grammaire aurait été rédigée « durante il quinto decennio del sec. XV, o comunque non più tardi del nov. 1454 » (« durant la cinquième décennie du XVe siècle, en tout cas, au plus tard en novembre 1454 »). Qu'Alberti l'ait écrite une fois rentré à Rome est garanti, selon Grayson, par le fait qu'y apparaît un *exemplum fictum* mentionnant Tivoli et Ostie, deux localités proches de la capitale (cf. *Grayson : 1973*, p. 363, où se trouve également la citation). Un argument assez faible pour Gorni, qui avance la rédaction de la grammaire à la quatrième décennie du siècle, sur la base de considérations biographiques et culturelles irréprochables : « Da un punto di vista storico non si saprebbe trovare per la grammatica altro periodo di gestazione oltre quello precedente o coevo al Certame, nel decennio d'oro insomma della produzione volgare dell'Alberti : idealmente, tra la stesura del proemio al III libro della *Famiglia* e la disputa del Bruni (1435), e l'ottobre 1441. In effetti Certame e *Grammatica* sono, non soltanto teoricamente, due iniziative complementari [...]. Al di fuori di quella stagione il progetto di una Grammatica toscana sarebbe un'inconcepibile stravaganza » (*Gorni : 1973*, p. 252 : « D'un point de vue historique, on ne saurait trouver pour la grammaire d'autre période de gestation que celle close par le *Certame*, c'est-à-dire la décennie qui marque l'âge d'or de la production en *volgare* d'Alberti : idéalement, donc, entre le préambule au livre III de la *Famille* et la querelle de Bruni (1435), et octobre 1441. En effet, *Certame* et *Grammatica* sont deux initiatives complémentaires, non seulement sur le plan théorique [...]. En dehors de cette période, le projet d'une Grammaire toscane serait une extravagance incompréhensible »).

Né a me qui pare da udire coloro, e' quali di tanta perdita maravigliandosi, affermano in que' tempi e prima sempre in Italia essere stata questa una qual oggi adoperiamo lingua commune, e dicono non poter credere che in que' tempi le femmine sapessero quante cose oggi sono in quella lingua latina molto a' bene dottissimi difficile e oscure, e per questo concludono la lingua in quale scrissero e dotti essere una quasi arte e invenzione scolastica piú tosto intesa che saputa da molti.[174]

Alberti : 1994, Proemio del lib. III 38-46

Que' che affermano la lingua latina non essere stata comune a tutti è populi latini, ma solo propria di certi docti scolastici, come hoggi la vediamo in pochi, credo deporranno quello errore, vedendo questo nostro opuscholo, in quale io racolsi l'uso della lingua nostra in brevissime annotationi.[175]

Grammaire *De la langue toscane,* § 1

Dans les deux ouvrages, l'évocation générique de « coloro, e quali [...] affermano in que' tempi e prima sempre in Italia essere stata questa una qual oggi adoperiamo lingua commune », ceux-là mêmes « che affermano la lingua latina non essere stata comune a tutti e populi latini, ma solo propria di certi docti scolastici », renvoie à Leonardo Bruni. Suivant l'opinion courante, comme on y a déjà fait allusion,[176] Bruni n'était pas seulement persuadé que, dans la Rome antique, on utilisait deux langues différentes,

174. « Et il me semble ici qu'on ne peut prêter l'oreille à ceux qui, s'étonnant d'une telle perte, affirment qu'à cette époque-là et auparavant, il n'y a toujours eu en Italie qu'une seule langue commune, celle que nous utilisons aujourd'hui, disent ne pouvoir croire qu'en ce temps-là les femmes aient su ces choses qui sont aujourd'hui si difficiles et si obscures même pour les plus savants, et en concluent que la langue dans laquelle ont écrit les lettrés était une sorte d'art et d'invention scolastique comprise plus que sue par la plupart ».

175. « Ceux qui affirment que la langue latine n'était pas commune à toutes les populations latines, mais propre seulement à certains savants lettrés comme nous la voyons aujourd'hui en usage chez quelques-uns, abandonneront, je crois, cette erreur en voyant cet opuscule, dans lequel j'ai recueilli, en de très courtes annotations, l'usage de notre langue ».

176. Cf. *supra,* p. XXIV et n. 56.

le latin et le *volgare*, mais aussi que seule la première était grammaticale. Mais si le *volgare* était décrit et analysé avec les mêmes critères que ceux élaborés par les grammairiens latins pour leur langue, on démontrerait sa grammaticalité et, partant, on priverait de tout fondement la thèse attribuée à Bruni. C'est ainsi qu'Alberti, champion de l'humanisme *volgare* italien, dessine la solution d'un problème surgi dans le jardin des latinistes (la nature de la langue parlée dans la Rome antique), en élaborant la grammaire d'une langue autre que le latin.

Il conçoit le *Proemio* au troisième livre du *De familia*, mais également la grammaire *De la langue toscane* comme une réponse polémique aux thèses attribuées à Bruni, comme un pari intellectuel contre ces idées.[177] Alberti s'oppose à son collègue en se servant des mêmes armes que lui : l'autorité des Anciens, l'exemple du passé, et surtout le poids et le prestige de la langue ancienne. Dans la grammaire *De la langue toscane* en effet, le matériel linguistique offert par le *volgare* est analysé en gardant toujours un œil sur le latin. Tout le travail est fondé sur la conviction, qu'il entend démontrer, qu'entre le latin et le *volgare*, il existe une analogie de structure presque totale, et que ce dernier peut être analysé avec les mêmes catégories que celles utilisées par les *gramatici* pour le premier. Alberti recourt à la comparaison avec le latin pour présenter le patrimoine lexical du toscan[178] et le genre des noms,[179] l'usage et les fonctions de *che* pronom[180] et

177. Cf. *Tavoni : 1992a*, p. 63.

178. Cf. *Grammatichetta* / Grammaire *De la langue toscane*, § 5 : « Le chose, in molta parte, hanno in lingua toscana que' medesimi nomi che in latino » (« Les choses, pour la plupart, ont en langue toscane le même nom qu'en latin »).

179. Cf. *ibid.*, § 6 : « Non hanno è Toscani fra è nomi altro che masculino e feminino ; è neutri latini si fanno masculini. Pigliasi in ogni nome latino lo ablativo singulare, e questo s'usa in ogni caso singulare, così al masculino come al femminino » (« Pour les noms, les Toscans ont seulement le masculin et le féminin. Les neutres latins deviennent masculins. On prend, pour chaque nom latin, l'ablatif singulier, et cette forme s'utilise pour tout cas du singulier, tant au masculin qu'au féminin »).

180. Cf. *ibid.*, § 22 : « *Che* significa quanto presso a è Latini *qui* et *quid*. Significando *quid*, s'usa circa a le cose, e dicesi : *Che leggi ?* Significando *qui*, s'usa circa alle persone, e dicesi : *Io sono cholui che scrissi* » (« *Che* a le sens de *qui* et *quid* en latin. Au sens de *quid*, il s'utilise à propos des choses ; on dit donc : *Che leggi ?* Au sens de *qui*, il s'utilise à propos des personnes ; on dit donc : *Io sono colui che scrissi* »).

conjonction,[181] la formation des conjugaisons[182] ou du passé analytique.[183] Sur ce point également, Alberti inaugure une tendance caractéristique de la production des grammairiens européens de la Renaissance. En Espagne, l'espace et l'attention réservés au latin dans la *Gramática de la lengua castellana* sont tels que son auteur est considéré comme un grammairien du latin[184] même quand il décrit l'espagnol.[185] En France, « ceux qui s'avisent

181. Cf. *ibid.*, § 26 : « *Che*, postposto al verbo, significa quanto apresso è Latini *ut* et *quod*, come dicendo : *I' voglio che tu mi legga* ; *Scio che tu me amerai* » (« *Che* placé derrière le verbe a le sens de *ut* et *quod* en latin comme quand on dit : *I' voglio che tu mi legga ; Scio che tu me amerai* »).

182. Cf. *ibid.*, § 59 : « Le congiugationi de' verbi activi in lingua toscana si formano dal gerundio latino, levatone le ultime tre lettere: *-ndo* ; e quel che resta si fa terza persona singulare indicativa e presente » (« Les conjugaisons des verbes actifs en langue toscane se forment à partir du gérondif latin, en ôtant les trois dernières lettres *-ndo* : ce qui reste devient la troisième personne du singulier de l'indicatif présent »).

183. Cf. *ibid.*, § 47 : « Non ha la lingua toscana verbi passivi in voce, ma, per exprimere èl passivo, compone con questo verbo : *sono, sei, è*, èl participio preterito passivo tolto da è Latini » (« La langue toscane n'a pas de formes spécifiques pour les verbes passifs ; aussi pour exprimer le passif, elle compose avec le verbe *sono, sei, è* le participe passé passif emprunté au latin »).

184. Cf. Galindo Romeo et Ortiz Muñoz, cit. dans *Carvalhão Buescu : 1968*, p. 220 et n. 1.

185. Il suffit de renvoyer à *Tavoni : 1990*, p. 202 et à *Ridruejo : 1994.* Nebrija aussi, comme Alberti, décrit la langue vernaculaire en soulignant constamment les analogies et les différences avec le latin. Je me permets d'ajouter, aux observations de *Merrill : 1959* et *Merrill : 1962*, *Percival : 1975* (p. 249), *Quilis : 1984* (p. 20-42) et *Tollis : 1984*, quelques exemples de cette volonté de comparaison, tirés du premier chapitre de la *Gramática castellana* : « las letras de que nos otros usamos fueron tomadas del latín » (*Nebrija : 1984*, p. 113 : « les lettres que nous utilisons ont été empruntées au latin ») ; « Lo que diximos en el capítulo passado de las letras latinas, podemos dezir en nuestra lengua » (*ibid.*, p. 116 : « ce que nous avons dit au chapitre précédent à propos des lettres latines, nous pouvons le dire pour notre langue ») ; « cuando bolvemos de latín en romance las diciones que comiençan en tres consonantes, y algunas vezes las que tienes dos, anteponemos e, por aliviar de una consonante la vocal que se sigue, como en estas diciones : "scribo", *escrivo* ; "stratum", *estrado* ; "smaragdus", *esmaralda* » (*ibid.*, p. 129 : « lorsque nous faisons passer de latin en langues romanes des mots qui commencent par trois consonnes, et quelquefois même pour des mots commençant par deux consonnes, nous plaçons devant un *e*, pour alléger d'une consonne la voyelle qui suit, comme dans les mots suivants : "scribo", *escrivo* ; "stratum", *estrado* ; "smaragdus", *esmaralda* ») ; « Común nombre es aquél que conviene a muchos particulares, que los latinos llaman apelativo [...]. Mas, por que muchos se pueden nombrar por un nombre proprio, para los más distinguir y determinar entre sí, los latinos antepusieron otro nombre, que llamaron prenombre [...]. Nuestra lengua no tiene tales prenombres, mas en lugar dellos pone esta partezilla don » (*ibid.*, p. 164-165 : « le nom commun est

de jouer le rôle de Priscien ou de Donat français vont naturellement calquer la construction des grammaires latines. Sylvius, qui est le premier à essayer de fonder une théorie, n'y échappera pas […]. Sa dépendance à l'égard de son modèle est telle qu'il s'en rend compte lui-même : "sed quo feror ? grammaticam latinam scribo, non gallicam !" ».[186] Au Portugal, João de Barros rédige la *Gramática da língua portuguesa* en prenant le latin comme « 1) un point de repère ; 2) un modèle de codification grammaticale, et 3) une source d'emprunts de vocables ».[187] C'est que dans le processus de grammatisation qui se développe à la Renaissance, comme l'a observé Sylvain Auroux, le fonds latin représente un facteur d'unification théorique qui n'a pas d'équivalent dans l'histoire de la linguistique.[188] En outre, « de même que la lunette astronomique a permis à Galilée d'observer les montagnes de la lune, la grammaire latine (intériorisée dès l'enfance) permettra aux premiers grammairiens des vernaculaires de voir les phénomènes de leur propre langue ».[189]

L'atelier d'où provient la *lunette* utilisée par Alberti pour examiner sa langue maternelle est celui de Priscien,[190] où se

celui qui convient à beaucoup de particuliers, c'est celui que les latins désignent comme *appellatif.* […] Mais pour que plusieurs hommes puissent se nommer d'un même nom propre, pour les mieux distinguer et séparer entre eux, les latins ont placé devant un autre nom, qu'ils ont appelé *prénom* […] Notre langue ne possède pas ces prénoms, mais à leur place elle emploie la particule *don* »), etc.

186. *Demazière : 1989*, p. 44.

187. *Carvalhão Buescu : 1968*, p. 220.

188. Cf. *Auroux : 1992*, p. 18.

189. *Ibid.*, p. 37.

190. La base théorique de la grammaire *De la langue toscane* est offerte par la tradition grammaticale latine, en particulier par les *Institutiones* de Priscien. *Trabalza : 1908*, p. 21 et *Marti : 1955*, p. XIII, y ont fait quelque allusion générique, mais ce sont *Grayson : 1964a*, p. XXXVII-XL et *Vineis : 1974* qui ont mené des recherches détaillées sur les correspondances entre l'œuvre d'Alberti et les écrits de Priscien. Alors que l'enquête de Grayson tend à identifier certaines correspondances conceptuelles et structurelles entre la grammaire d'Alberti et les *Institutiones* de Priscien, celle de Vineis propose « tutta una serie di rapporti di dipendenza talora assai puntuali » (p. 289 : « toute une série de filiations parfois assez précises ») non seulement avec les *Institutiones* mais aussi avec d'autres œuvres grammaticales de la tradition latine. Dans certains cas, toutefois, ce que Vineis présente comme tel est discutable. Juste deux exemples. Dans la préface, affirme Vineis, « il modello di base, assunto fin dall'inizio come testo-guida per la compilazione della *Grammatichetta*, può essere facilmente individuato nelle *Institutiones* priscianee :

fournissent ultérieurement d'autres grands grammairiens européens, comme Nebrija et Meigret. Sur ce point spécifique, il y a une grande différence, néanmoins, entre les volumineuses grammaires de ces derniers et l'opuscule d'Alberti, qui compte à peine seize feuillets manuscrits. Contrairement à ses successeurs espagnol ou français, Alberti n'entend nullement se mesurer avec Priscien, ni pour les applications pratiques ni, *a fortiori*, pour la réflexion théorique[191] : il souligne à maintes reprises le caractère provisoire de ses « annotations », qu'il considère juste comme des points de départ pour des enquêtes plus approfondies.[192] Le cas de Nebrija ou de Meigret est bien

l'imitazione, manifestamente dichiarata da Prisciano nei confronti dei propri modelli greci (per cui si veda II 1,1-2,11), si trasferisce qui come sottinteso desiderio, da parte dell'Alberti, di accomunarsi a *gl'ingegni grandi e studiosi presso a' Greci prima e po' presso de e Latini* » (« le modèle de base, pris d'emblée comme texte de référence pour la rédaction de la grammaire *De la langue toscane*, peut être facilement identifié : les *Institutiones* de Priscien. L'imitation des modèles grecs, ouvertement reconnue par ce dernier (voir II 1, 1-2, 11), se retrouve ici dans le désir tacite d'Alberti de se joindre aux *grands esprits érudits, d'abord chez les Grecs, puis chez les Romains* »). Le passage cité des *Institutiones* n'offre pas de correspondances littérales avec celui de la grammaire *De la langue toscane*, et il n'est pas nécessaire de déranger Priscien pour expliquer comment un humaniste de la bonne école affirme que les Grecs et les Romains ont écrit des grammaires. Dans un autre passage de la *Grammatichetta* / Grammaire *De la langue toscane* (§ 6) on lit : « Non hanno è Toscani fra è nomi altro che masculino e feminino; è neutri latini si fanno masculini » (« Pour les noms, les Toscans ont seulement le masculin et le féminin. Les neutres latins deviennent masculins »). Selon Vineis, « La presa di coscienza della diversità della situazione romanza da quella latina può anche appoggiarsi, nell'Alberti, sulla teorizzazione, già presente nei grammatici classici, della preminenza accordabile ai due generi riconosciuti come tali dalla *ratio naturæ* rispetto al neutro, definibile come *genus artificiale* » (p. 291 : « la prise de conscience de la différence entre la situation des langues romanes et celle du latin peut s'appuyer aussi, chez Alberti, sur la théorie, déjà présente chez les grammairiens classiques, de la prééminence que l'on peut accorder aux deux genres reconnus comme tels par la *ratio naturæ* par rapport au neutre, qu'on peut considérer comme *genus artificiale* »). Observons que si vous posez à quelqu'un ayant des rudiments de latin la question de savoir quelles sont les différences dans le genre des noms entre le latin et l'italien (ou le français), il vous répondra que l'italien (ou le français), à la différence du latin, n'a que le masculin et le féminin, sans avoir besoin pour cela de consulter les archives de la tradition grammaticale latine.

191. Cf. *Grayson : 1964a*, p. XL ; *Vineis : 1974*, p. 289 ; *Swiggers-Vanvolsem : 1987*, p. 162.

192. Par exemple, après avoir illustré quelques particularités de la formation du passé simple des verbes de la deuxième conjugaison, Alberti conclut : « Sonci di queste regole forse altre excettioni, ma per hora basti questo principio di tanta

différent. Professeur de latin, auteur d'une grammaire latine qui représente son œuvre la plus significative et « marca una época en la historia del humanismo español »,[193] Nebrija utilise systématiquement dans sa *Gramática castellana* les appuis offerts par les grammairiens latins. Ses sources directes sont Diomède, Donat, Quintilien et surtout Priscien,[194] repris presque textuellement pour la présentation du nom et de ses caractéristiques,[195] des suffixes diminutifs,[196] du pronom,[197] du verbe et de ses caractéristiques,[198] de la préposition[199] et de l'adverbe.[200] Quant à Meigret, la dérivation de son *Traité* des *Institutiones* est encore plus flagrante, tant dans sa structure que dans le choix et la succession des thèmes, ou encore dans les emprunts textuels.[201] Le grammairien français reprend directement Priscien quand il décrit la nature et la caractéristique des voyelles[202] et des consonnes,[203] quand il définit le mot et la phrase,[204] quand il présente le nom et ses

cosa. Chi che sia, a cui diletterà ornare la patria nostra, aggiugnerà qui quello che ci manchi » (*Grammatichetta* / Grammaire *De la langue toscane*, § 74 : « À ces règles, il y a peut-être d'autres exceptions, mais pour l'instant contentons-nous de ce début d'une si grande chose. Celui, quel qu'il soit, à qui il plaira d'illustrer notre patrie, ajoutera ici ce qui y manquerait »). De même, au moment de prendre congé de ses lecteurs (*ibid.*, § 99), l'écrivain loue Dieu d'avoir réussi à présenter « i primi principii » de la langue nouvelle. Que ce syntagme signifie 'les principes fondamentaux', 'les premiers principes' ou encore 'les premiers enseignements élémentaires' (cf. *Battaglia : 1961-*, n. 21 *s.v.* « Primo », et nn. 4 et 11 *s.v.* « Principio »), ne change rien au sens du propos : l'enquête effectuée sur le *volgare* n'a pas, pour son auteur, l'ambition d'exhaustivité que pouvait revendiquer à bon droit, pour le latin, l'œuvre de Priscien ou d'autres.

193. *Quilis : 1984*, p. 12 (« et marque une époque dans l'histoire de l'Humanisme espagnol »).

194. Cf. *ibid.*, p. 20.

195. Cf. *ibid.*, p. 24.

196. Cf. *ibid.*, p. 26 et *Esparza Torres : 1995*, p. 194.

197. Cf. *Quilis : 1984*, p. 29 et *Esparza Torres : 1995*, p. 203-205.

198. Cf. *Quilis : 1984*, p. 30-31 et *Esparza Torres : 1995*, p. 207-209.

199. Cf. *Quilis : 1984*, p. 38 et *Esparza Torres : 1995*, p. 218.

200. Cf. *Quilis : 1984*, p. 39 et *Esparza Torres : 1995*, p. 220-222.

201. Cf. *Hausmann : 1980a*, p. 142 : « La source principale et avouée, celle qui fournit à Meigret le cadre de sa grammaire, les définitions et bien des suggestions de démarche, parfois même les exemples, est évidemment Priscien ».

202. Cf. *ibid.*, p. 154-155.

203. Cf. *ibid.*, p. 159.

204. Cf. *ibid.*, p. 161.

propriétés,[205] le pronom,[206] le verbe,[207] la préposition,[208] l'adverbe,[209] la conjonction,[210] l'interjection[211] et l'accent.[212] On peut donc conclure que si, pour Alberti, les *Institutiones* sont une lecture préparatoire, un simple texte de consultation, pour Nebrija et Meigret, en revanche, elles représentent un concentré du savoir grammatical. Leur objectif est d'appliquer systématiquement à l'espagnol et au français (en maintenant, bien entendu, originalité et autonomie) la réflexion métalinguistique menée par Priscien sur le latin.[213] Cela ne veut pas dire que les

205. Cf. *ibid.*, p. 163-169.
206. Cf. *ibid.*, p. 169-170.
207. Cf. *ibid.*, p. 173.
208. Cf. *ibid.*, p. 191-192.
209. Cf. *ibid.*, p. 194-196.
210. Cf. *ibid.*, p. 196.
211. Cf. *ibid.*, p. 197.
212. Cf. *ibid.*
213. La présentation de la déclinaison des noms offre un bon exemple de la manière différente dont procèdent Alberti et Nebrija. À la différence de *Meigret : 1980*, p. 51 et p. 55, ils adoptent tous deux le modèle latin fondé sur les cas, en attribuant aux articles et aux prépositions de la langue vernaculaire la fonction distinctive propre aux désinences latines. Mais tandis qu'Alberti se borne à noter que « E casi de' nomi si notano co' suoi articoli » (*Grammatichetta* / Grammaire *De la langue toscane*, § 7 : « les cas des noms sont marqués par leurs articles »), et présente la déclinaison des noms et des pronoms sans commentaire (voir par exemple *ibid.*, §§ 9, 10, 13, 14, 16, 32 et 33), Nebrija commence par un long développement théorique sur la fonction des différents cas : « Los casos en el castellano son cinco : El primero llaman los latinos nominativo, por que por él se nombran las cosas, y se pone quien alguna cosa haze, sola mente con el artículo del género, como *el ombre.* El segundo llaman genitivo, por que en aquel caso se pone el nombre del engendrador, y cuia es alguna cosa, con esta preposición *de*, como *hijo del ombre.* El tercero llaman dativo, por que en tal caso se pone a quien damos o a quien se sigue daño o provecho, con esta preposición *a*, como *io do los dineros a tí.* El quarto llaman acusativo, por que en tal caso ponemos a quien acusamos, y general mente a quien padece por algún verbo, con esta preposición, *a*, o sin ella, como *io amo al próximo* o *amo el próximo.* El quinto llaman vocativo, por que en aquel caso se pone a quien llamamos, con este adverbio *o*, sin artículo, como *¡ o ombre !* Sexto y séptimo caso no tiene nuestra lengua, pero redúzense a lo otros cinco » (*Nebrija : 1984*, p. 177 : « les cas en espagnol sont au nombre de cinq : le premier, les Latins le nomment nominatif, parce que c'est par lui que se nomment les choses et que l'on pose qui fait une chose, seulement avec l'article du genre comme *el ombre.* Le deuxième, ils l'appellent génitif, parce que c'est à ce cas que se met le nom de celui qui engendre, et à qui appartient une chose, avec la préposition *de*, comme dans *hijo del ombre.* Le troisième, ils le nomment datif, parce que c'est à ce cas que nous disons à qui nous donnons, ou qui subit un tort ou connaît un avantage, avec la préposition *a*, comme dans : *io do los dineros a tí.* Le quatrième, ils l'appellent accusatif, parce que c'est à ce cas que nous mettons

Institutiones ne sont pas présentes également dans la grammaire *De la langue toscane* : elles sont bien le modèle de l'ouvrage d'Alberti, de son plan général et de son économie,[214] mais aussi la source, pour partie, de la section consacrée à l'orthographe.[215]

Pour la terminologie grammaticale aussi, Alberti s'inscrit dans la tradition latine et applique à la grammaire *De la langue toscane* les termes techniques provenant de la linguistique classique et médiévale : c'est à lui qu'on doit la première attestation en italien de *adverbio, anormale, appellativo, articholo, assertivo, asseverativo, caso, composito, compositione, coniunctione, con(g)iugatione, gerundio, impersonale* (comme définition du verbe), *monosillabo* (comme adj.), *numero* au sens de 'catégorie du singulier et du pluriel', *passivo, preporre* au sens de 'placer devant', *preterito, preterito perfetto* au sens de 'passé simple', *proprio* (comme définition du nom), *relativo* (comme nom), *subienctivo* au sens de 'subjonctif', *troncare* au sens de 'réduire d'une syllabe (y compris non finale)'.[216] Ces termes, pour la plupart, appartiennent alors à la conscience grammaticale commune et sont connus de toute personne ayant fait un peu d'études, comme aujourd'hui. Ainsi que l'a écrit S. Auroux, « le rôle du latin (dont la grammaire sert de

qui nous accusons, et généralement qui subit tel action par tel verbe, avec la préposition *a*, ou sans elle, comme dans : *io amo al proximo* ou *amo el proximo.* Le cinquième, ils l'appellent vocatif, parce que c'est à ce cas que nous mettons qui nous appelons, avec l'adverbe *o*, sans article, comme dans : *¡ o ombre !* Notre langue n'a pas de sixième ou de septième cas, mais ils se réduisent aux cinq autres » – et cf. *Merrill : 1962*, p. 162-165).

214. La grammaire *De la langue toscane* reprend, avec quelques légères variantes, le schéma des catégories grammaticales présenté par Priscien dans les livres V-XVI des *Institutiones.* On y traite successivement du nom, du verbe, du pronom, de la préposition, de l'adverbe, de l'interjection, de la conjonction et de la syntaxe. Pour l'illustration détaillée de ces correspondances, voir *Grayson : 1964a*, p. XXXIX-XL et *Vineis : 1974*, p. 301-302.

215. Dans le premier livre des *Institutiones*, Priscien traite de la double valeur phonétique de *u* (qu'Alberti, dans le tableau de l'*Ordine delle lettere*, propose de signaler au moyen de deux graphèmes distincts) et de la forme, de l'usage et de la signification de l'esprit rude du grec (repris tant dans l'*Ordine dèlle lættère pèlla ling*[h]*ua tosc*[h]*ana* que dans la grammaire *De la langue toscane*, pour distinguer la troisième personne du présent du verbe *essere*). Cf. *Grayson : 1964a*, p. XXXVII-XXXVIII et, pour un autre point de vue, *Vineis : 1974*, p. 290-291.

216. Cf. *Sgroi : 1992*, p. 251-257, qui complète et met à jour le travail de *Pfister : 1991*.

propédeutique à tout le cursus scolaire) explique que la terminologie grammaticale dans les vernaculaires se soit constituée par emprunt opaque (adaptation pure et simple du terme latin), plutôt que par emprunt paraphrastique (traduction de la signification étymologique du terme latin), quoiqu'on puisse rencontrer sporadiquement cette pratique ».[217]

217. *Auroux : 1992*, p. 20. Ces cas de traduction paraphrastique se trouvent dans quatre manuscrits anglais des XIVe et XVe siècles, comprenant des textes destinés à l'enseignement du français à Londres et à Oxford. Les termes grammaticaux sont rendus en français par l'équivalent de leurs différentes composantes latines. Ainsi, le latin *preteritus imperfectus* est-il traduit 'el pretert nient parfait' ; *futurus* 'en le temps a vener' ; *infinitivus modus* 'en le nient finitif moed', 'el moed sainz fin' ou 'en le manere sainz fine' ; *imperativus modus* 'en la comandant manere', 'el comandant moed' ou 'en le comandant manere ou moed' ; *coniunctivus modus* 'en le ioynant manere', 'en le ioinant moed' (cf. *Merrillees : 1987*, p. 194 ss.). Ajoutons le cas de Pietro Bembo qui, dans les *Prose della volgar lingua* (1525), traduit systématiquement les termes grammaticaux latins par des périphrases italiennes plus ou moins élégantes (cf. *Paccagnella : 1991*, p. 126 ; *Tavoni : 1992*, p. 1078 ; *Coletti : 1993*, p. 170 ; *Patota : 1993*, p. 223-225). En voici quelques exemples : les syntagmes *del maschio* et *della femina* sont employés pour 'masculin' et 'féminin' ; les locutions *numero del meno* et *numero del piú* signifient 'singulier' et 'pluriel' (cf. *Bembo : 1966*, p. 141 : « quella voce, che nome ha ad essere, come e per che via ella essere possa piú vaga, o nel numero del piú o in quello del meno, nella forma del maschio o della femina » / « le mot qui doit être un nom, comment et par quelle voie aura-t-il plus de beauté, soit au singulier, soit au pluriel, soit au masculin, soit au féminin ») ; les circonlocutions *que' nomi, i quali, col verbo posti, in piè soli star possono e reggonsi da sé senza altro* (*ibid.*, p. 194 : « les noms qui, joints au verbe, peuvent tenir tout seuls et se régissent par eux-mêmes ») et *quelli [...] che con questi si pongono, né stato hanno altramente* (*ibid.* : « et ceux qui se joignent à ceux-ci et qui ne sont pas d'une nature différente ») désignent respectivement les 'noms' et les 'adjectifs'. Les 'pronoms' sont les *voci, che in luogo di nomi si pongono* (*ibid.*, p. 202 : « les mots que l'on met à la place des noms »), tandis que l''adverbe' est présenté comme la *particella del parlare, che a' verbi si dà in piú maniere di voci* (*ibid.*, p. 269 : « la particule du parler qui s'adjoint au verbe sous forme de mots de plusieurs manières »). Pour la terminologie verbale, la 'conjugaison' est appelée *maniera* comme dans les exemples anglais ci-dessus (cf. *ibid.*, p. 196 : « verbi della prima maniera » / « verbes de la première manière ») ; pour ce qui est des temps, le 'présent' est le *tempo che corre mentre l'uom parla* (*ibid.*, p. 247 : « le temps qui court tandis que l'on parle ») ; le 'futur' est le temps *che a venire è* (cf. *ibid.*, p. 239 : « tutte le altre voci di questo verbo, che in qualunque guisa si danno al passato tempo e a quello che a venire è » / « toutes les autres formes de ce verbe, de quelque façon qu'elles existent, au temps passé ou au temps qui est à venir ») ; les 'imparfaits' sont les formes *che pendentemente si dicono* (cf. *ibid.*, p. 234 : « Séguita, appresso queste, la prima voce del numero del meno, di quelle che pendentemente si dicono, *Amava Valeva Leggeva Sentiva* » / « Suit après celles-ci, la première forme du singulier, de celles qui se disent durativement : *Amava, Valeva, Leggeva, Sentiva* ») ; pour les modes, l''infinitif' est indiqué comme *verbo che si pone senza termine* ou *voce senza termine* et l''infinitif présent', en particulier, est la *prima voce di quelle che senza termine si dicono* (cf. *ibid.*, p. 208 : « si scrive [...] cosí, *Vi*, in

La filiation entre la grammaire *De la langue toscane* et la tradition grammaticale latine se manifeste aussi dans le ton et le contenu des exemples qui servent à illustrer les règles.[218] Des phrases comme « Roma superò Carthagine »,[219] « questo Scipione superò quello Hannibale »,[220] « nello exercito di Dario »,[221] « Cesare ne va, Pompeio ne viene »,[222] pourraient très bien figurer dans une grammaire latine. Il est significatif par ailleurs qu'on les retrouve dans d'autres grammaires des langues vernaculaires européennes de la Renaissance : preuve que, depuis l'Antiquité, l'idéologie *non fecit saltus.* Signalons, à titre d'exemple, que César et Pompée hantent aussi la *Gramática de la lengua castellana* et Carthage la géographie de Nebrija :

> Proprio nombre es aquél que conviene a uno solo, como *César, Pompeio.* Común nombre es aquél que conviene a muchos particulares, que los latinos llaman apelativo, como *ombre* es común a 'César' y 'Pompeio'.[223]

tutti gli altri luoghi ; solo che o nella rima, quando ella sotto l'accento si sta del verbo, che si ponga senza termine, nel qual luogo, secondo che alla rima mette bene, e *Vi* e *Ve* parimente dire si può, *Farvi, Darve* » / « on écrit [...] ainsi *Vi* dans tous les autres cas ; sauf que dans le cas de la rime, quand elle est placée sous l'accent du verbe que l'on pose sans terme ; en ce cas, en fonction de l'effet obtenu par la rime, on dit aussi bien *Vi* que *Ve* : *Farvi Darve* » ; p. 231 : « *Chero,* che fa *Chiere,* quantunque egli, non pur come verbo della quarta maniera, anzi ancora come della seconda, *Cherire* e *Cherere* ha per voci senza termine » / « *Chero,* qui fait *Chiere,* encore qu'il ait comme formes sans terme, non pas en tant que verbe de la quatrième manière, mais bien comme de la seconde, *Cherire* et *Cherere* » ; et p. 248 : « È, oltre a questo, che si piglia la prima voce di quelle che senza termine si dicono, e dassi a questa seconda voce del numero del meno, ogni volta che la particella, con cui si niega, le si pon davanti : *Non far cosí, Non dire in quel modo* » / « Outre cela, il faut prendre la première forme de celles que l'on dit sans terme, et l'on met cette seconde forme au singulier chaque fois qu'on lui prépose la particule de négation : *Non far cosí, Non dire in quel modo* ») ; enfin, le 'participe passé' est la *voce [...] la quale di verbo e di nome pure nel passato tempo partecipa* (*ibid.*, p. 236 : « le mot [...] qui participe du verbe et, en même temps, du nom au passé »).

218. Cf. *Bongrani : 1982,* p. 82.

219. § 17 (« Rome vainquit Carthage »).

220. § 43 (« ce Scipion vainquit cet Hannibal »).

221. § 89 (« dans l'armée de Darius »).

222. § 90 (« César s'en va, Pompée s'en vient »).

223. *Nebrija : 1984,* p. 164 (« Le nom propre est celui qui convient à un seul individu, comme *César, Pompée.* Commun est le nom qui convient à beaucoup d'individus ; les latins le désignent comme appellatif, comme *ombre* est commun à 'César' et à 'Pompée' »).

Hypozeusis es cuando, por el contrario de zeugma, damos diversos verbos a cada cláusula, con una persona mesma ; como diziendo *César vino a España, y venció a Afranio, y tornó contra Pompeio.*[224]

Macrología es cuando se dize alguna luenga sentencia, que comprehende muchas razones no muchos necessarias, como diziendo : *después de idos los embaxadores fueron a Carthago, de donde, no alcançada la paz, tornaron se a donde avían partido* ; porque harto era dezir *los embaxadores fueron a Carthago y no impetrada la paz, tornaron se.*[225]

Description de l'usage et attention portée à la langue parlée

Outre la grammaire de la langue ancienne, Alberti prend comme point de repère l'usage de la langue moderne. Au début de son ouvrage, il déclare s'être fondé sur l'usage, non sur les autorités,[226] et met sur le même plan écrit et parlé.[227] Et de fait, la langue décrite dans la grammaire *De la langue toscane* n'a pas de caractère littéraire, mais s'inspire de l'usage

224. *Ibid.*, p. 216 (« L'*hypozeuxis* c'est lorsque, au contraire du *zeugma*, nous donnons un verbe différent à chaque proposition, avec une même personne, comme lorsque nous disons : *César vino a España, y venció a Afranio, y tornó contra Pompeio* » [César vint en Espagne, il vainquit Afranius et se tourna contre Pompée] »).

225. *Ibid.*, p. 218 (« La *macrologie* c'est lorsque l'on emploie une longue phrase, qui contient beaucoup de raisons qui ne sont pas absolument nécessaires, comme lorsque nous disons : *después de idos los embaxadores fueron a Carthago, de donde, no alcançada la paz, tornaron se a donde avían partido,* [après les ides, les ambassadeurs allèrent à Carthage, d'où, sans avoir obtenu la paix, ils revinrent à leur point de départ], parce qu'il suffisait de dire : *los embaxadores fueron a Carthago y no impetrada la paz, tornaron se* » [les ambassadeurs allèrent à Carthage et, n'ayant pas obtenu la paix, s'en revinrent] »). Un recueil d'exemples de différentes sortes présents dans la *Gramática castellana*, tirés soit des classiques latins soit des écrivains espagnols, se lit dans *Niederehe : 1994*, p. 415-417.

226. Cf. *Grammatichetta* / Grammaire *De la langue toscane*, § 1 : « io racolsi l'*uso* della lingua nostra in brevissime annotationi » (« j'ai recueilli, en de très courtes annotations, l'*usage* de notre langue »). L'italique est de nous.

227. Cf. *ibid.* : « chiamorno queste simili ammonitioni, apte a *scrivere* e *favellare* senza corruptela, suo nome, *Grammatica* » (« Ils appelèrent de telles instructions, permettant d'*écrire* et de *parler* sans impropriété, du nom correspondant de *grammaire* »). L'italique est de nous.

contemporain. Les indications grammaticales – accompagnées de soixante-quatre *exempla ficta*, mais sans aucun exemple d'auteur – se réfèrent dans une large mesure à un florentin du XVe siècle que l'on pourrait qualifier de "moyen", pas très marqué du point de vue diaphasique et du point de vue diastratique.[228] Pour introduire les exemples ou pour présenter les règles, Alberti recourt presque toujours au verbe *dire* (soixante occurrences) ou au verbe *pronuntiare* (sept occurrences) mais rarement au verbe *scrivere* (huit occurrences seulement) ; il illustre, en outre, de nombreux aspects de la langue parlée :[229] usage et flexion des noms propres,[230] emprunt de mots étrangers,[231] prononciations particulières ;[232] enfin, par l'« elaborazione di un alfabeto fonetico e di un inventario fonologico » dans la table de l'*Ordre des lettres pour la langue*

228. Dressons ici rapidement la liste des traits codifiés dans la grammaire *De la langue toscane* qui correspondent à l'usage florentin courant du XVe siècle : 1) *el*, *e* au lieu de *il*, *i* pour l'article défini masculin ; 2) *sete* au lieu de *siete* à la deuxième personne du pluriel de l'indicatif présent de *essere* ; 3) *arò* au lieu de *avrò* au futur de *avere* ; 4) pour le verbe *essere*, les formes *fusti* au lieu de *fosti* à la deuxième personne du singulier du parfait et *fussi* au lieu de *fossi* aux deux premières personnes du singulier du subjonctif imparfait ; 5) terminaison *-o*, au lieu de *-a*, à la première personne du singulier de l'indicatif imparfait (par exemple, *io amavo* au lieu de *io amava*) ; 6) désinence avec un seul *m* au lieu de deux à la première personne du pluriel du parfait (par exemple, *lavamo* pour *lavammo*) ; 7) terminaison *-ino*, au lieu de *-ano*, à la troisième personne du pluriel du subjonctif des verbes des deuxième, troisième et quatrième conjugaisons (par exemple, *abbino* au lieu de *abbiano*) ; 8) deuxième personne du pluriel du parfait, du subjonctif imparfait et du conditionnel modelée sur la deuxième personne du singulier (par exemple, *voi lavasti, che voi lavassi, voi laveresti*). D'autres traits codifiés dans la grammaire *De la langue toscane* ne sont pas typiques de l'usage florentin du XVe siècle, sans pour autant qu'on puisse les considérer comme des archaïsmes : dans ce cas, c'est la variable sociolinguistique qui a décidé ultérieurement de leur succès ou de leur rejet. Citons les féminins pluriels de la deuxième déclinaison en *-i* (par exemple, *le parti*), le système traditionnel des possessifs, la forme *due*, les morphèmes en *-ano* pour la troisième personne du pluriel du présent de l'indicatif des verbes de la première conjugaison et en *-vano* pour la troisième personne du pluriel de l'imparfait de l'indicatif, le type *abbia* pour les première et troisième personnes du singulier du subjonctif présent des verbes des deuxième, troisième et quatrième conjugaisons, les morphèmes en *-e* et en *-ero* à la troisième personne respectivement du singulier et du pluriel du subjonctif imparfait (cf. *Patota : 1996*, p. LI-LXXXIV).

229. Cf. *Bongrani : 1982*, p. 89 et n.

230. Cf. *Grammatichetta* / Grammaire *De la langue toscane*, §§ 12-15 et 97.

231. Cf. *ibid.*, § 95.

232. Cf. *ibid.*, §§ 94-98.

toscane, il s'affirme convaincu que la langue à laquelle il reconnaît la grammaticalité a un solide « fondamento orale ».[233]

Pour tous ces aspects, Alberti est bien plus proche de Nebrija et de Meigret que des grammairiens italiens de la Renaissance. Pour Nebrija aussi, les règles qui fixent la langue doivent correspondre à l'usage qui en est fait, en vertu de l'axiome si souvent répété « écrire comme on parle, parler comme on écrit ».[234] Dans la *Gramática de la lengua castellana*, l'intérêt pour la manière dont on parle n'est sûrement pas moindre que l'intérêt pour la façon d'écrire. Pour preuve, on y retrouve les mêmes témoins linguistiques que ceux de la grammaire *De la langue toscane* d'Alberti : l'emploi des verbes *dezir* ('dire'), *hablar* ('parler') ou *pronunciar* ('prononcer') pour introduire règles et exemples.[235] Comme l'a récemment observé Margarita

233. Cf. *Folena : 1997*, p. 100, où se trouve la citation (« élaborant un alphabet phonétique et un inventaire phonologique » / « fondement oral »).

234. Cf. *Quilis : 1984*, p. 67. Et l'auteur de préciser par ailleurs que, si Nebrija accepte en théorie le principe formulé par Quintilien de l'adaptation de la norme à l'usage, d'un point de vue pratique, « pide en la *Gramática* que se pongan en vigor determinadas normas para el uso del español. Esto se puede lograr por dos procedimientos : bien por imposición de la autoridad real, bien porque los usuarios doctos las aprueben democráticamente y la acepten » (*ibid.*, p. 68 : « il demande dans la *Gramática* de mettre en vigueur des normes déterminées pour l'usage de l'espagnol. Ce que l'on peut obtenir de deux façons : soit par imposition de la part de l'autorité royale, soit parce que les sages utilisateurs les approuvent démocratiquement et les acceptent »). Cf. aussi *Pozuelo Yvancos : 1984*, p. 79-81.

235. Le nombre de règles ou d'exemples introduits par des formes conjuguées des verbes *dezir*, *hablar* ou *pronunciar* est supérieur à cent, alors que les formes du verbe *escrivir* ne sont employées que 24 fois. J'ajoute, à simple titre de curiosité, que les analogies ne s'arrêtent pas là. La tournure « come dicendo », 'comme lorsqu'on dit', par laquelle Alberti introduit un grand nombre de ses exemples (cf. *Grammatichetta* / Grammaire *De la langue toscane*, § 26, § 27, § 42, etc.), est utilisée très souvent également par Nebrija (« como diziendo »). Cf. par exemple *Nebrija : 1984*, p. 126 : « I aunque, según Quintiliano, nunca en una sílaba se pueden cuajar más de dos vocales, en nuestra lengua ai algunas diciones en que se pueden coger tres vocales, en cinco maneras : en la primera, *iai*, como diziendo *aiais, vaiais, espaciais* ; la segunda, *iei*, como diziendo *ensuzieis, desmaieis, alivieis* ; la tercera, *iue*, como diziendo *poiuelo, arroiuelo, hoiuelo* ; la cuarta, *uai*, como diziendo *guai, aguaitar* ; la quinta, *uei*, como diziendo *buei, bueitre* » (« Et bien que, selon Quintilien, dans une seule syllabe l'on ne puisse jamais fusionner deux voyelles, dans notre langue il y a certains mots où l'on peut trouver trois voyelles, de cinq manières : dans la première manière, *iai*, comme lorsque l'on dit : *aiais, vaiais, espaciais* ; la deuxième : *iei*, comme lorsque l'on dit : *ensuzieis, desmaieis, alivieis* ; la troisième : *iue*, comme lorsque l'on dit : *poiuelo, arroiuelo, hoiuelo* ; la quatrième : *uai*, comme lorsque l'on

Lliteras, c'est Nebrija qui inaugure en Espagne la tradition d'une science grammaticale libre de toute préoccupation de justifier ses consignes grammaticales par des références littéraires. Dans son modèle de grammaire, les auteurs littéraires peuvent difficilement fournir des éléments utiles à la description des catégories grammaticales et de leur fonctionnement. C'est la connaissance même de la grammaire qui garantit la stabilité de la langue ; aussi n'est-il pas besoin de disposer préalablement d'une documentation sur les usages autorisés.[236] Les écrivains représentent plutôt, suivant le mot très pertinent de Lucia Binotti, la « monumentalité » de la langue vernaculaire, une valeur extralinguistique qui permet de démontrer dans les passages les moins techniques du traité (dans le prologue, par exemple) la supériorité ou, à tout le moins, l'égale dignité de la langue vernaculaire par rapport au latin.[237]

Des considérations semblables pourraient être faites à propos de Meigret.[238] Pour celui-ci, comme l'a justement remarqué Zygmunt Marzys, le corpus d'où il convient d'extraire la norme linguistique n'est pas, comme pour Tory, la littérature du passé, ou comme pour Sylvius, un modèle de langue abstrait, ou encore, comme pour Du Bellay, une langue poétique à inventer,

dit : *guai, aguaitar* ; la cinquième *: uei,* comme lorsque l'on dit : *buei, bueitre* ») ; *ibid.*, p. 140 : « Sácanse tan bien : la segunda persona del plural del presente del mesmo indicativo, y del imperativo, y del futuro del optativo, y del presente del subjuntivo, y del presente del infinitivo, cuando reciben cortamiento, como diciendo *vos amáis, vos amád* o *amá, vos améis, amár* » (« on tire aussi la deuxième personne du pluriel du présent, du même indicatif et de l'impératif, et du futur de l'optatif, et du présent du subjonctif, et du présent de l'infinitif, quand ils sont abrégés, comme lorsque l'on dit : *vos amáis, vos amád* ou *amá, vos améis, amár* ») ; *ibid.*, p. 168 : « esta partezilla *más,* ó es adverbio, como diziendo *Pedro es más blanco que Juan* ; ó es conjunción, como diziendo *io quiero, mas tú no quieres* ; ó es nombre comparativo, como diziendo *io tengo más que tú,* quiero dezir *más mucho que tú* » (« cette particule *más* est ou bien adverbe, comme lorsque l'on dit *: Pedro es más blanco que Juan,* [Pierre est plus blanc que Jean], ou bien conjonction, comme lorsque l'on dit *: io quiero, mas tú no quieres* [je veux, mais tu ne veux pas] ; ou comparatif, comme lorsque l'on dit *: io tengo más que tú,* [je possède plus que toi] ce qui veut dire : *mas mucho que tú* [bien plus que toi] »), etc. Pour l'enquête sur les formes verbales présentes dans la *Gramática castellana,* j'ai utilisé le texte répertorié dans *A.D.M.Y.T.E. : 1992.*

236. Cf. *Lliteras : 1997,* p. 61-63.

237. Cf. *Binotti : 1995,* p. 114-116.

238. Cf. *Glatigny : 1989,* p. 16-18.

mais l'usage contemporain,[239] dont le fonds est rigoureusement oral, « marqué par des termes tels que *prononciation, dire, parler.*[240] En somme, conformément à la tradition latine, Meigret considère que le maître absolu des langues, c'est l'usage[241] : « les règles – écrit-il dans le *Traité* – sont dressées sur l'usage et façon de parler ».[242] Dans le cadre de la Renaissance italienne, en revanche, Giovan Francesco Fortunio, dans les *Regole grammaticali della lingua*, et surtout Pietro Bembo, dans les *Prose della volgar lingua*, inaugurent une tradition grammaticale unilatérale, concentrée exclusivement sur la langue écrite. Pour eux, la grammaire ne peut se faire qu'en se fondant sur les *auctoritates*[243] ; et si, pour Bembo, « non si può dire che sia veramente lingua alcuna favella che non ha scrittore »,[244] pour Fortunio, c'est la perfection formelle de la langue des écrivains, la grandeur poétique et rhétorique de leur production qui est la véritable garantie de la régularité grammaticale.[245] La possibilité d'une

239. Cf. *Marzys : 1996*, p. 136-138.

240. *Ibid.*, p. 137.

241. Cf. *Glatigny : 1987*, p. 149.

242. *Meigret : 1980*, p. 101.

243. Cf. *Folena : 1973*, p. 2 : « Questa [*sc.* dell'Alberti] concezione della lingua [...] appare diametralmente opposta alla tradizione grammaticale che circa ottant'anni dopo viene instaurata trionfalmente dal classicismo del Fortunio e del Bembo, fondato sulla filologia editoriale, e soprattutto sull'*auctoritas* del Petrarca e del Boccaccio » (« Cette conception [*sc.* celle d'Alberti] de la langue [...] apparaît diamétralement opposée à la tradition grammaticale instaurée triomphalement, près de quatre-vingts ans plus tard, par le classicisme de Fortunio et de Bembo, fondé sur la philologie éditoriale, et surtout sur l'*auctoritas* de Pétrarque et de Boccace »).

244. *Bembo : 1966*, p. 110 (« on ne peut dire qu'un parler soit vraiment une langue s'il n'a pas d'écrivain »).

245. Dans un raisonnement totalement opposé à celui d'Alberti, *Fortunio :* 2001, p. 3 : « Soleva io nella mia verde etade, sincerissimi lettori miei, quanto di otioso tempo dallo essercitio mio delle civili leggi mi venia concesso, tanto nella lettura delle volgari cose di Dante, del Petrarca et del Boccaccio dilettevolmente ispendere. Et scernendo tra' scritti loro li lumi dell'arte poetica et oratoria non meno spessi che a noi nella serena notte si mostrino le stelle et non con minor luce che in qualunque più lodato auttore latino risplendere, non mi potea venir pensato che sanza alcuna regola di grammaticali parole la volgar lingua cosí armonizzatamente trattassono. E con piú cura alquanto rileggendoli et il mio aviso non vano ritrovando, per ammaestramento di me medesimo quelli finimenti di voci che a ffare o generali regole overo con poche eccettioni mi paressono convenevoli, cominciai a raccogliere » (« Dans mon jeune âge, très chers lecteurs, j'avais pour habitude

grammaire synchronique du *volgare*, admise par l'humanisme héroïque d'Alberti, de Nebrija et de Meigret, est refusée par l'humanisme classique de Giovan Francesco Fortunio et de Pietro Bembo. En Italie, le projet d'une norme fondée sur l'usage contemporain a été repris seulement quatre siècles plus tard, en plein XIXe siècle, par Alessandro Manzoni. Par une curieuse coïncidence de l'histoire, c'est peu après que l'on a retrouvé le texte de la grammaire *De la langue toscane*, qui depuis près de quatre cents ans dormait intact sur les rayons de la Biblioteca Apostolica Vaticana.[246]

d'utiliser avec plaisir tout le temps libre que me laissait l'exercice du droit civil à lire les œuvres en *volgare* de Dante, Pétrarque et Boccace. Et discernant dans leurs écrits les lumières de l'art poétique, et oratoire, il ne pouvait me venir à l'idée qu'ils aient traité si harmonieusement le *volgare* sans aucune règle de grammaire ; et les relisant plus attentivement, et mon avis s'en trouvant confirmé, je commençai, pour ma gouverne personnelle, à rassembler les séries de mots qui me semblaient aptes à établir des règles générales, ou ne souffrant que peu d'exceptions »).

246. Cf. *Grayson : 1964a*, p. XII.

NOTICE PHILOLOGIQUE

par

GIUSEPPE PATOTA

ORDINE DÈ LLE LÆTTÈ RE PÈ LLA LING^H UA TOSC^H ANA
ORDRE DES LETTRES POUR LA LANGUE TOSCANE

Manuscrit

FIRENZE, Biblioteca Moreniana, ms. 2.

Il s'agit d'un recueil d'œuvres d'Alberti, comprenant, au début, un folio en parchemin portant le texte reproduit ici p. 2-5. Le ms. a été décrit une première fois par C. Nardini et A. Gigli,[1] puis par Carmela Colombo.[2] Pour un compte-rendu complet, je renvoie à l'étude de cette dernière, dont j'extrais les indications utiles suivantes :

> Il foglio di pergamena che c'interessa è di formato uguale a quello del resto del codice. È attaccato alla legatura con una brachetta (alla stessa brachetta è incollato il foglio di guardia cartaceo che segue). Sul recto, che è assai ingiallito, si notano, cominciando dall'alto e finendo a metà foglio circa : a) una frase in grafia corsiva del sec. XVI,

1. *Nardini-Gigli : 1903*, p. 1.
2. *Colombo : 1962*, p. 179-180.

erasa e quasi illeggibile : « Questo anchora ho hauto... / q(ui) hauere » ; quattro righe di mano del Manni, relative al contenuto del codice ; c) un «laus deo » dovuto a una mano umanistica che appare simile a quella dell'Alberti (ma, trattandosi di poche lettere, è difficile dir qualcosa di sicuro). Il verso è scritto interamente da Leon Battista, e contiene la lista delle lettere dell'alfabeto, lo specchio delle vocali, e quello dei segni per *e* verbo, *e* articolo ed *e* congiunzione, con esempi annessi.[3]

Éditions

1) Carmela Colombo, « Leon Battista Alberti e la prima grammatica italiana », dans *Studi linguistici italiani*, III, 1962, p. 176-187.

Le texte de l'*Ordine dèlle lættère pèlla ling^h ua tosc^h ana* est présenté au moyen d'une reproduction phototypique, accompagnée d'un commentaire paléographique et critique minutieux.

2) Guglielmo Gorni, « Leon Battista Alberti e le lettere dell'alfabeto », dans *Interpres*, IX, 1989, p. 257-266 : 263.

Dans cette étude, l'auteur a reproduit la liste des lettres qui occupe la moitié supérieure du feuillet manuscrit *Morenianus* « senza presumere di fornire una restituzione ecdotica soddisfacente, e solo a scopo pratico ».[4]

3) Leon Battista Alberti, *Ordine dèlle lættère pèlla ling^h ua tosc^h ana*, dans *Alberti : 1996*, p. 13 s.

3. *Ibid.*, p. 180 (« Le folio en parchemin qui nous intéresse est de format égal à celui du *codex*. Il est attaché à la reliure par une braguette (à laquelle est collée la feuille de garde en papier qui suit). Sur le recto, très jauni, on note, du haut de la feuille jusque vers la moitié : a) une phrase en graphie cursive du XVIe siècle, raturée et presqu'illisible : « *Questo anchora ho hauto... / q(ui) hauere* » ; b) quatre lignes de la main de Manni, concernant le contenu du *codex* ; c) un « *laus deo* » dû à la main d'un humaniste qui ressemble à celle d'Alberti (mais, s'agissant de peu de lettres, il est difficile d'affirmer avec certitude quoi que soit). Le verso est écrit entièrement de la main de Leon Battista, et contient la liste des lettres de l'alphabet, le tableau des voyelles et celui des signes utilisés pour distinguer *e* verbe, *e* article et *e* conjonction, avec des exemples»).

4. « Sans prétendre à une restitution éditorialement satisfaisante, mais juste dans un but pratique ».

La présente édition

De par sa nature de texte préparatoire et de par son contenu l'*Ordine dẻlle lættẻre pẻlla ling*^{h}*ua tosc*^{h}*ana* exige d'être publié en respectant scrupuleusement sa configuration originale, notamment l'organisation de la page (disposition des lettres, des titres, des didascalies métalinguistiques et des exemples).

On a évidemment conservé les signes qui indiquent les distinctions orthophoniques : *æ* et $_{a}e$ pour *e* ouvert, *ẻ* pour *e* fermé, *é* pour la troisième personne de l'indicatif présent de *essere*, *au* et *ó* pour *o* ouvert, *ǒ* pour *o* fermé, *v* pour *v*, *ç* pour le *z* sourd, c^{h} et g^{h} pour *c* et *g* vélaires.

On a, en outre,

– noté l'apostrophe, qui manque dans le manuscrit, en cas d'élision et pour la forme réduite du pronom de la première personne *i'* ;

– rendu par *i* le *i* final de f_{a}*errj* (dernière ligne), qui dans le manuscrit est rendu par *j*.

Enfin,

– on n'a pas tenu compte de la ponctuation originelle ;

– on a suivi l'usage moderne pour l'emploi des différents caractères typographiques (majuscule, minuscule, romain, italique, etc.).

Grammatichetta / Grammaire *De la langue toscane*

Manuscrit

Roma, Biblioteca Apostolica Vaticana, ms. Reginensis Lat. 1370.

Ce ms. contient l'unique copie qui nous soit parvenue du texte de la *Grammatichetta* / Grammaire *De la langue toscane.*

Il a été décrit pour la première fois par *Rajna : 1896*, p. XLIV-XLVIII et, plus récemment, par *Grayson : 1964a*, p. XI-XII, auxquels je renvoie pour un compte-rendu complet. Je rapporte ici les indications de l'un et de l'autre qui nous intéressent.

> [Rajna :] Un volume, legato in pergamena, che fa parte del fondo *Regina* sotto il n° 1370, e che risulta da un accozzo di codicetti diversi. Tutti sono cartacei ; e danno insieme una somma di 113 carte scritte e numerate, oltre alle guardie e ai foglietti bianchi che s'incontran via via, non computati nella numerazione. Apre la serie (1-16) una grammatichetta italiana, e piú specialmente fiorentina, anonima e tuttora inedita, finita di trascrivere a Roma l'ultimo di dicembre 1508, dietro un esemplare ch'era appartenuto alla biblioteca L. *medices* – di Lorenzo il Magnifico – che in quell'anno appunto il futuro Leone X aveva ricomprato dai frati di S. Marco e trasferito nel suo palazzo a S. Eustachio. Noto come in capo a questo primo scritto si legga un Bourdelot, testimonio che il codice venne alla Regina di Svezia dal noto suo medico. Nel secondo posto tien dietro il nostro trattato [*sc.* il *De vulgari eloquentia*] (17-54). [...] Davanti alla grammatichetta stanno due guardie, che portano scritto di una stessa mano, l'una sul *recto*, l'altra sul *verso*, quella DANTE DELLA || VOLG. LING., questa DANTES. DE VULGARI || IDIOMATE. Queste guardie hanno certo scambiato il posto con una che attualmente precede il trattato dantesco, sulla quale si legge DELLA THOSCANA SENZA AVTTORE.[5]

5. *Rajna : 1896*, p. XLIV-XLV : « Un volume, relié en parchemin, qui fait partie du fonds *Reginensis* ou de la Reine sous le n°1370, et qui résulte de la réunion de différents petits codices. Tous sont en papier et totalisent 113 folios écrits et numérotés, sans compter les gardes et les feuilles blanches ici ou là, exclues de la numérotation. La série s'ouvre par une petite grammaire italienne, plus précisément florentine (1-16), anonyme et encore inédite, dont la transcription a été achevée à Rome le dernier jour de décembre 1508, d'après un exemplaire qui avait appartenu à la bibliothèque L. *medices* – de Laurent le Magnifique –, que cette année-là, justement, le futur Léon X avait rachetée aux frères de Saint-Marc et transférée dans son palais de Saint-Eustache. Je note qu'en tête de ce premier texte on peut lire la marque de possession de Bourdelot, signe que le manuscrit est parvenu à la reine de Suède par l'intermédiaire de son célèbre médecin. Suit en second lieu notre traité [*sc.* le *De vulgari eloquentia*] (17-54) [...]. Devant la petite grammaire, il y a deux gardes qui portent une inscription de la même

[Grayson :] È una miscellanea cartacea di vari codicetti del sec. XVI in., mm. 210 x 147, di cc. 135 numerate irregolarmente (cc. 3 nn. + 113 n. + 1 nn., con ripetizione della c. 16 e della c. 104 – quattro volte per inserto di cc. bianche piú due nn. – e con 4 cc. bianche tra le cc. 94 e 95) ; copiata da mani diverse ; rilegata in pelle rossa con bordi e dorso dorato. E contiene :

– cc. 1r-16r. Adespota e anepigrafa una grammatica volgare. In fondo : *Finis. Sumpts. ex Bibliotheca L. Medices Rome anno humanati Dei 1508. Decembris ultima exactum.* Nella c. 1r in alto sopra il testo : *Bourdelot* (nota di possesso).

– cc. 16^2r-54v. Il *De vulgari eloquentia.* Si noti che queste prime due opere hanno scambiato i fogli di guardia : alla c. 2 nn. r *Dante Della Volg. Ling.* ; alla c. 3 nn. v *Dantes de Vulgari Idiomate* (innanzi cioè alla grammatica) ; e alla c. 16^2r *Della Thoscana senza auttore* (innanzi all'opera dantesca).[6] [In piú,] l'attuale c. 11 dovrebbe stare tra le cc. 15 e 16.[7]

Le modèle du *Reginensis* faisait partie de la bibliothèque de Laurent de Médicis : mise sous séquestre conservatoire par la Seigneurie de Florence au moment de l'expulsion de Pierre de Médicis, et laissée dans un dépôt, elle fut ensuite vendue aux

main, l'une au recto, DANTE DELLA || VOLG. LING., l'autre au verso, DANTES. DE VULGARI || IDIOMATE. Ces gardes ont certainement été échangées avec celle qui précède actuellement le traité de Dante, sur laquelle on peut lire DELLA THOSCANA SENZA AVTTORE».

6. *Grayson : 1964a*, p. XI : « Il s'agit d'un volume miscellané en papier formé de plusieurs petits codices du XVIe siècle in., de 210 x 147 mm., comprenant 135 folios numérotés irrégulièrement (3 non numérotés + 113 numérotés + 1 non numéroté, avec répétition du f° 16 et du f° 104 – quatre fois par insertion de feuilles blanches plus deux non numérotées – et avec 4 feuilles blanches entre les f°s 94 et 95) ; copiée par des mains différentes ; reliée en cuir rouge avec le dos et les bords dorés. Il contient :

– f°s 1r-16r : Grammaire italienne, sans auteur et sans titre. À la fin : *Finis. Sumpts. ex Bibliotheca L. Medices Rome anno humanati Dei 1508. Decembris ultima exactum.* Sur le f°1r, en haut, au-dessus du texte : *Bourdelot* (marque de possession).

– f°s 16^2r-54v : *De vulgari eloquentia.* Notons que les pages de garde de ces deux premières œuvres ont été échangées : sur le f° 2r non numéroté *Dante Della Volg. Ling.* ; sur le f° 3v non numéroté *Dantes de Vulgari Idiomate* (en tête de la grammaire donc) ; et sur le f° 16^2r *Della Thoscana senza auttore* (en tête de l'œuvre de Dante) ».

7. *Ibid.*, p. XVII, n. 21 : « actuel f° 11 devrait se trouver entre les feuillets 15 et 16 ».

dominicains du couvent Saint-Marc.[8] Les trois copies d'un inventaire des livres appartenant aux Médicis dressé en 1495[9] mentionnent une grammaire du *volgare*,[10] qu'il convient d'identifier comme étant celle qui nous intéresse.[11] Ayant racheté la bibliothèque aux frères de Saint-Marc en avril 1508, le cardinal Jean de Médicis la fit transporter à Rome, à Saint-Eustache, et la mit à la disposition des savants.[12]

La copie du Vatican a été achevée le 31 décembre 1508,[13] vraisemblablement avant l'ouverture officielle de la bibliothèque, effective au plus tard en février 1510.[14] Le commanditaire, par conséquent, devait être un proche du cardinal.[15] Rajna l'a identifié comme étant Pietro Bembo, reconnaissant dans la main qui avait tracé les corrections et les gloses au texte du *De vulgari eloquentia* et les titres sur les deux folios blancs en tête de la grammaire *De la langue toscane*, celle de l'auteur des *Prose*.[16]

8. Cf. *Piccolomini : 1874* , p. 106-128.
9. Cf. *Piccolomini : 1874a.*
10. Cf. *ibid.*, p. 64.
11. Cf. *Rajna : 1896*, p. XLIV ; *Trabalza : 1908*, p. 13-14 et n., et *Grayson : 1964a*, p. XII-XII.
12. Cf. *Piccolomini : 1874*, p. 128-129.
13. Comme le prouve la phrase qu'on peut lire en bas du f° 16r : « *Sumpt(u)s ex Bibliotheca L. Medices Rome anno humanati Dei 1508. Decembris ultima exactum* ».
14. *Piccolomini : 1874*, p. 278-279 relate le témoignage d'un contemporain, Francesco Albertini, qui rapporte dans son *Opusculum de mirabilibus novæ et veteris urbis Romæ* : « Est præterea in ædibus reverendissimi Ioannis de Medicis florentini, primarii diaconi cardinalis, biblioteca pulcherrima [...]. Sunt ibi præterea opera multorum philosophorum et poetarum oratorumque [...]. Extant et opera Baptistæ Leonis de Albertis florentini, exquisitissimæ doctrinæ [...]. In qua bibliotheca pro commodo suo quisque studere potest, non obstante præsentia reverendissimi Cardinalis, viri doctissimi græcarum latinarumque litterarum et musicæ peritissimi » (« Dans la demeure du très révérend cardinal florentin Jean de Medicis, il y a aussi une splendide bibliothèque [...]. S'y trouvent les œuvres de nombreux philosophes, orateurs et poètes. Et également les œuvres du florentin Leon Battista Alberti, homme d'un savoir exceptionnel. Dans cette bibliothèque, chacun peut étudier pour son profit, en la présence libérale du très révérend cardinal, homme extrêmement cultivé dans les lettres grecques et latines et grand expert de musique ».) Cet ouvrage a été publié le 4 février 1510. On en déduit que la bibliothèque de Saint-Eustache a dû être installée et ouverte au public dans la période comprise entre le 29 avril 1508 et le 4 février 1510. Il est donc probable, mais non établi, qu'au 31 décembre 1508, le fonds de livres de Laurent le Magnifique n'était pas encore à la disposition du public.
15. Cf. *Grayson : 1964a*, p. XIII n. 8.
16. Cf. *Rajna : 1896*, p. XLV-XLVI.

Selon Trabalza, en revanche, c'est par hasard que la copie de l'opuscule du XVe siècle « era venuta a trovarsi congiunta coll'insigne operetta copiata pel Bembo, che quella grammatichetta non dovette mai vedere e ne dovette anzi ignorar l'esistenza ».[17] D'un avis contraire Cian, qui est allé au delà de l'hypothèse de Rajna, voyant dans la main qui avait copié la grammaire *De la langue toscane*, non pas celle du copiste de Bembo mais celle de l'auteur même des *Prose*.[18] Cette opinion, malgré l'avis différent de Morandi,[19] a prévalu[20] jusqu'à ce qu'elle soit réfutée par Grayson, qui a critiqué non seulement l'hypothèse maximaliste de Cian,[21] mais aussi celle minimaliste de Rajna, qui considérait Bembo non comme le transcripteur mais seulement comme le commanditaire de la petite grammaire.[22]

17. *Trabalza : 1908*, p. 14, n. (« s'est retrouvée réunie avec l'insigne ouvrage copié pour Bembo, qui n'a jamais dû voir cette petite grammaire, dont il devait même ignorer l'existence »)

18. Cf. *Cian : 1909*, p. 120-123.

19. Cf. *Morandi : 1909*, p. 442-448.

20. Cf. par exemple *Trabalza : 1920*, p. 67-68 et *Marti : 1955*, p. VI.

21. Cf. *Grayson : 1964a*, p. XV : « La mano che copiò la grammatichetta non è per noi quella del Bembo. Basta confrontare la scrittura del codice con autografi bembeschi per scorgere subito le differenze » (« La main qui a copié la petite grammaire n'est pas, pour nous, celle de Bembo. Il suffit de confronter ses autographes avec l'écriture du ms. pour s'apercevoir aussitôt des différences »).

22. *Ibid.*, p. XVII : « Possiamo attribuire la raccolta a chi ne fece copiare uno dei testi, cioè a Pietro Bembo ? Una indicazione che contraddica questa ipotesi ci pare di trovare nello scambio delle guardie tra le prime due opere. Se il collettore fosse stato il Bembo o chi per lui, o non sarebbe incorso nell'errore, o incorrendovi l'avrebbe corretto, di conservare la carta con *Della thoscana senza auttore* dinanzi al primo quaderno del *De Vulgari Eloquentia* e la carta con *Dantes de Vulgari idiomate* (vergata, secondo il Cian e il Rajna, dallo stesso Bembo) dinanzi al quaderno della grammatichetta. Bastava un segno per ristabilire l'ordine giusto. Certo, il nostro ragionamento non esclude la possibilità che la grammatichetta e forse altre parti del codice fossero tra i libri del Bembo, e che, allora sciolte, venissero poi legate da altri. Ma esse non portano nessuna indicazione concreta di questa possibilità. Inoltre, manca negli scritti del Bembo un accenno qualsiasi a questa grammatica ». (« Pouvons-nous attribuer le recueil à celui qui en a fait copier l'un des textes, c'est-à-dire à Pietro Bembo ? Un élément nous semble aller contre cette hypothèse : la permutation des pages de garde des deux premières œuvres. Si l'auteur du recueil avait été Bembo, ou quelqu'un pour son compte, il n'aurait pas commis l'erreur de placer la feuille portant *Della thoscana senza auttore* devant le premier cahier du *De Vulgari Eloquentia* et la feuille avec le titre *Dantes de Vulgari idiomate* (rédigée, selon Cian et Rajna, par Bembo en personne) devant le cahier

La main qui a copié la grammaire *De la langue toscane* n'est certainement pas celle de Bembo. Il n'est pas moins certain, néanmoins, que c'est à lui qu'il convient d'attribuer les titres placés immédiatement devant la grammaire (f° 3v) et devant le *De vulgari eloquentia* (f° 16ᵃr).[23] Quant à l'échange des feuilles de garde, que le codex ait été assemblé par Bembo de manière erronée ou relié postérieurement par quelqu'un d'autre,[24] aucune de ces deux hypothèses n'exclut la possibilité que Bembo soit le commanditaire de la copie. Et même si ce n'est pas lui qui l'a commandé, le titre autographe prouve qu'il a bien vu cette grammaire.

Pour soutenir la thèse qui associait les *Prose* à la grammaire *De la langue toscane*, Cian a fait valoir des analogies et des points communs entre les deux textes,[25] que Grayson a eu beau jeu de

de la grammaire, ou alors il l'aurait corrigée après l'avoir découverte. Un signe suffisait pour rétablir le bon ordre. Certes, notre raisonnement n'exclut pas la possibilité que la grammaire ait appartenu à Bembo, comme éventuellement d'autres parties du codex, et qu'après avoir été séparée, elle ait été ensuite mal reliée par un tiers. Mais elle ne porte aucune indication en ce sens et, en outre, il n'y a aucune allusion à cette grammaire dans tous les écrits de Bembo »).

23. Une comparaison avec les autographes de Bembo entreprise par Maddalena Signorini a persuadé *Trovato : 1986*, p. 419 qu'il convenait d'attribuer à l'auteur des *Prose* aussi bien les titres relatifs au *De vulgari eloquentia* placés devant la grammaire que le titre relatif à la grammaire placé devant le *De vulgari eloquentia* : « Anche i non paleografi – souligne-t-il (cf. *ibid.*, p. 419, n. 16) – possono verificare in qualche misura l'attribuzione della Signorini confrontando il primo dei facsimili della *Grammatichetta* (dopo p. XLVIII nell'ed. Grayson) con la tavola riportata dal Dionisotti a p. 280 delle *Prose e rime* del Bembo [...] (si confronti almeno la tipica *z* di *senza* con quella di *canzoni*, r. 3 ; *terze*, r. 4 ecc. E si noti anche, da un altro rispetto, il *th* di *thoscanamente*, penultima riga dell'autografo di p. 280). Ad ogni buon conto, l'attribuzione del titolo alla mano del Bembo è stata ribadita, in questi giorni, da Armando Petrucci » (« Même les non paléographes peuvent vérifier dans une certaine mesure l'attribution de Signorini en comparant le premier des fac-similés de la grammaire *De la langue toscane* (après la p. XLVIII dans l'édition Grayson) avec le tableau reporté par Dionisotti à la p. 280 des *Prose e rime* de Bembo [...] (comparer au moins le *z* caractéristique de *senza* avec celle de *canzoni*, l. 3 ; *terze*, l. 4, etc. Et noter aussi, comme autre point, le *th* de *thoscanamente*, à l'avant-dernière ligne de l'autographe, p. 280). En tout état de cause, l'attribution du titre à la main de Bembo a été réaffirmée, ces jours-ci, par Armando Petrucci »).

24. En tout cas avant 1653, date à laquelle Vossius, dans son catalogue, a "photographié" « le condizioni in cui il codice ancor oggi si trova » (cf. *ibid.*, p. 419-420, n. 16 : « les conditions dans lesquelles le manuscrit se trouve encore aujourd'hui »). Pour les indications et le texte du catalogue cit., voir *Grayson : 1964a*, p. XVI, n.

25. Cf. *Cian : 1909*, p. 123-130.

LEON BATTISTA ALBERTI

OPERA OMNIA

ŒUVRES COMPLÈTES

•

Publiées sous le patronage
de la Société Internationale Leon Battista Alberti
*et de l'*Istituto Italiano per gli Studi Filosofici

par

Francesco Furlan, Pierre Laurens et Alain-Ph. Segonds

•

Tomes 1-24

(en trois séries : italienne, latine, mixte)

dans la collection « Les Classiques de l'Humanisme »

L E S   B E L L E S   L E T T R E S

SÉRIE ITALIENNE

Textes italiens en édition critique, avec traduction française annotée

Ire section : DIALOGUES FAMILIAUX // DIALOGHI FAMILIARI

Tomes 1-3 : *De familia libri IV* / Les livres de la famille. Suivis de la *Villa*
Tome 1 : Prologue et Livres I-II – t. 2 : *Proemio* et Livre III – t. 3 : Livre IV. Appendice: *Villa*

Tome 4 : *Cena familiaris* / Souper de famille + *De iciarchia*

IIe section : DIALOGUES // DIALOGHI *DE TRANQUILLITATE ANIMI*

Tome 5 : *Theogenius*

Tome 6 : *Profugiorum ab ærumna libri III* / De la tranquillité de l'âme

IIIe section : ÉCRITS SUR LA LANGUE // SCRITTI LINGUISTICI

Tome 7* : *Grammatichetta* / Grammaire *De la langue toscane*
précédée de l' *Ordine delle lettere* / Ordre des lettres / 24 €

IVe section : ÉCRITS MATHÉMATIQUES // SCRITTI MATEMATICI

Tome 8 : *Ex ludis rerum mathematicarum* / Divertissements mathématiques

V^e^ section :
(PSEUDO-) *AMATORIA* ET AUTRES ÉCRITS // (PSEUDO-) *AMATORIA* E ALTRI SCRITTI

Tome 9 : *Ecatonfilea, Deifira, Sofrona, Risposta ad uno singulare amico, De Amore.*
Appendices : *Epistola consolatoria, Sentenze pitagoriche*

VIe section : *RIME* // POÈMES

Tome 10* : *Rime* // Poèmes. Suivis de la *Protesta* // Protestation / 25 €

SÉRIE MIXTE

Textes latins et italiens en édition critique, avec traduction française annotée

XIe section : TRATTATI SULLA PITTURA // TRAITÉS SUR LA PEINTURE

Tome 22 : *De pictura, Elementa picturæ*

* *Volume déjà paru*

SÉRIE LATINE

Textes latins en édition critique, avec traduction française annotée

VIIe section : Traités sur les arts et l'architecture

Tome 11 : *De pictura, Elementa picturæ, De statua.* Suivis du *De punctis et lineis…*

Tomes 12-14 : *De re ædificatoria libri X.* Suivis de la *Descriptio urbis Romæ*
Tome 12 : Livres I à III – t. 13 : Livres IV à VII – t. 14 : Livres VIII à X. Appendice : *Descriptio urbis Romæ*

VIIIe section : Autres traités et chroniques

Tome 15 : *De iure, De equo animante, Trivia senatoria, De cifris*
Appendices : *Porcaria coniuratio, Nota de casu… successo*

IXe section : Écrits « ludiques »

Tome 16 : *Intercenalium libri XI* // Propos de table. Suivis de l'*Amator*

Tome 17 : *Vita* / Autobiographie, *Vita sancti Potiti, Canis, Musca.*
Appendices: *Epistolæ VII Epimenidis…, Epistola ad Cratem*

Tome 18 : *Momus seu de principe* // Momus ou le prince

Xe section : Écrits divers

Tome 19 : *Philodoxeos fabula* [dans ses 2 rédactions de 1424 et 1437 environ]

Tome 20 : *De commodis litterarum atque incommodis* /
Avantages et inconvenients de la littérature

Tome 21 : *Pontifex* suivi des *Apologi centum* / Cent apologues
Appendice : *Psalmi precationum*

XIIe section : Ex Intercenalibus

Tome 23 : *Ex Intercenalibus: Naufragus / Naufragio /*
Le naufrage, Uxoria / Le mariage

XIIIe section : Epistolario // Correspondance

Tome 24 : *Epistolario* / Correspondance

ŒUVRES COMPLÈTES D'ALBERTI

BON DE COMMANDE / ORDER

Je commande l'(es) ouvrage(s) suivant(s) / *Please, send me the following book(s)* :

ISBN	Titre (title)	Prix (price)
....	....	....
....	....	....
....	....	....
....	....	....

SOUSCRIPTION / STANDING ORDER

☐ Je souscris à la série des *Œuvres complètes d'Alberti.*
Les autres volumes me seront envoyés à parution avec une remise de 10 %.
☐ I subscribe to *Alberti's Works Series.*
The forthcoming books will be sent to me, as soon as published, with a 10 % discount.

PORT ET EMBALLAGE / HANDLING AND POSTAGE

	France et U.E.	Europe (hors U.E.)	Hors Europe
1er volume	3 €	4,5 €	7,6 €
	+	+	+
vol. supp.	0,76 €	1,52 €	3,81 €

RÈGLEMENT

NOM : .... Prénom : ....
Institut : ....
Adresse : ....
Code postal : .... Ville : .... Pays : ....
E-mail : ....

☐ Je joins un chèque bancaire ou postal à l'ordre des Belles Lettres.

☐ J'effectue un virement sur votre compte bancaire :
UBP Paris : code banque 30938 - Code guichet 00025 - n° de compte 00102700000 - Clé RIB 06

☐ Veuillez débiter ma carte de crédit :

☐ VISA ☐ EUROCARD ☐ MASTERCARD ☐ AMERICAN EXPRESS

Numéro : .... Date d'expiration : ....
Signature : .... Date : ....

À retourner à / Mail to :

LES BELLES LETTRES, 95, boulevard Raspail 75006 PARIS
Tél. : 01.44.39.84.20 - www.lesbelleslettres.com - Fax : 01.45.44.92.88

NRIsas 61250 Lonrai (France)

réfuter.[26] Dans les *Prose*, il n'y a aucune trace de la grammaire *De la langue toscane* ; ce qui ne veut pas dire que Bembo l'ait ignorée, même s'il ne l'a jamais mentionnée. Comme l'a justement observé Paolo Trovato, il est peu vraisemblable que Bembo, attaché qu'il était à faire valoir son antériorité par rapport à Fortunio, dont l'œuvre était largement répandue, ait voulu rappeler une obscure grammaire anonyme nettement plus ancienne que ses *Prose*.[27]

S'il est impossible de savoir qui a transcrit ce manuscrit, néanmoins certaines formes (*forsi* au § 74,[28] *scio* au § 26[29]) « e anche raddoppiamenti come *supperò* 6v.16 [§ 43], *dilletterà* 13v.4 [§ 74], sembrano tradire una mano "cortigiana", aliena dagli usi toscani ».[30]

Il convient encore de préciser qu'en quatre endroits (les intitulés *Singulare* et *Plurale* au § 9 ; la séquence *sono, sei, e* au § 23 ; les formes latines *quid* et *quantum* e *quale* au § 25 ; les numéraux *primo, secondo, uigesimo* au § 28), l'écriture est une humaniste minuscule, différente de l'humaniste cursive du reste de la grammaire *De la langue toscane*. Puisque nous n'avons pas d'éléments pour supposer l'intervention d'une autre main, force est de penser qu'il s'agit là simplement d'une « seconde écriture », par laquelle le copiste a voulu mettre en évidence certaines sections du texte.

Robert Weiss a supposé que le *Reginensis* est une copie postérieure d'une copie de l'original remontant à 1508. Ayant repéré, dans la graphie du manuscrit, des caractéristiques qui la situeraient dans la troisième ou la quatrième décennie du XVIe siècle, il a avancé l'idée que le colophon avec la date de 1508

26. Cf. *Grayson : 1964a*, p. XIV-XV et notes.
27. Cf. *Trovato : 1986*, p. 420.
28. Cf. *Castellani : 1955-1956-1977*, p. 183-184 et 186-187, et *Mengaldo : 1963*, p. 67.
29. « Dans l'Italie septentrionale, on n'écrivait pas habituellement *so* mais plus souvent *scio* (*sciò*) » (*Migliorini : 1955*, p. 201).
30. *Ghinassi : 1965*, p. 32. (« ainsi que des redoublements comme *supperò* 6v 16 [§ 43], *dilletterà* 13v 4 [§ 74], semblent trahir la main d'un "courtisan", étranger aux usages toscans »).

appartenait à un manuscrit dont le *Reginensis* serait la copie – ce qui expliquerait l'absence de référence à la grammaire *De la langue toscane* dans les *Prose della volgar lingua*.[31] Pour le silence de Bembo, on peut s'en tenir aux considérations ci-dessus. Quant à la datation du manuscrit, Armando Petrucci, interrogé sur ce point, m'a répondu que la graphie du manuscrit est tout à fait compatible avec la date de 1508 donnée au colophon : aucun élément n'oblige à retarder la confection de la copie vaticane de vingt-cinq ou trente ans. Enfin, les tentatives d'interprétation ou d'imitation de graphèmes spéciaux, qui apparaissent dans la marge droite du f° 1r et qui sont discutées ci-dessous, prouvent que la copie vaticane a été faite directement sur l'original. Pour ces raisons, l'hypothèse de Weiss est dénuée de fondement.

Éditions

T = *Regole della lingua fiorentina*, dans Ciro Trabalza, *Storia della grammatica italiana*, Milano, Hoepli, 1908 [= Bologna, Forni, 1963], p. 535-548.

Il s'agit d'une transcription diplomatique du texte du *Reginensis*, que l'éditeur a voulu intégralement conserver, fût-ce aux dépens de l'interprétation.

G1 = Leon Battista Alberti, *La prima grammatica della lingua volgare*, a cura di Cecil Grayson, Bologna, Commissione per i Testi di Lingua, 1964.

Elle est présentée par l'éditeur comme une « transcription interprétative » destinée à accompagner la reproduction phototypique du manuscrit.[32] Et Grayson de préciser : « La presenza della riproduzione fototipica da una parte e, dall'altra, lo spoglio linguistico della *Grammatica*, dato nell'*Appendice*, ci dispensano, crediamo, dalla necessità di esporre particolarmente

31. Cf. *Weiss : 1965*, p. 109-110.
32. Cf. la « Nota al testo » dans *Alberti : 1964*, p. 37.

i nostri criteri di trascrizione. Basti accennare solamente che abbiamo distinto *u* da *v*, tolto e aggiunto *h* secondo i casi, livellato in doppia qualche scempia sonnacchiosa, come a volte *-m-* da *-mm-* di *femminino*, quando questo ha perso l'abbreviatura, o, ancora, qualche scempia inerte, smentita da doppia corretta, e fatto anche il contrario, quando la cosa era contraria ».[33]

G2 = Leon Battista Alberti, *Grammatica della lingua toscana*, dans *Alberti : 1973*, p. 175-193.

Reprend le texte de l'édition précédente, avec quelques corrections, certaines déclarées et commentées et d'autres non, dues pour la plupart aux suggestions faites par *Ghinassi : 1965*. Les critères d'édition sont ainsi annoncés : « A parte qualche correzione e integrazione, di cui diamo ragione nell'apparato, abbiamo seguito fedelmente il manoscritto, ritoccando soltanto la grafia nei casi seguenti: distinguendo *u* da *v*, togliendo e aggiungendo *h* secondo i casi, livellando in doppia qualche scempia inerte smentita da doppia corretta (e viceversa). Abbiamo pure rammodernato la punteggiatura irregolare del codice, e modificato gli accenti salvo nello specchio delle *Vocali*, dove è indispensabile rispettare l'originale ».[34]

P = Leon Battista Alberti, *Grammatichetta*, dans *Alberti : 1996*, p. 15-39.

33. *Ibid.* (« La présence de la reproduction phototypique d'une part et, de l'autre, le dépouillement linguistique de la *Grammaire* fourni en *Annexe* nous dispensent, estimons-nous, de la nécessité d'exposer dans le détail nos critères de transcription. Contentons-nous d'indiquer que nous avons distingué le *u* du *v*, supprimé ou ajouté un *h* selon les cas, systématiquement redoublé les quelques consonnes simples oubliées, tel parfois le *-m-* pour *-mm-* de *femminino*, quand celui-ci avait perdu son abréviation, ou bien quelques consonnes simples contredites par une correction en double, et vice versa »).

34. Cf. *Grayson : 1973*, p. 362-363 (« Hormis quelques corrections et restitutions justifiées dans l'apparat, nous avons suivi fidèlement le manuscrit, en retouchant la graphie dans les cas suivants : distinction de *u* et *v*, suppression ou ajout d'un *h* selon les cas, redoublement des quelques consonnes simples contredites par une correction en double, et vice versa. Nous avons également modernisé la ponctuation irrégulière du manuscrit, et modifié les accents sauf dans le tableau des *Voyelles*, où il est indispensable de respecter l'original »).

Le texte de T et le texte de G1, G2

G1 et G2 ont corrigé plusieurs erreurs de transcription de T, dont voici la liste (en premier, la leçon du manuscrit) :

§ 19 : referiscono *ms., G1, G2* ; riferiscono *T* § 20 : essere *ms., G1, G2* ; esser *T* § 26 : apresso *ms., G1, G2* ; a presso *T*[35] § 27 (2 fois) : diterminata *ms., G1, G2* ; determinata *T* § 29 : dua *ms., G1, G2* ; due *T* § 41 : Si *ms., G1, G2* ; Se *T* § 59 : levane *ms., G1, G2* ; levare *T* § 70 : fece *ms., G1, G2* ; fecie *T*[36] § 79 : importati *ms., G1, G2* ; importanti *T* § 92 : diane *ms., G1, G2* ; siane *T* § 99 : si *ms., G1, G2* ; se *T*.

En outre, G1 et G2 proposent pour le manuscrit toute une série d'amendements et de restitutions convaincants qui améliorent grandement le texte de T :

§ 1 : deporanno *ms.* ; deporranno *G1, G2*[37] § 10 : questo. | LO ŏrizonte *ms.* ; questo : <SINGULARE> Lo orizonte *G1, G2*[38] § 10 : GLI orizonti. DAGLI ŏrizonti *ms.* ; Gli orizonti < O orizonti > Dagli orizonti *G1, G2* § 23 : sono. e sei . e. *ms.* ; sono, sei, è *G1, G2*[39] § 32 : di te e ti *ms.* ; di te < a te > e ti *G1, G2* § 32 : a voi e vi o voi *ms.* ; a voi e vi < voi e vi > o voi *G1, G2* § 41 :

35. La forme en un seul mot du ms. est tout à fait acceptable, étant donné la tendance à ne pas indiquer le renforcement de la consonne après le préfixe *a-*, ou après un *a-* senti comme tel (cf. *Castellani : 1964*, p. 213 et *Castellani : 1961*, p. 340-341).

36. Dans le ms., le *i* de *fecie* est exponctué.

37. Le *porremogli* du § 70 et le fait, surtout, que la forme simple, bien que justifiable phonétiquement, ne soit pas attestée en Toscane, autorisent à éliminer cette simplification irrationnelle.

38. *Bongrani : 1982*, p. 67 rejette cette restitution, car juste avant, la déclinaison du nom au singulier est annoncée explicitement, et signale une façon de procéder analogue au § 13 : « Propri masculini, che cominciano da consonante, in singulare fanno cosí : Cesare, di Cesare » (« Noms propres masculins commençant par une consonne, au singulier : *Cesare di Cesare* »). Mais ce cas est différent, car pour les noms propres dépourvus de pluriel, la mention du nombre est inutile. Notons, au contraire, que dans tous les exemples où les substantifs sont déclinés aux deux nombres (§§ 9 et 16), l'intitulé « singulier » ou « pluriel » figure toujours.

39. Trabalza lit le deuxième *e* de la séquence comme un pronom de la troisième personne. Mais dans le texte du *Reginensis* le pronom de la troisième personne est toujours désigné – sauf dans un cas – par un *e* avec un esprit doux, absent ici. Grayson, pour sa part, supprime le premier *e* et lit le deuxième comme une forme du verbe *essere*. Mais la troisième personne de l'indicatif présent de *essere* est, à une exception près, toujours désignée dans la grammaire *De la langue toscane* par un *e* avec un esprit rude, absent ici. Les deux leçons supposent donc un amendement. Mieux vaut accepter,

chiegono *ms.* ; chieggono *G1, G2*[40] § 41 : aspettoci *ms.* ; aspettaci *G1, G2* § 43 : suppero *ms.* ; superò *G1, G2*[41] § 47 : giugni *ms.* ; giugne *G1, G2* § 47 : poremo *ms.* ; porremo *G1, G2*[42] § 52 : sareste *ms.* ; saranno *G1, G2* § 59 : tre ultime *ms.* ; ultime tre *G1, G2*[43] § 60 : amauano. Ho. hai. ha amato *ms.* ; amavano. <Amai, amasti, amò. Plur. : amamo, amasti, amarono. > Ho, hai, ha amato *G1, G2* § 64 : amassimo amassi ro *ms.* ; amassimo, amassi, <amasse>ro *G1, G2* § 70 : notamo *ms.* ; not<i>amo *G1, G2*[44] § 74 : legente *ms.* ; leggente *G1, G2* § 74 : legerò *ms.* ; leggerò *G1, G2*[45] § 74 : forsi *ms.* ; forse *G1, G2*[46] § 74 : dilletterà *ms.* ; diletterà *G1, G2*[47] § 78 : transporlo *ms.* ; trasporlo *G1, G2*[48] § 79 : sine *ms.* ; sino *G1, G2*[49] § 83 : uerroui *ms.* ; verrovvi *G1, G2*[50] § 91 : preposto *ms.* ; postposto *G1, G2.*[51]

alors, celui proposé par Grayson, qui est conforté par le retour de la même formule aux §§ 28 et 47. Encore faut-il uniformiser sur le modèle de ces deux endroits la graphie de la troisième personne de l'indicatif présent de *essere* et ne pas l'écrire par conséquent avec un accent grave, comme le propose Grayson, mais avec un esprit rude.

40. Cf. *chieggo,* § 98.

41. Cf. *superò,* § 17.

42. Cf. § 1.

43. Dans le ms. on lit *tre ultime* avec, dans l'interligne, *b* et *a* pour indiquer le changement à opérer dans l'ordre des mots.

44. À cet endroit du texte, il ne peut y avoir un parfait « perché prima non si è *notato* nulla in proposito » (cf. *Alberti : 1964,* p. 53-54, n. : « car, avant, il n'y a eu aucune observation à ce sujet »).

45. Cette forme et la précédente avec une consonne simple seraient un contresens car, dans son discours, Alberti les rattache à un thème *legge-* avec *-gg-*.

46. Le *forsi* du ms. est contredit par le *forse* du § 83 et par le fait que dans les *Libri de Familia* apparaisse seulement *forse* (250 occurrences ; j'ai comparé les 99 premiers contextes donnés par la *Letteratura Zanichelli* (livres I et II) avec les passages correspondants du ms. *Florentinus II IV 38*, f°s 1-52, portant des corrections autographes et je n'ai trouvé que des exemples de *forse*).

47. C'est un « raddoppiamento di *-l-* puramente grafico e da ritenersi anche sul piano grafico piuttosto abnorme » (cf. *Alberti : 1964,* p. 56, n. : « redoublement du *-l-* purement graphique et, même sur ce plan, plutôt aberrant »).

48. Dans la liste des « prepositioni quale s'adoperano solo in compositione » (§ 82 : « prépositions qui s'emploient uniquement en composition »), il n'y a que la forme *tras,* avec l'exemple *trasposi.* Ce n'est pas seulement l'indication normative qui suggère la correction (une éventuelle discordance entre la norme et l'usage ne saurait être refusée *a priori*), mais aussi le fait que, dans l'unique exemple utile présent (au f° 17r) dans le ms. *Florentinus II IV 38* des *Libri de Familia* avec corrections autographes, la forme employée est celle avec *tras-* : *trasponendole.*

49. Cf. § 79.

50. Qui contredirait l'affirmation du § 46.

51. Cf. *Ghinassi : 1965*, p. 31.

Le titre

Traditionnellement, l'œuvre est appelée *Grammatichetta vaticana* [*Petite grammaire vaticane*]. Le titre *Della Thoscana* [*Du toscan*] qui lui est attribué dans le *Reginensis* est évidemment à écarter : ce n'est pas le titre original mais, comme on l'a dit, un ajout de la main de Pietro Bembo. Dans deux des trois copies de l'inventaire de la Bibliothèque de Laurent de Médicis déjà évoqué, la grammaire est désignée sous le titre latin *Regule lingue florentine* ; dans une troisième copie, elle est répertoriée sous le titre italien *Regule della lingua fiorentina.*[52] L'idée que notre texte ait ce titre latin est séduisante, car cela correspondrait parfaitement à l'habitude d'Alberti de donner des titres latins à ses œuvres en italien.[53] Toutefois, rien ne permet d'affirmer qu'il en est ainsi, vu que, dans le catalogue rédigé par les bibliothécaires dominicains, tous les volumes sont inventoriés en latin. La pertinence de ces deux titres, tant latin qu'italien, apparaît par ailleurs plus que douteuse, puisqu'on ne parle jamais, dans la grammaire, de langue florentine, mais toujours obstinément de langue toscane.[54] Le fait que l'inventaire mentionne *Regole della lingua fiorentina* sans nom d'auteur « fa pensare o che l'opuscolo fosse uscito dalle mani dell'Alberti anepigrafo, oppure (cosa piú verosimile) che già prima d'entrare a far parte della biblioteca di Lorenzo de' Medici avesse perduto la coperta originale o

52. Cf. *Piccolomini : 1874a*, p. 64.

53. Comme l'observe *Trenti : 1992a*, p. 161, « I titoli delle opere in volgare di Leon Battista Alberti costituiscono nell'ambito della prosa d'arte quattrocentesca un caso di applicazione quasi sistematica della relazione titoli latini-opere in volgare, che non ha riscontro in tali dimensioni se non alle prime decadi del Cinquecento nel *De principatibus* e in altre opere del Machiavelli » (« Dans le cadre de la prose d'art du XVe siècle, Leon Battista Alberti offre un exemple d'application quasi systématique de titres latins aux œuvres en *volgare*, qu'on ne retrouve à un tel degré que dans les premières décennies du XVIe siècle, avec le *De principatibus* et d'autres ouvrages de Machiavel »).

54. Cf. p. XXXVIII, n. 110.

un foglio posto all'inizio (su cui l'autore poteva avere scritto, oltre il titolo, il suo nome) ».[55]

Eu égard aux deux lignes initiales du *Morenianus 2* (*Ordine dèlle lættère pèlla ling^{h}ua tosc^{h}ana*) et aux fréquentes occurrences du syntagme *lingua toscana*, Colombo propose comme titre *Della lingua toscana* ou un intitulé dans lequel du moins apparaisse l'expression « langue toscane ».[56] La proposition est tout à fait fondée, mais se heurte à l'objection suivante : la séquence « langue toscane » du *Morenianus 2* signifie-t-elle le titre d'un livre (*i.e.* « Ordre des lettres à insérer dans l'ouvrage intitulé *La lingua toscana* », « *Della lingua toscana* », etc.) ou bien l'objet « langue toscane » (*i.e.* « Ordre des lettres à employer pour la langue toscane »)?[57] Nous n'avons aucun élément pour repousser la deuxième hypothèse ; et même en admettant que la première soit juste, on ne peut exclure qu'après avoir achevé définitivement sa grammaire, Alberti ait changé le titre auquel il avait pensé lorsqu'il rédigeait le feuillet de l'Ordre des lettres. Aucun des titres directement ou indirectement liés au texte ne peut donc être accepté sans réserve.

Dans ces conditions, j'ai cru préférable de conserver au texte italien le titre de *Grammatichetta*, qui a pour lui une tradition plus que séculaire, et d'assigner à la traduction française celui de Grammaire *De la langue toscane* qui, tout en représentant une version fidèle d'un possible titre original, a le mérite de désigner clairement la matière de l'opuscule.

55. *Colombo : 1962*, p. 182 : « laisse à penser que l'opuscule a été publié par Alberti anépigraphe, ou plus vraisemblablement qu'avant même d'intégrer la bibliothèque de Laurent de Médicis, il avait perdu sa couverture d'origine ou un feuillet placé au début (sur lequel l'auteur, outre le titre, avait peut-être écrit son nom) ».

56. Cf. *ibid.*

57. Comme alternative, *Folena : 1973*, p. 1 a proposé un titre tiré de l'*incipit* de la grammaire : *L'uso della nostra lingua in brevissime annotazioni* («L'usage de notre langue en de très brèves annotations»).

La présente édition

Je reproduis ici le texte de P, dont les critères généraux ainsi que les amendements et les modifications par rapport aux éditions précédentes sont indiqués ci-après, avec quelques corrections et des ajustements mineurs.

Par rapport à G1 et G2, j'ai rétabli le texte du manuscrit dans les cas suivants :

§ 1 : racolsi *ms.* ; raccolsi *G1, G2*[58] § 1 : leggietemi *ms.* ; leggetemi *G1, G2*[59] §§ 11, 12, 32, 38 : anque *ms.* ; anche *G1, G2*[60] § 20 : rifferiscono *ms.* ; riferiscono *G1, G2*[61] § 22 : a le *ms.* ; alle *G1, G2*[62] § 39 : pluraliter *ms.* ; plurale *G1, G2*[63] § 39 : pluraliter *ms.* ; plur. *G1*, plurale *G2*[64] § 71 : legesti *ms.* ; leggesti *G1, G2*[65] § 78 : inanzi *ms.* ; innanzi *G1, G2*[66] § 80 : esser *ms.* ;

58. La consonne simple après *ra-* (< *Re* + *Ad*) doit être conservée étant donné la tendance, déjà évoquée, à ne pas indiquer le renforcement de la consonne après *a-* ; tendance, d'ailleurs, non systématique (cf. p. LXXXIV, n. 35), ce qui explique l'oscillation entre le *racolsi* du § 1 et le *raccorre* du § 99. Cette oscillation est présente également dans le texte avec corrections autographes des *Libri de Familia* du ms. *Florentinus II IV 38*, où l'on trouve *racogliere* (f° 15v), *racholgha* (f° 74v), *racolgono* (f° 24v) et *raccolse* (f° 99r), *raccolti* (f° 4r).

59. Dans les corrections et ajouts de la main d'Alberti au texte des *Libri de Familia* conservé par le ms. *Florentinus II IV 38*, l'usage de *i* après un *g* palatal est constant (cf. *Grayson : 1955*, p. 107).

60. L'absence dans la langue de la *Grammatichetta* de « quel diffusissimo (nel '400 e oltre) volgarismo fiorentino consistente nella riduzione del *-que* finale degli indefiniti, di avverbi e preposizioni a *-che* » (« ce *volgarismo* florentin très répandu (au XVe siècle et après), consistant en la réduction du *-que* final des indéfinis, des adverbes et des prépositions à *-che* »), suggère que la substitution de *anque* à *anche* représente « una sorta di iperreazione a tali esiti volgari in *-che* » (cf. *Bongrani : 1982*, p. 70-71 : « une sorte d'hyper-réaction à de telles formes populaires en *-che* »).

61. Cas assimilable à ceux de *riccogliere* ou *riccordare*, attestés dans les anciens textes toscans, où le redoublement de la consonne est dû à une interférence du préfixe *ra-* (< *Re* + *Ad*) (cf. *Castellani : 1965*, p. 307-308).

62. Il n'y a pas de raison d'écrire en un seul mot la forme analytique, vu que le ms. présente aussi, par exemple, *a é* (§§ 6, 19, 20, 22, 25, etc.) ou *a gli* (§ 38).

63. Cf. § 39.

64. Cf. *ibid.*

65. L'oscillation entre les formes avec *-g-* et celles avec *-gg-*, tout à fait acceptable, fait partie de l'alternance habituelle entre latinismes et toscanismes.

66. Il n'y a pas de raison de proposer un redoublement qui n'est pas écrit (ni ici ni dans les autres exemples utiles : *inanzi*, § 41) et qu'il n'est pas obligatoire de représenter (cf. *Ambrosini : 1971*, en particulier p. 453).

essere *G1, G2* § 82 : quale *ms.* ; quali *G1, G2*[67] § 83 : alhora *ms.* ; allora *G1, G2*[68] § 84 : legere, del legere *ms.* ; leggere, del leggere *G1, G2*[69] § 85 : agiungevi *ms.* ; aggiungevi *G1, G2* § 89 : agiuntovi *ms.* ; aggiuntovi *G1, G2*[70] § 89 : spazo *ms.* ; spazzo *G1, G2*[71] § 96 : agiugnerà *ms.* ; aggiugnerà *G1*, aggiungerà *G2*[72] § 97 : ben *ms.* ; ben *G1*, bene *G2.*[73]

J'ai procédé sur le manuscrit aux corrections suivantes, dont certaines sont dues à mes prédécesseurs :

67. Grayson justifie cet amendement par le fait que le *quale* féminin pluriel du ms. « ne s'inscrit pas dans la morphologie théorique et pratique de cette grammaire » (cf. *Alberti : 1964*, p. 57). Toutefois, la forme de féminin pluriel en -*e* s'inscrit parfaitement dans l'usage d'Alberti (cf. *Patota : 1996*, p. LV).

68. L'oscillation *alhora/ allhora* est tout à fait acceptable (cf. *supra*, n. 35).

69. Quant au deuxième *leggere*, Grayson soutient qu'il provient d'un *legere* corrigé ultérieurement (cf. *Alberti : 1964*, p. 58), mais le processus de correction tel qu'on peut le reconstituer en examinant le manuscrit, ne va pas de *legere* à *leggere* mais bien, au contraire, de *leggere* à *legere*, comme d'ailleurs l'avait déjà remarqué Trabalza.

70. La remarque faite ci-dessus (n. 68) à propos de l'alternance *alhora/ allhora* vaut aussi pour ces deux derniers cas. D'ailleurs, pour les deux premiers *Libri de Familia*, on n'enregistre dans le ms. *Florentinus II IV 38* que des formes avec un seul *g* : *agiugnere* (ou *agiugniere*) aux f°s 37r, 40v, 44r, 46v et 48v ; *agiugnerebbono* au f° 48r ; *agiugnersi* au f° 41r ; *agiugnervi* aux f°s 18r et 46r ; *agiugnetevi* au f° 8v ; *agiugnevano* au f° 20r ; *agiugni* aux f°s 14v, 21r, 38r, 33r, 39r, 42r, 46r et 51v ; *agiungano* au f° 37r ; *agiungasi* au f° 38r ; *agiungere* au f° 25r ; *agiunse* au f° 46r ; *agiunto* aux f°s 16v et 49r.

71. Grayson justifie l'amendement par le fait que *spazzo* ('pavimento', 'suolo' ou 'pavé', 'sol') est attesté dans *Tommaseo-Bellini : 1865-1979* et dans *D.E.I. : 1957.* Mais dans le ms. *Florentinus II IV 38*, je trouve au début : *dolceza* au f° 3v, *savieza* au f° 3v, *dureza* au f° 4r, *vechieza* au f° 4v, au f° 6r, *richeze* au f° 5v, *deboleze* au f° 6r (correction autographe), *stracheza* au f° 6r, etc.

72. Il faut s'en tenir à la leçon du ms. également pour ce qui concerne le passage -*ng*- + *e, i* > *n'n'* (cf. *Bongrani : 1982*, p. 69). Sur le traitement du groupe -*ng*- dans l'aire toscane, voir *Castellani : 1956*, p. 24, n. 1 et n. 2. N'oublions pas, enfin, les exemples de *agiugnere* avec -*gn*- présents dans les deux premiers *Libri de Familia* cités *supra*, n. 70.

73. Le manuscrit présente *bñ*, correctement explicité en *ben* dans G1. Mais « l'iniziale scioglimento in *ben* [...] è stato successivamente e silenziosamente ritrattato » dans G2, en accord avec « quella regola della fonetica toscana che non ammette troncamento di vocali in pausa ; osservazione giustissima in linea generale, ma che tuttavia non [...] pare adattarsi a questo caso dove *bñ* è chiamato soprattutto a esemplificare l'apocope vocalica, al pari delle altre tre voci precedenti (e poco importa, credo, che la somma dei quattro esempi alla fine sembri formare una frase) » (*Bongrani : 1982*, p. 69 : « l'explicitation initiale en *ben* [...] a été ensuite reniée sans mot dire » ; « la règle de la phonétique toscane qui n'admet pas l'apocope des voyelles devant une pause ; observation très juste, en général, mais qui ne semble pas toutefois [...] s'appliquer dans ce cas, où *bñ* est cité surtout pour montrer un exemple d'apocope vocalique, de même que les trois autres formes précédentes (et peu importe, à mon avis, que la réunion des quatre exemples à la fin semble faire une phrase) »).

§ 34 : di se e si *ms.* ; di se <a se> e si *prés. éd.*[74] § 41 : adropano *ms.* ; adoprano *prés. éd.*[75] § 45 : loro .s. *ms.* ; loro <segue> s *prés. éd.*[76] § 46 : preposto *ms.* ; postposto *prés. éd.*[77] § 63 : chio ami. tu. lui ami *ms.* ; ch'io ami tu <ami> lui ami *prés. éd.*[78] § 69 : e similitudine *ms.* ; a similitudine *prés. éd.*[79] § 74 : fanno preteriti si *ms.* ; fanno <è> preteriti < in > -si *prés. éd.*[80]

Je conclus par deux propositions d'amendement concernant les points les plus controversés du texte.

I. § 87 : et ne osegi *ms.* ; et, ne, o *prés. éd.*

L'*osegi* qui clôt la liste des conjonctions est apparu comme une véritable *crux* tant à Trabalza qu'à Grayson. L'un a émis pour tout commentaire un *sic* laconique[81] ; l'autre a écrit : « Ms : *osegi* , da cui bisogna staccare l'*o* per quel che si dice subito appresso. Purtroppo, quel che resta (*segi*) non è poi spiegabile in questa serie (forse un errore di trascrizione per *etc.* o per *e.g*?) ».[82] Bongrani a choisi une ligne voisine, d'avis que « molto semplicemente, la lezione vada interpretata come l'abbreviazione di *seguenti*, richiesta dal fatto che il copista era ormai in fin di rigo (il penultimo di c. 14v. del ms.) ed evidentemente

74. Cf. *ibid.*, p. 67.

75. Plutôt qu'à une improbable métathèse de la consonne vibrante présente dans le texte original (exemples utiles, pour d'autres formes, dans *Manni : 1979*, p. 166), il doit s'agir d'une métathèse purement graphique.

76. La restitution est déjà dans T, G1 et G2 ; l'exemple du § 97 suggère, pourtant, de postposer *segue* au pronom, plutôt que de l'antéposer.

77. Cf. *Bongrani : 1982*, p. 67.

78. G1 et G2 suppriment le premier *ami* ; ma il est préférable d'insérer un deuxième *ami* après le pronom *tu*, pour harmoniser, de la sorte, cette série verbale avec toutes celles qui composent l'optatif.

79. Pour que la phrase ait un sens, il faut corriger le *e* du manuscrit en *a* : *non sequita la regola a similitudine de gli altri*, selon le modèle qu'on retrouve ailleurs (*A questa similitudine*, § 38 ; *a similitudine della lingua gallica*, § 85).

80. La restitution, indispensable pour la cohésion textuelle, est suggérée par les séquences qui précèdent immédiatement (*que' verbi che finischono in -sco, fanno è preteriti in -ii* [...] ; *que' verbi che finiscono in -mo, fanno e preteriti in -etti* [...] ; *quei che finiscono in -do , fanno è preteriti in -si*, § 74).

81. Cf. *Alberti : 1908*, p. 546.

82. Cf. *Alberti : 1964*, p. 59, n. : « Ms : *osegi*, d'où il convient de détacher le *o* initial, vu ce qui est dit ensuite. Malheureusement, ce qui reste (*segi*) est inexplicable dans le cadre de cette série (peut-être une erreur de transcription pour *etc.* ou pour *e.g.* ?) ».

non voleva né invadere il margine né d'altra parte concludere il periodo alla linea successiva. Si veda, senza dover cercare troppo, un caso analogo a c. 2r, 10 [= § 6], ove, per le stesse ragioni "topografiche", viene abbreviato *simili* [...]. Essendo inoltre sicuro che la *o* che nel ms. precede *segi,* sia pur con brevissimo spazio, sta a sé e fa parte delle congiunzioni, alla fine presenterei il testo cosí: "[...] *come, e, né, o,* <e> seguenti", con lo scioglimento della forma abbreviata e l'introduzione, che mi pare necessaria, di una *e* ».[83]

L'interprétation proposée par Bongrani suppose une abréviation qui n'apparaît nulle part dans le texte (le *simili* du § 6 est abrégé en *sim.*^{li}, avec les deux dernières lettres en exposant) et se trouve en contradiction avec les deux occurrences (aux §§ 47 et 79, dans *sequitare*) du radical de *seguenti,* qui se présentent avec le *q* latin : en admettant que l'hypothèse soit exacte, on devrait donc trouver plutôt *seqi,* et non *segi.*[84]

La ligne qui suit immédiatement celle close par *osegi* (ou par *o segi,* selon la lecture de Bongrani) précise les fonctions des trois dernières conjonctions énumérées : « Et congiunge ; Ne disiunge ; O diuide ». Or ce dernier verbe – *dividere* – n'apparaît nulle part ailleurs dans la grammaire. Au § 79, on trouve en ce sens *seiuncte,* participe de *seiungo,* un latinisme brut typiquement albertien,[85] qu'on retrouve aussi dans les *Libri de Familia* (*segiunta*

83. Cf. *Bongrani : 1982,* p. 68 : « La leçon doit tout simplement être interprétée comme l'abréviation de *seguenti,* justifiée par le fait que le copiste était arrivé à la fin de la ligne (l'avant dernière du f° 14v du ms.) et ne voulait évidemment pas mordre dans la marge ni finir sa phrase à la ligne suivante. On peut voir un cas analogue, sans chercher bien loin, au f° 2r, 10 [= § 6], où, pour les mêmes raisons "topographiques", il a abrégé *simili* [...]. Comme il est sûr, par ailleurs, que le *o* qui précède *segi,* aussi mince que soit l'espace qui les sépare dans le manuscrit, est une conjonction autonome, je présenterais en fin de compte le texte de la manière suivante : "[...] *come, e, né, o,* <e> seguenti", en explicitant la forme abrégée et en introduisant un *e,* qui me semble indispensable ».

84. C'est une difficulté admise par Bongrani lui-même, pour qui, néanmoins, elle ne paraît pas de nature à remettre en cause l'hypothèse interprétative (cf. *Bongrani : 1982,* p. 68, n. 2).

85. Cf. *Grayson : 1964a,* p. XXX.

au f° 29r du ms. *Florentinus II IV 38* ; *seiuncta*, au f° 114r, *ibid.*)[86] et dans le *Theogenius*.[87]

Mon hypothèse est que la version originale du texte d'Alberti illustrant les fonctions des trois conjonctions (qui correspond au f° 14v, 18 du *Reginensis*) était « Et congiunge, Ne disiunge, O segiunge » (une formule grammaticale avec un rythme ternaire et homéotéleute, facilitant la mémorisation de la règle) et que seulement dans un deuxième temps l'auteur a corrigé *segiunge* en *divide*. L'*osegi* de la ligne précédente proviendrait ainsi d'un banal saut de ligne, avec l'interruption, après les quatre premières lettres *segi*, du mot copié par erreur.

La formule originelle peut provenir d'un éventuel "brouillon" du texte d'après lequel a été copié le *Reginensis* (brouillon, dont l'existence semble prouvée par celle du feuillet du ms. *Morenianus 2*), ou bien directement du texte d'où a été transcrit ce même *Reginensis*, qu'il ait été de la main d'Alberti ou d'un copiste.

Il est possible qu'Alberti ait corrigé dans l'un ou l'autre texte le *segiunge* originel en *divide* sans barrer la forme remplacée : c'est même très probable, vu que « delle proprie "cose" (come dichiarò egli stesso nella dedica dell'*Ecatonfilea*) l'Alberti era "troppo negligente scrittore", e che le sue "cose" le rileggeva e correggeva in modo alquanto intermittente, frettoloso e distratto. Chi ha pratica di opere sue e da lui revisionate, sa di quanta attenzione e pazienza occorra dotarsi per districarsi nella selva che, molto spesso, ci si para dinnanzi : correzioni e ripensamenti demandati ad una segnaletica mutevole e pressoché invisibile ; varianti redazionali apparentemente lasciate in tronco, quasi fossero appunti per il futuro, visto che le parole che dovrebbero soppiantare non risultano cassate ».[88]

86. Même dans la grammaire *De la langue toscane*, le *i* semivocalique du latin est rendu tantôt par *gi* tantôt par *i* : à côté de la forme *coniugatione, -i*, on a la forme *congiugatione, -i*.

87. Cf. *Serianni : 1993*, p. 484.

88. Cf. *Cardini : 1993*, p. 215. : « Pour les "choses" qu'il écrivait (comme il le déclare lui-même dans la dédicace de l'*Ecatonfilea*), Alberti était "trop négligent" et, ses "choses", il ne les relisait et les corrigeait que de manière assez intermittente,

II. § 95 : Vulase. Saceman *ms.* ; vlasc, saccman *prés. éd.*

La séquence du manuscrit est transcrite par T comme *vulase. faceman* et par G1, G2 comme *vulasc, sacoman,* avec ce commentaire : « nous corrigeons le premier en *vulasc,* en conformité avec la série de “noms barbares” qui se terminent tous par une consonne, sans toutefois être en mesure d’en expliquer le sens ; le deuxième [...] en *sacoman* plutôt que de supposer une forme *sacheman* non attestée par ailleurs » (*Grayson : 1973*, p. 365).

Selon Bongrani aussi, *vulasc* représente le correspondant “barbare” du toscan *fiasco,* transcrit, comme les trois autres mots, avec la recherche évidente d’une graphie exotique,[89] en « applicando in modo errato una “regola” che è tra le piú caratteristiche della lingua tedesca [...] per cui al fonema *f* corrisponde molto spesso nella grafia la lettera *v* ».[90] Cela suggère d’abord de conserver le *h* initial de *helm* ; ensuite, de voir dans le *e* de *saceman* une erreur d’interprétation de la lettre *c* (comme pour le *e* final de *vulase*) et de lire *saccman,* différent de l’adaptation toscane et en même temps plus proche de l’original allemand.[91]

Il est possible d’aller plus loin. Pour le *v* de *vulasc,* il faut tenir compte du fait que le correspondant “barbare” du toscan *fiasco* auquel Alberti pouvait penser au XVe siècle n’était pas le

rapide et distraite. Qui est familier de ses œuvres ou de celles qu’il a révisées sait de quelle attention et de quelle patience il faut s’armer pour se dépêtrer de la forêt qui, très souvent, nous cerne de toutes parts : corrections et revirements confiés à une signalétique variable et presque invisible ; variantes de rédaction apparemment laissées en plan, comme des notes pour l’avenir, puisque les mots qu’elles devraient supplanter ne sont pas barrés ». Sur Alberti correcteur de ses propres écrits, voir, en particulier, *Perosa : 1988*, p. 57-58.

89. La suppression des voyelles finales contredit nettement les caractéristiquess phonétiques du toscan, où, comme il est affirmé dans la grammaire elle-même, *ogni parola e dictione [...] finisce in vocale.* Cf. *Bongrani : 1982*, p. 86.

90. *Ibid.*, p. 86-87 (« appliquant de manière erronée une “règle” des plus caractéristiques de la langue allemande [...], suivant laquelle le son *f* correspond très souvent dans la graphie à la lettre *v* »).

91. *Ibid.* Sur *saccomanno*, voir *Arcamone : 1994*, p. 781.

gothique *flasko*, mais le moyen haut allemand *vlasche*.[92] Dans le texte le *v* de *vulasc* n'évoque pas simplement una prononciation, mais reproduit correctement une graphie. Quant à l'élimination de la voyelle et à la présence du *c* final, sans rien retrancher à l'hypothèse d'une intention d'exotisme, on peut ajouter que le graphème *c*, dans le système phonétique élaboré par Alberti, pouvait parfaitement représenter la prononciation palatale du terme allemand.[93]

L'ajout d'un *u* au *v* initial de l'original *vlasc* doit, lui, plutôt remonter au copiste, qui a appliqué, dans ce cas, la distinction orthophonique proposée dans le tableau de l'ordre des lettres, en recopiant d'après l'original le graphème *v* ; à la fin, rencontrant un mot étranger rendu incompréhensible justement par les traits – étrangers au système italien – qu'Alberti avait

92. Cf., par exemple, *Kluge : 1957*, *s.v.* « Flasche ». D'un avis différent Blasco Ferrer, selon lequel « la forma *vlasche* non va ricollegata al tedesco *Flasche* 'bottiglia', che nel *corpus* medio alto tedesco censito da Matthias Lexer nel secolo scorso, e recentemente rielaborato da Beate Henning non compare neppure una sola volta. Si tratterà piuttosto dell'omonimo e piú volte documentato *vlasche* $_2$ che aveva il significato di 'Schlag, Hieb', ossia di 'colpo, percossa, in particolare durante un combattimento', che s'inserisce per significato meglio di 'bottiglia' nella correlazione di voci barbare elencate dall'Alberti, tutte legate al *sermo castrensis* : *helm, vlasc, saccman, bandier* » (cf. *Blasco Ferrer : 1998*, p. 383-384 : « la forme *vlasche* n'est pas à rapprocher de l'allemand *Flasche* 'bouteille', qui n'apparaît pas une seule fois dans le *corpus* du moyen haut allemand établi par Matthias Lexer au siècle dernier, et récemment révisé par Beate Henning. Il doit plutôt s'agir de l'homonyme, plusieurs fois attesté, *vlasche* ^{2}, qui signifiait 'Schlag', 'Hieb', c'est-à-dire 'coup', 'choc, en particulier durant un combat', qui pour le sens s'inscrit mieux que 'bouteille' dans le réseau de mots barbares énumérés par Alberti, tous en rapport avec le *sermo castrensis* : *helm, vlasc, saccman, bandier* »). Certes, en ce cas, on aurait affaire à une liste plus homogène, mais on se trouve face à une autre difficulté : dans l'usage toscan du XVe siècle, comme des siècles précédents, *vlasche* dans le sens de 'coup', 'choc' n'est pas attesté, à la différence de *elmo, saccomanno* et *bandiera* ; on ne voit donc pas très bien comment Alberti aurait pu l'insérer parmi les exemples de *nomi barberi* laissés en Toscane « par les Germains » (cf. *Grammatichetta* / Grammaire *De la langue toscane*, § 95). Blasco Ferrer lui-même semble conscient de cette difficulté, quand il note que, pour le sens qu'il propose, « si potrebbe anche invocare il sostegno di una minima diffusione orale, promossa dai lanzichenecchi durante i loro spostamenti » (cf. *Blasco Ferrer : 1998*, p. 384, n. : « on pourrait invoquer l'appui d'une diffusion orale restreinte, assurée par le déplacement des lansquenets »). En absence d'une documentation qui confirme une telle diffusion, cette hypothèse n'apparaît pas solidement fondée.

93. Contentons-nous de renvoyer à *Castellani : 2000*, p. 57 et à *Arcamone : 1994*, p. 767.

voulu mettre en évidence, c'est-à-dire les groupes consonantiques initiaux et finaux, *vl* (qu'il ne pouvait lire *fl*) et *sc* (avec un *c* final pour lui incompréhensible), le copiste les a banalisés tous les deux, interprétant le *c* final comme un *e* (dans le tableau de l'ordre des lettres, le *c* et le *e* sont proches, sur la même ligne, justement en raison de leur proximité graphique!) et transformant le groupe *vl-* en un *vul-* plus accessible à une prononciation italienne.

En dehors même des questions ponctuelles d'ecdotique, le texte proposé par Grayson doit être revu à cause de deux problèmes de caractère genéral : celui des graphies latinisantes et celui de la graphie orthophonique.

Dans le *Reginensis* sont présentes de très nombreuses graphies latinisantes, que Grayson a italianisées dans ses deux éditions. Conserver ces graphies est pourtant indispensable, car la grammaire *De la langue toscane* est une œuvre fondée sur un parallélisme constant avec le latin, tant sur le plan de la théorie que de la terminologie (comme on l'a dit, les termes techniques grammaticaux employés sont tirés directement, et souvent pour la première fois, des textes latins ; il est naturel qu'ils soient adoptés, la plupart du temps, avec leur graphie latine ![94]). Sans compter que, dans certains cas, la normalisation graphique comporte la suppression d'oscillations importantes. Par exemple, le mot *coniugazione* ('conjugaison') est écrit, dans le *Reginensis*, de deux manières différentes : *coniugatione, -i* (avec conservation du *-i-* semivocalique latin, aux §§ 69 et, par 2 fois, 74) et *congiugatione, -i* (avec le résultat toscan du *-j-* latin, au § 59, par 3 fois). Dans G2, l'opposition est effacée, faisant ainsi disparaître

94. Ce n'est pas un hasard si ceux qui, comme Salvatore Claudio Sgroi, se sont particulièrement intéressés à ces termes techniques, ont jugé nécessaire d'en respecter la graphie. Cf. *Sgroi : 1992*, p. 252, n. 5 : « Per le citazioni testuali della *Grammatica* dell'Alberti, alla grafia ampiamente normalizzata da C. Grayson abbiamo preferito quella della riproduzione fototipica del codice vaticano del 1508 » (« Pour les citations textuelles de la *Grammaire* d'Alberti, nous avons préféré, à la graphie largement normalisée de C. Grayson, celle de la reproduction phototypique du ms. vatican de 1508 »).

un témoin significatif de la coexistence entre modèle latin et usage toscan caractéristique de la langue d'Alberti.[95] Qui lit le texte de G1 peut patiemment reconstruire ces graphies, avec l'aide de la reproduction phototypique et de la note linguistique ; il ne peut le faire avec G2, qui devrait pourtant être considéré à tous égards comme un texte critique.

L'autre élément qui incite à respecter la disposition originelle est la grande attention portée par Alberti aux problèmes de caractère graphique. Est-il possible de normaliser la graphie d'un texte où apparaît un tableau analytique de l'ordre des lettres et où sont abordées des questions qui concernent directement le rapport entre graphie et prononciation?

Et j'en viens au deuxième problème : la graphie orthophonique. Dans le texte du *Reginensis* sont présents, de manière non systématique, des signes diacritiques particuliers qui représentent des distinctions orthophoniques : l'esprit doux pour le *e* fermé, l'esprit rude pour le *e* du verbe *essere*, le signe de brièveté pour le *o* fermé, un signe qui ressemble à notre accent aigu pour le *o* ouvert ; en outre, le signe *v* pour la consonne labiodentale sonore. Ces distinctions sont représentées avec beaucoup de lacunes dans l'édition Trabalza, mais sont totalement absentes des deux éditions réalisées par Grayson. Les incertitudes d'interprétation de Trabalza sont bien plus compréhensibles que le silence de Grayson, car le premier, à la différence du second, ne disposait pas du fragment autographe de l'*Ordine dèlle lættère pèlla ling*^{h}*ua tosc*^{h}*ana*, découvert en 1962.[96]

95. Cf. *Bongrani : 1982*, p. 69 et n. 3, où on signale aussi que l'oscillation *i / gi* pour rendre le *i* semivocalique latin est attestée non seulement dans la grammaire *De la langue toscane*, mais aussi dans d'autres œuvres d'Alberti, par exemple dans les *Libri de Familia*.

96. Comme le déclare Grayson lui-même : « La nostra edizione, nella forma in cui viene pubblicata, era già pronta alla fine del 1962 e, consegnata al Presidente della Commissione per i Testi di Lingua, aspettava di andare in tipografia quando giunse la prima notizia della scoperta, dovuta alla Dott.^{ssa} Carmela Colombo, di un nuovo documento sull'Alberti grammatico. In attesa della pubblicazione di questo documento abbiamo sospeso la stampa dell'edizione per poter eventualmente tenerne il debito conto » (cf. *Alberti : 1964*, p. VI-VII : « Notre édition, sous la forme

Il est clair, en effet, que reproduire correctement la graphie orthophonique dans la grammaire nécessite une enquête préalable sur le rapport entre l'*Ordine dèlle lættère pèlla ling*^{h}*ua tosc*^{h}*ana* conservé par le ms. *Morenianus 2* et l'*Ordine delle lettere* qui occupe une partie du f° 1 du *Reginensis 1370*.

Comme on le rappelle dans l'« Introduction », le feuillet en parchemin du *Morenianus* doit être considéré comme le brouillon d'une partie du texte d'où a été tirée la copie vaticane, correspondant aux §§ 2 et 3 de la présente édition. Entre les deux textes il y a des différences, auxquelles Colombo et Bongrani, en genéral, n'ont pas attribué la même origine ; pour Colombo, c'est presque toujours le copiste du *Reginensis* ; pour Bongrani, au contraire, c'est Alberti lui-même. La vérité, à mon avis, est entre les deux : à côté de nombreuses variantes sûrement dues à Alberti, il en est d'autres imputables au copiste. Examinons ces deux séries.

Premier point. Les troisième et quatrième lignes de la liste du *Morenianus 2* se retrouvent inversées dans la grammaire. Selon Colombo, cette variante, tout à fait injustifiée, est à imputer au copiste.[97] Le raisonnement de Bongrani, lui, est plus convaincant : étant donné que les caractères sont ordonnés en fonction de leur forme, il est compréhensible qu'Alberti, corrigeant l'ordre du *Morenianus 2*, ait décidé d'insérer d'abord la séquence *c e o* (pour

où elle est publiée, était prête dès la fin de l'année 1962. Remise au président de la *Commissione per i Testi di Lingua*, elle n'attendait plus que de partir à l'imprimerie, quand survint la première nouvelle de la découverte, par le Dr. Carmela Colombo, d'un nouveau document sur Alberti grammairien. Nous avons suspendu l'impression de notre édition jusqu'à ce qu'il soit publié, afin de pouvoir en tenir compte comme il convenait »). En fait, Grayson n'en tint aucun compte, ni dans l'édition de 1964 ni dans celle de 1973 : dans l'une comme dans l'autre, la graphie orthophonique n'est reproduite que dans les exemples présentés dans le tableau initial de l'ordre des lettres. Comme l'observe justement *Bongrani : 1982*, p. 80, « da questo punto di vista entrambe le edizioni del Grayson, peraltro benemerite, non sono soddisfacenti, in quanto in esse il problema specifico della grafia ortofonica del testo non appare neppure prospettato » (« de ce point de vue, les deux éditions de Grayson, par ailleurs pleines de mérites, ne sont pas satisfaisantes, car le problème spécifique de la graphie orthophonique du texte n'est même pas envisagé »).

97. Cf. *Colombo : 1962*, p. 183.

conclure ainsi la série des signes aux lignes courbes et dépourvus de bâton) et ensuite la séquence *l s f* (pour ouvrir ainsi la série des signes composés avec un grand bâton).[98]

Deuxième point. La séquence *b d v* du *Morenianus 2* est devenue *d b v* dans la grammaire. Cette variante, qui a échappé à Colombo, doit être attribuée à Alberti, comme le pense Bongrani : eu égard aux considérations du *De cyfris*, et vu la forme qu'Alberti donne au *v*, il est logique que celui-ci suive le *b*.[99]

Troisième point. Dans la liste de la grammaire, la quatrième ligne de la colonne de droite (correspondant à la huitième ligne du *Morenianus 2*), ne reproduit pas tout à fait les graphèmes inventés par Alberti pour noter le *c* et le *g* vélaires. La consonne vélaire sourde est désignée par le digramme *ch* ; la vélaire sonore,[100] par un *g* qui ressemble au *g* courant. Selon Colombo, « arrivato alle due lettere inconsuete, il copista cinquecentesco imita la seconda (lasciando cadere, però, il caratteristico ricciolo superiore) e scompone la prima in *ch* »[101]. En somme, « il copista di Reg. ha usato la prima volta (per g palatale) il carattere che gli veniva naturale nella sua propria scrittura, e la seconda volta (per g velare) s'è invece sforzato d'imitare, almeno fino a un certo punto, il segno speciale offertogli dal suo modello ».[102] Pour Bongrani, par contre, rien n'est à attribuer au copiste, qui ne fait que reproduire des modifications effectuées par Alberti, par lesquelles le *c* vélaire est noté par le digramme *ch* et la

98. Cf. *Bongrani : 1982*, p. 76-77. Voir également *supra*, « Introduction », p. XLV.

99. Cf. *Bongrani : 1982*, p. 77. Voir également *supra*, « Introduction », p. XLV.

100. Déjà le premier éditeur de la grammaire avait signalé, avec quelques doutes, que ce graphème désignait l'occlusive vélaire sonore (*Trabalza : 1908*, p. 535).

101. Cf. *Colombo : 1962*, p. 183. : « parvenu aux deux lettres inhabituelles, le copiste du XVIe siècle imite la seconde (en laissant tomber, toutefois, la volute supérieure caractéristique) et décompose la première en *ch* ».

102. *Ibid.* : « la première fois (pour *g* palatal), le copiste du *Reginensis* a employé le caractère qui lui venait naturellement dans sa propre écriture, et la deuxième fois (pour *g* vélaire), en revanche, il s'est efforcé d'imiter, au moins jusqu'à un certain point, le signe spécial offert par son modèle ».

distinction entre *g* palatal et *g* vélaire est représentée par deux différentes réalisations graphiques de la même lettre.[103]

Selon Bongrani, le choix d'Alberti de ne pas utiliser le digramme *gh* pour le *g* vélaire proviendrait d'une certaine réticence à employer le *h*, exclu de l'alphabet car dépourvu de valeur phonétique autonome.[104] Mais pourquoi aurait-il fait montre de cette réticence dans le cas de la vélaire sonore et non dans le cas de la vélaire sourde ? Pour Bongrani, la différence de comportement s'explique par le fait que toute transformation qui ne fût pas un bouleversement se serait heurtée au signe du *c* majuscule.[105] Mais cette explication ne tient pas compte de cette versatilité de *designer* que Bongrani reconnaît justement à Alberti.[106]

La liste alphabétique contenue dans la grammaire présente dans la marge droite, entre l'avant-dernière et la dernière ligne, deux signes apparemment sans rapport avec le reste, dont le premier semble celui traditionnellement utilisé pour noter *ti*, tandis que le deuxième est un signe inconnu. Ces signes ne peuvent être que : a) le résultat d'une surinterprétation du copiste, qui voit dans l'un au moins des deux graphèmes le signe utilisé pour *ti* ; b) deux tentatives, comme l'avance Colombo, pour reproduire le même graphème, celui employé pour noter le *c* vélaire[107] ; c) une tentative pour reproduire les deux graphèmes utilisés par Alberti pour noter, respectivement, *c* et *g* vélaires.[108]

Quelle que soit la bonne hypothèse, une chose est certaine : dans l'original d'où a été tirée la grammaire, il y avait un signe que le copiste, en marge, a soit interprété comme *ti*, soit cherché

103. Cf. *Bongrani : 1982*, p. 73-76.
104. Cf. *ibid.*, p. 75.
105. Cf. *ibid.*, n. 1.
106. Cf. *ibid.*, p. 74.
107. Cf. *Colombo : 1962*, p. 180.
108. Cf. *Colombo : 1962*, p. 180, n. 3 : « Non è del tutto escluso che la seconda volta il copista volesse riprodurre la *g* velare albertiana » (« Il n'est pas tout à fait exclu que le copiste, la deuxième fois, ait voulu reproduire le *g* vélaire d'Alberti »). On peut exclure, par contre, vu la forme du premier des deux signes, qu'ils soient tous deux des tentatives de reproduire le graphème inventé pour le *g* vélaire.

à imiter. Si l'innovation *ch* = vélaire sourde, *g* = vélaire sonore était due à Alberti, il n'aurait pas dû y avoir trace des deux signes dont nous venons de parler dans la copie vaticane. Et dans ce cas, où le copiste du XVIe siècle l'aurait-il trouvé ? Sur ce point, la réponse de Bongrani ne semble pas dirimante : « On peut penser à un ajout postérieur, marginal justement, de la part de quelqu'un qui connaissait peut-être les solutions graphiques du feuillet du *Morenianus* ; d'autres réponses sont possibles, sans toutefois que la présence de ces signes (dus à une main qui semble différente de celle du copiste) puisse remettre en cause notre hypothèse. En faveur de laquelle, au contraire, on peut ajouter [...] que le digramme *gh* n'apparaît pas de toute la grammaire, ni dans les exemples qui accompagnent l'*Ordre des lettres* (où Alberti concentre toutes les oppositions phonématiques et graphiques établies précédemment), ni dans le reste du texte ».[109] Observons qu'on ne voit pas très bien qui, en 1508, aurait pu ou dû « connaître les solutions graphiques » attestées dans le *Morenianus 2* (un feuillet préparatoire remontant environ à soixante-dix ans en arrière), mais non dans le texte d'où a été copiée la grammaire vaticane ; plutôt qu'« une main différente de celle du copiste », on peut donc voir dans la réalisation des deux graphèmes, comme Colombo, la main du copiste qui tente d'imiter le *ductus* d'Alberti (tentative compréhensible, s'agissant de deux graphèmes de forme inédite).[110]

La compression de la vélaire et du *h* semble plus reconnaissable dans le signe qui indique la vélaire sourde que dans celui de la sonore. On peut penser que le copiste a fondu l'un dans le digramme *ch* et décidé de reproduire l'autre avec un signe proche d'un *g* courant, mais étranger à son répertoire graphique : c'est en effet Bongrani qui a raison, contre l'opinion de Grayson[111] et de Colombo,[112] quand il affirme qu'il y a une différence entre le *g* vélaire et le *g* palatal de la liste et le *g*

109. *Bongrani : 1982*, p. 75.
110. Cf. *Colombo : 1962*, p. 180-181.
111. Cf. *Alberti : 1964*, p. 39.
112. Cf. *Colombo : 1962*, p. 183.

employé normalement par le copiste.[113] Chacun est unique : le premier est plus long et présente une fermeture vers la gauche de la volute inférieure, absente du deuxième ; le troisième, qui apparaît dès la première ligne du texte, est encore différent.

Les faits que l'on vient d'exposer soulèvent plusieurs questions d'ecdotique. Pour la vélaire sourde, on peut toujours garder la graphie *ch* du manuscrit, même quand ce digramme est suivi d'une voyelle autre que *e* ou *i*. Quant à la vélaire sonore, elle n'apparaît formellement, dans le texte de la grammaire *De la langue toscane*, qu'au § 100, dans le mot *fatighe*.[114]

En six endroits du texte, un *g* identique à celui normalement utilisé pour l'affriquée palatale est employé pour des mots qui exigeraient la vélaire : *ghiro* (écrit *giro* au § 3), *tragghi* (subjonctif ; écrit *traggi* au§ 73), *anighittisco* et *anighittii* (écrits *anigittisco* et *anigitii* au§ 74), *luoghi* (écrit *luogi* aux §§ 74 et 83). Le texte original devait présenter, en ces endroits, le signe employé par Alberti pour le *g* vélaire, que le copiste n'a pas reproduit, mais assimilé à son *g*.[115] Voyons le cas du § 3 : la phrase *El giro girò al çio el zembo* n'a de sens que si le premier *g* est une vélaire, celle de *ghiro*, et non la palatale de *giro*. Dans le manuscrit, toutefois, ce *g* a une forme identique à celle du *g* qui suit immédiatement et qui désigne l'affriquée palatale. En ces six endroits, et seulement en ces six endroits, on a donc jugé bon d'introduire la distinction orthophonique proposée dans l'*Ordine délle lættére pélla ling^{h}ua tosc^{h}ana*, et de remplacer le *g* simple par le signe *g*^{h} qui dans le *Morenianus 2* indique la vélaire sonore.

113. Cf. *Bongrani : 1982*, p. 74-75 et n. 3, p. 74.

114. Il est curieux que dans *fatighe* la vélaire sonore soit notée par le digramme *gh*, c'est-à-dire de la seule manière dont elle n'est pas représentée dans l'*Ordre des lettres pour la langue toscane* ou dans le tableau de l'Ordre des lettres de la grammaire. Cela a persuadé *Bongrani : 1982*, p. 75, n. 3 qu'il fallait attribuer la variante avec l'occlusive vélaire sonore au copiste.

115. Cf. *Ghinassi : 1965*, p. 31 : « la grafia deriverà da quella inabilità del copista a riprodurre la distinzione ortofonica albertiana tra *g* velare e *g* palatale, che dà evidente dimostrazione di sé nell'*Ordine delle lettere* » (« la graphie doit provenir de l'incapacité du copiste à reproduire la distinction orthophonique d'Alberti entre *g* vélaire et *g* palatal, clairement affichée dans l'*Ordre des lettres* »).

Quatrième point. Dans le *Reginensis*, on ne trouve qu'une seule séquence de graphèmes vocaliques (au § 3), plus proche de la seconde série vocalique présentée dans le *Morenianus 2* (au § 3) que de la première. Puisque la deuxième séquence du *Morenianus 2*, ainsi qu'on l'a dit dans l'« Introduction », semble une simplification de la première, on peut penser que l'allègement du schéma est dû à Alberti. Serait, au contraire, à imputer au copiste du *Reginensis*, l'absence de notation de l'accent aigu qui, dans cette seconde séquence vocalique, surmonte le *o* ouvert. On le trouve, en effet, dans l'exemple qui suit immédiatement (au § 3 : *giró*[116]) et en d'autres points de la grammaire (voir *infra*). Si Alberti avait éliminé l'accent de son schéma vocalique, il ne l'aurait pas utilisé dans l'exemple et dans le reste du texte ; et dans ce cas, où le copiste l'aurait-il bien pris ?

Cinquième point. Dans le *Morenianus 2*, les trois *e* qui désignent, dans l'ordre, une forme du verbe *essere*, l'article défini et la conjonction de coordination sont accompagnés de la didascalie *verbo, articulo, coniunctione* (§ 3). Dans le *Reginensis*, les trois signes apparaissent dans un ordre différent et par deux fois : d'abord en séquence, sans didascalie ; puis au-dessus des termes grammaticaux latins *Coniunctio, Verbum, Articulus* (§ 3). Aucun élément n'offrant d'indications contraires, il est légitime d'attribuer ces variantes à Alberti.

Sixième point. L'ultime différence entre le texte du *Morenianus 2* et le texte du *Reginensis* concerne les exemples et l'illustration des signes présentés. Dans le *Morenianus 2*, il y a, dans l'ordre, une phrase consacrée à l'usage des graphèmes consonantiques (au § 2), quatre séquences en marge sur l'usage des graphèmes vocaliques (*sc*^{h}*órse, sc*^{h}*ŏrse, tŏnó a tŏrno, io ripŏsi el uino, tu ripósi l'animo*, au § 3), deux phrases qui illustrent

116. Il faut tenir compte que le *o* final accentué dans les mots oxytons est indiqué, dans la grammaire, par un accent grave : par exemple *amerò* au § 60 ; *andò* aux §§ 42, 45 et 70 ; *harò* au § 64 ; *leggerò* au § 74 ; *militò* au § 95 ; *però* aux § 87 et 92 ; *predò* au § 43 ; *sarò* aux §§ 48, 52 et 57 ; *starò* au § 83 ; *superò* au § 17.

globalement l'usage des consonnes, des voyelles et des signes qui distinguent *e* verbe, *e* article et *e* conjonction (au § 4). Toutes ces illustrations sont condensées, dans le *Reginensis*, en deux phrases seulement (à la fin du § 3).

Les innovations qui concernent le contenu des exemples doivent sûrement remonter à Alberti. L'attribution des variantes graphiques est plus problématique. Les deux phrases qui concluent la liste du *Reginensis* ont pour fonction de représenter tous les caractères spéciaux inventés et d'illustrer toutes les oppositions graphico-phonétiques établies. Mais, en fait, beaucoup de caractères manquent, annulant par là-même plusieurs oppositions : outre *g* vélaire et *g* palatal, rendus, comme on l'a déjà vu, avec l'unique signe *g*, le *u* et le *v*, distincts dans la liste alphabétique, sont toujours notés par un *u* ; dans la séquence *el zembo*, l'esprit doux qui indique le *e* fermé n'est pas noté ; au début de la deuxième phrase, le signe qui exprime la conjonction *e* n'est pas employé ; enfin, le signe pour noter le *o* ouvert n'est pas utilisé, à l'unique exception de *giró*. À qui attribuer ces omissions ? À Alberti ou au copiste ?

Le problème ne concerne pas seulement les deux phrases qui terminent le tableau de l'Ordre des lettres, mais le texte du *Reginensis* dans son ensemble.

Colombo a soutenu que l'original de la *Grammatichetta* avait été entièrement rédigé avec une graphie orthophonique. L'hypothèse, en soi, est tout à fait plausible. D'abord, il aurait été contradictoire de prévoir, au début du traité, des signes graphiques différents pour noter les oppositions entre *u* et *v*, *c* et *k*, *g* et *gh*, *è* et *é*, *ò* et *o*, et de ne pas les utiliser par la suite. D'autre part, comme on l'a dit, on trouve dans le *Reginensis* des traces consistantes de cette graphie. En particulier,

a) l'article défini masculin singulier *el* apparaît 39 fois dans le texte. Dans 18 cas (aux §§ 3, 9, 23, 27, 28, 37, 38, 39 et 40), le *e* ne présente aucun signe diacritique ; dans les 21 autres, par contre (aux §§ 11, 12, 28, 29, 34, 36, 38, 44, 47, 57, 61, 69, 84, 85, 92 et 99), il porte l'esprit doux caractéristique, qui, dans le tableau de l'Ordre des lettres (au § 3), désigne le *e* fermé.

b) l'article défini masculin pluriel *e* apparaît 73 fois. Il ne présente aucun signe diacritique dans 3 cas (aux §§ 49, 74 et 94) ; dans les 70 autres cas, par contre (aux §§ 1, 3, 6, 7, 8, 9, 11, 15, 16, 17, 18, 19, 20, 22, 25, 26, 27, 28, 31, 32, 37, 38, 39, 40, 41, 44, 47, 58, 59, 69, 70, 71, 74, 78, 83, 85, 92, 93 et 99), il porte un esprit doux, qui, d'après le tableau de l'Ordre des lettres (au § 3), désigne l'article.[117]

c) le *e* fermé du pronom des troisièmes personnes du singulier et du pluriel *e* (par exemple, *e' dice, e' fanno*) est désigné dans 23 cas (aux §§ 7, 16, 27, 29, 32, 38, 41, 45, 53, 58, 69, 70

117. Dans G1 l'article défini masculin pluriel est désigné par un simple *e* ; dans G2, au contraire, la même forme est indiquée par un *e* avec une apostrophe (*e'*), comme dans les autres textes d'Alberti rassemblés dans les trois volumes des *Opere volgari*. Je pense que Grayson a interprété ce *e'* comme la réduction du pronom *ei*, lui-même dérivé de *egli*, pronom de la troisième personne du pluriel. Pour Blasco Ferrer aussi (cf. *Blasco Ferrer : 1996* p. 102 et *Blasco Ferrer : 1998*, p. 383), l'article défini masculin pluriel est le produit de la filière *egli* > *ei* > *e'*, comme d'autres formes grammaticales phonétiquement réduites (par exemple *quei* > *que'*, *dei* > *de'*). Selon lui, on peut déceler « una precoce testimonianza della protovariante *ei* » (« un témoignage précoce de la protovariante *ei* ») dans le florentin du XIVe siècle, précisément dans la rédaction en *volgare* des *Statuti degli Oliandoli* (dans *Castellani : 1964*), « che tramanda la sequenza *ei rettori*, a cui corrisponde formalmente *ipsi* nella versione in latino » (cf. *Blasco Ferrer : 1996*, p. 102 : « qui donne la séquence *ei rettori*, à laquelle correspond formellement *ipsi* dans la version en latin »). Sur ce point, je pense, avec Luca Serianni, que « una rondine non faccia primavera ; né, soprattutto, sono sicuro che di rondine si tratti. Se si poteva dire *essi rettori* (con *esso* pronome dimostrativo, omofono del pronome personale) qualcuno avrà potuto anche usare il pronome personale *ei* con valore dimostrativo : *ei rettori* = *essi rettori* = IPSI RECTORES ». En somme, « di un antico toscano *ei* 'i' bisognerebbe avere attestazioni che non mi sono note. In assenza delle quali, continuerò a ritenere *i* una forma ridotta da *gli* e l'articolo plurale *e*, diffuso in molti dialetti toscani antichi e accolto poi dal fiorentino quattrocentesco, nient'altro che il naturale corrispettivo del singolare *el* ». (Cf. *Serianni : 1999*, p. 114, et n. : « une hirondelle ne fait pas le printemps ; surtout, je ne suis pas sûr qu'il s'agisse là d'une hirondelle. Si on pouvait dire *essi rettori* (avec *esso* pronom démonstratif, homophone du pronom personnel), quelqu'un a très bien pu utiliser le pronom personnel *ei* avec valeur démonstrative : *ei rettori* = *essi rettori* = IPSI RECTORES » ; « il faudrait des attestations d'un ancien toscan *ei*, 'i', et je n'en connais pas. Faute d'en disposer, je continuerai à considérer *i* comme une forme réduite de *gli* et l'article pluriel *e*, répandu dans de nombreux dialectes toscans anciens et adopté ensuite au XVe siècle par le florentin, comme n'étant rien d'autre que le correspondant naturel du singulier *el* ». Dans le texte publié ici, le *e* de l'article masculin pluriel, quand il n'est pas accompagné d'un esprit doux, se présente comme un simple *e*, sans une apostrophe qui n'a pas lieu d'être.

et 78) par un *e* avec un esprit doux et une seule fois (au f° 12r) par un simple *e*.[118]

d) le *e* fermé du pronom des troisièmes personnes du singulier et du pluriel *egli* (par exemple, *egli dice, egli fanno*) est désigné dans 4 cas (au § 45) par *e* avec esprit doux et dans 4 cas (aux §§ 27, 32, 45 et 69) par un simple *e*.

e) le *e* fermé de la conjonction hypothétique *se* est noté dans deux cas (aux §§ 53 et 87) par un *e* avec un esprit doux.[119]

f) le *e* avec l'esprit doux est employé encore dans *ella* (au § 1), *ne* (préposition, au § 70), *traemo* et *traesti* (au § 70).

g) la troisième personne du présent de *essere* est toujours désignée, dans la grammaire, par un *e* avec un esprit rude, le signe proposé dans le tableau de l'Ordre des lettres pour noter la forme verbale (aux §§ 3, 28, 29, 47, 48, 49 et 69).[120]

h) le *o* fermé est noté par un *o* bref dans *orizonte* (au § 10) et *ogni* (au § 43).

i) le signe *ó*, qui désigne le *o* ouvert, est employé plusieurs fois aussi bien pour l'interjection *o* (par exemple aux §§ 9, 10, 16 et 32) que pour la conjonction *o* (par exemple aux §§ 16, 88, 94, 96).[121]

Les cas où la graphie orthophonique est appliquée laissent supposer que le copiste, loin de saisir pleinement le sens de ces signes, a cru qu'ils désignaient des formes différentes plutôt que des sons. En effet, ils apparaissent de manière assez

118. J'exclus du nombre des exemples utiles le *e* du § 23 : « sono, sei, e », que l'on peut interpréter aussi bien comme le verbe *è* que comme le pronom personnel *e'*.

119. Dans les autres exemples utiles (aux §§ 15, 41, 53, 58, 89, 91, 92 et 100^2), par contre, on trouve un simple *e*, qui sert toujours à noter le *e* fermé du pronom *sé* (aux §§ 32^3, 33 et 41).

120. Sauf dans la forme enclitique *ecci* (au § 61). N'est pas utilisé, par contre, le signe qui devrait indiquer la conjonction *e*, rendue toujours par un simple *e*, dépourvu de la boucle caractéristique présente dans le schéma des voyelles du § 3. Il convient d'ajouter que, dans le texte, la conjonction de coordination est désignée également par *et* ou par *&* (voir ci-dessous). Enfin, dans *Gr*$_a$*eci* (au § 1), *C*$_a$*esare* (au § 13), *pr*$_a$*eposto* (au § 25), apparaît un *e* cédille, qui ne représente toutefois qu'un simple latinisme graphique, et non le graphème spécial indiquant le *e* ouvert : le *e* de *preposto* est en effet obligatoirement fermé.

121. Rappelons que, jusqu'au XVIIIe siècle, la prononciation florentine de *o*, interjection ou conjonction, était ouverte (cf. *Fiorelli : 1953* et *Serianni : 1974*, p. 61).

systématique quand ils semblent distinguer des formes plutôt que des sons : l'article masculin singulier et pluriel, la troisième personne du verbe *essere*, le pronom des troisièmes personnes du singulier et du pluriel, *o* interjection et *o* conjonction. On les trouve aussi dans les exemples, qui, en tant que tels, ont peut-être été transcrits avec une attention particulière, comme dans le cas du *o* fermé tonique de *orizonte* (au § 10).

Contre tous ces éléments, qui inciteraient à étendre la graphie orthophonique tant aux deux phrases qui terminent le tableau de l'Ordre des lettres qu'au reste du texte, il est un fait qui oblige à ne l'accepter que là où elle est appliquée dans le manuscrit : en certains endroits du texte autographe du *Morenianus 2*, Alberti omet d'appliquer la graphie qu'il a lui-même inventée. Dans l'exemple du § 2, le *o* de *voglio* n'est pas noté comme ouvert et le *e* fermé du premier des deux articles et de *zembo* ne porte pas l'esprit doux ; dans l'exemple du § 3 (*io ripŏsi el uino*), le *e* de l'article *el* ne porte pas l'esprit doux et la labiodentale sonore n'est pas notée par un *v*, mais par un *u*. Qui peut exclure que, même dans l'original dont a été tirée la petite grammaire du *Reginensis*, il y ait eu de telles omissions ? C'est pourquoi il est préférable de n'appliquer les signes orthophoniques que dans les cas où ils figurent dans la copie, à l'exception des ajouts évoqués ci-dessus aux points 3 (g^h pour *g* vélaire) et 4 (*ó* pour *o* ouvert dans la liste des voyelles).

Critères généraux

Dans cette édition, on a donc respecté toutes les graphies latinisantes et toutes les distinctions orthophoniques présentes dans le texte.[122]

122. Dans un cas (au § 47), l'obéissance à ce critère a conduit à une interprétation différente de celles proposées dans G1, G2 et T. Dans le passage cité, le manuscrit présente *ė numeri et tempi e modi*. La lecture de Grayson est ambiguë pour ce qui est de la séquence des trois *e*. Le premier *e*, qui, dans le manuscrit, porte un esprit doux, est l'article masculin pluriel. Le deuxième est la conjonction

On a, en outre,

– distingué le *u* du *v* selon l'usage moderne, en signalant les cas où le *v* était déjà dans le manuscrit ;

– maintenu le *h*, étymologique et pseudo-étymologique, même dans le digramme *ch* devant une voyelle vélaire, mais non dans le digramme *th* quand il désigne une dentale simple, parce que cette solution graphique n'apparaît pas dans le texte des deux tables alphabétiques du *Morenianus* et du *Reginensis* ;

– toujours rendu par *i* le *-i* final, qui, dans le manuscrit, est parfois rendu par *-j* ;[123]

– uniformisé la graphie analytique *in anzi* (au § 78) à la graphie synthétique *inanzi* (au § 41) ;

– marqué l'accent sur les conjonctions *benché*, *nè*,[124] *perché* et sur les adverbes *cosí*, *piú*, qui en sont dépourvus dans le manuscrit, ainsi que sur certains autres mots, comme précisé en note ;

– éliminé, suivant l'usage moderne, l'accent aigu, souvent présent dans le manuscrit sur la préposition *a* (seule ou en

de coordination : le ms. présente *et*, avec un esprit doux supprimé et un *t* ajouté au *e* dans le peu d'espace disponible. Même le troisième *e* est la conjonction, dépourvue, comme dans le reste du texte, de signe diacritique. Ces oppositions fonctionnelles sont annulées, dans le texte proposé par Grayson, en raison de la normalisation graphique qu'il a opérée. Trabalza, qui lit correctement les deux premiers *e*, ajoute au troisième un esprit rude qui ne figure pas dans le manuscrit (et qu'il rend, comme ailleurs, par un accent aigu) ; ce faisant, la conjonction devient un article. La leçon correcte, me semble-t-il, est plutôt : *si giugne á tutti è numeri et tempi e [cong.] modi di questo verbo.*

123. On a conservé tous les masculins pluriels avec double *i* final (du type *varii*, au § 7), maintenus par Trabalza et éliminés par Grayson. Ce dernier a justifié son choix ainsi : « si afferma proprio qui stesso, a c. 12*v*, 7 [§ 74] che, per piú suavità, nella lingua toscana non si pronunziano due iunte vocali. Epperò noi [...] togliamo la seconda *i* [...] in tutti i casi [...] inequivocabili di doppia *-ii-* atona » (cf. *Alberti : 1964*, p. 41 : « on affirme ici même, au f° 12v 7 [§ 74], que, pour davantage de suavité, on ne prononce pas dans la langue toscane deux voyelles qui se suivent. C'est pourquoi nous [...] supprimons le deuxième *i* [...] dans tous les cas [...] indiscutables de double *-ii-* atone »). Ce raisonnement aurait son poids s'il n'y avait jamais d'incohérences entre les indications normatives données dans la grammaire *De la langue toscane* et la physionomie de la langue d'Alberti, y compris celle de cette grammaire. Puisque – comme on l'a vu – ce n'est pas le cas, on a préféré conserver tous les masculins pluriels avec double *i* final.

124. Dont la prononciation, comme celle de *e* et de *o*, à l'époque d'Alberti, était ouverte (cf. *Fiorelli : 1953*, p. 33-34).

composition avec l'article). Dans la grammaire *De la langue toscane*, il n'est d'ailleurs pas question de distinctions orthographiques concernant le *a* ;[125]

– supprimé l'accentuation irrationnelle de *chiámorno* (au § 1) et de *amávamo* (au § 60),[126] ainsi que celle inutile de *Toscáni* (au § 5) et de *áltra* (au § 96) ;

– ajouté une apostrophe, absente du manuscrit, pour les formes abrégées suivantes : *da'*, *de'*, *co'*, *i'* (= *io*), *ne'*,[127] *que'* ; en outre, on a rendu avec une apostrophe le *a* qui, avec ou sans accent aigu, désigne la forme réduite de l'article contracté *ai* ;

– inséré également une apostrophe dans la séquence *stu* (au § 58), après le *s* qui désigne la conjonction *se* (ou *si*) et devant la forme *nanzi* (au § 79), aphérèse de *inanzi* ;

– suivi l'usage moderne pour la ponctuation et la typographie (majuscule, minuscule, romain, italique, etc.) ;

– explicité toutes les abréviations ; le signe *&*, en particulier, a été rendu par *et* ;

– indiqué les intégrations entre crochets aigus.

125. On a éliminé également l'accent aigu dans *ápresso* (au § 26) et *állhora* (au § 97), évidemment sentis comme étant composés avec la même préposition *á*.

126. Alors que G1 conserve l'accentuation proparoxytone du ms., G2 tient compte d'une observation judicieuse de *Ghinassi : 1965*, p. 31 : « Un singolare volgarismo si recupererebbe in *amávano*, 9r.13 [§ 60] ; ma l'accento segnato sul codice, e anzi spostato di proposito dalla penultima alla terzultima sillaba, è ben dubbio che possa risalire all'originale » (« Avec *amávano*, 9r 13 [§ 60], on aurait un singulier *volgarismo*, mais il est fort douteux que l'accent noté sur le ms., et même déplacé délibérément de l'avant-dernière à l'antépénultième syllabe, remonte à l'original »).

127. Dans les cas où la forme réduite se présente comme *nè*, avec l'esprit doux sur le *e*, on n'a pas ajouté d'apostrophe, mais conservé la graphie originelle.

BIBLIOGRAPHIE

PAR ORDRE ALPHABÉTIQUE DES AUTEURS

A.D.M.Y.T.E.
1992
Archivo digital de manuscritos y textos españoles, Vol. 1, Madrid, Micronet, 1992.

ALBERTI, Leon Battista
1908
–, *Regole della lingua fiorentina*, dans *Trabalza :1908*, p. 531-548.

1960
–, *Opere volgari*, a cura di Cecil Grayson, vol. I : *I libri della famiglia, Cena familiaris, Villa*, Bari, Laterza, 1960.

1964
–, *La prima grammatica della lingua volgare*, a cura di Cecil Grayson, Bologna, Commissione per i Testi di Lingua, 1964.

1973
–, *Opere volgari*, a cura di Cecil Grayson, vol. III : *Trattati d'arte, Ludi rerum mathematicarum, Grammatica della lingua toscana, Opuscoli amatori, Lettere*, Bari, Laterza, 1973.

1975
–, *Rime e versioni poetiche*, Edizione critica e commento a cura di Guglielmo Gorni, Milano-Napoli, Ricciardi, 1975.

1975a
–, *De pictura* [rédactions italienne et latine], a cura di Cecil Grayson, vol. III, Roma-Bari, Laterza, 1975.

1994
–, *I libri della famiglia*, a cura di Ruggiero Romano e Alberto Tenenti, Nuova edizione a cura di Francesco Furlan, Torino, Einaudi, 1994.

1994a
–, *Dello scrivere in cifra [De componendis cifris]*, [a cura di Augusto Buonafalce, Prefazione di David Kahn,] Torino, Galimberti, 1994.

1995
–, *Autobiographie*, Traduction de C[laude] et P[ierre] L[aurens], Avertissement et notes de F[lorence] V[uilleumier], Paris, Les Belles Lettres, 1995 [Tiré à part à l'occasion du *Congrès international Leon Battista Alberti* (Paris, 10-15 avril 1995), hors comm.].

1996
–, Grammatichetta *e altri scritti sul volgare*, a cura di Giuseppe Patota, Roma, Salerno Editrice, 1996.

2002
–, *Rime / Poèmes* suivis de la *Protesta / Protestation*, Édition critique, introduction et notes par Guglielmo Gorni, Traduction de l'italien par Marco Sabbatini, Paris, Les Belles Lettres (= Leon Battista Alberti, *Opera omnia / Œuvres complètes*, publiés sous la patronage de la *Société Internationale Leon Battista Alberti* et de l'*Istituto Italiano per gli Studi Filosofici* par Francesco Furlan, Pierre Laurens, Alain-Ph. Segonds, Série italienne, VI · 10), 2002.

ALONSO, Amado
1947
–, « Examen de las noticias de Nebrija sobre antigua pronunciación española », dans *Nueva Revista de Filología Hispánica*, III, 1947, p. 1-82.

ALVAR, Manuel
1984
–, « La lengua y la creación de las nacionalidades modernas », dans *Revista de Filología Española*, LXIV, 1984, p. 205-238.

AMBROSINI, Riccardo
1971
–, « Innanzi », dans *Enciclopedia Dantesca : 1971*, p. 453-454.

ARCAMONE, Maria Giovanna
1994
–, « L'elemento germatico antico medievale e moderno (con esclusione dell'inglese) », dans *Storia : 1994*, p. 751-790.

ASENSIO, Eugenio
1960
–, « La lengua compañera del imperio : Historia de una idea de Nebrija en España y Portugal », dans *Revista de Filología Española*, XLIII, 1960, p. 399-413.

AUROUX, Sylvain
1992
–, « Introduction : Le processus de grammatisation et ses enjeux », dans *Histoire : 1992*, p. 11-64.

1992a
–, « Appendice 1 : Les parties du discours et leurs critères », *ibid.*, p. 581-589.

AVESANI, Rino
1965
–, « Il primo ritmo per la morte del grammatico Ambrogio e il cosiddetto Liber Catonianus », dans *Studi medievali*, VI, 1965, p. 455-458.

1967
–, *Quattro miscellanee medioevali e umanistiche*, Roma, Edizioni di Storia e Letteratura, 1967.

1997
–, « Cultura e istanze pastorali nella biblioteca di San Giacomo della Marca », dans *San Giacomo della Marca nell'Europa del '400*, Atti del Convegno internazionale di studi (Monteprandone, 7-10 settembre 1994), a cura di Silvano Bracci, Padova, Centro Studi Antoniani, 1997, p. 391-405.

Avolio, Francesco
1991
–, «'Crai' ed espressioni affini nelle parlate centro-meridionali », dans *Studi Linguistici Italiani*, XVII, 1991, p. 83-127.

Bahner, Werner
1966
–, *La lingüística española del siglo de oro : Aportaciones a la conciencia lingüística en la España de los siglos XVI y XVII*, Madrid, Editorial Ciencia Nueva, 1966.

Baratin, Marc
1989
–, « La constitution de la grammaire et de la dialectique », dans *Histoire : 1989*, p. 186-206.

1989a
–, « La maturation des analyses grammaticales et dialectiques », *ibid.*, p. 207-227.

Baratin, Marc - Desbordes, Françoise
1981
–, *L'analyse linguistique dans l'Antiquité classique*. I : *Les théories*, Paris, Klincksieck, 1981.

BATTAGLIA, Salvatore
1961-
Grande Dizionario della Lingua Italiana, fondato da Salvatore Battaglia, Torino, U.T.E.T., 1961 ss.

BATTELLI, Giulio
1949
–, *Lezioni di paleografia*, Città del Vaticano, Arti grafiche e fotomeccaniche Sansaini & C, 1936 et 1949[3].

BAXANDALL, Michael
1971 [1989]
–, *Giotto and the Orators : Humanist Observers of Painting in Italy and the Discovery of Pictorial Composition : 1350-1450*, London, Oxford University Press, 1971 [Trad. fr. de Maurice Brock : *Les humanistes à la découverte de la composition en peinture : 1340-1450*, Paris, Seuil, 1989].

BEC, Christian
1969
–, *Il libro degli affari proprii di casa de Lapo di Giovanni Niccolini de' Sirigatti*, Paris, S.E.V.P.E.N., 1969.

BEMBO, Pietro
1966
–, *Prose della volgar lingua*, dans *Id.*, *Prose e rime*, a cura di Carlo Dionisotti, Torino, U.T.E.T., 1966[2], p. 71-309.

BERTOLINI, Lucia
1996
–, « Servi albertiani », dans *Studi linguistici italiani*, XXII, 1996, p. 223-230.

Biblioteca histórica
1893
Biblioteca histórica de la filología castellana, por el Conde De La

Viñaza, Madrid, Imprenta y fundición de Manuel Tello, 1893, 3 tomes.

BILLANOVICH, Giuseppe
1954
–, « Leon Battista Alberti, il *Græcismus* e la *Chartula* », dans *Lingua nostra*, XV, 1954, p. 70-71.

BINOTTI, Lucia
1988
–, « Guarino en el Ms. Escurialense S.II.13 : versión castellana de una polémica humanista en Italia », dans *Actas del I Congreso Internacional de Historia de la Lengua Española (Cáceres, 30 de Marzo-4 de Abril de 1987)*, Edición por Manuel Ariza, Alvaro Salvador, Antonio Viudas, Madrid, Arco/Libros, 1988, p. 1095-1107.

1995
–, *La teoria del 'Castellano Primitivo': Nacionalismo y reflexión lingüística en el Renacimiento español*, Münster, Nodus Publikationen, 1995.

BLASCO FERRER, Eduardo
1996
–, *Breve corso di linguistica italiana*, Cagliari, C.U.E.C., 1996.

1998
–, Recension à *Alberti : 1996*, dans *Romance Philology*, LI, 1998, p. 378-385.

BOCCACCIO, Giovanni
1976
–, *Decameron*, Edizione critica secondo l'autografo hamiltoniano, a cura di Vittore Branca, Firenze, Accademia della Crusca, 1976.

BONGRANI, Paolo
1982
–, « Nuovi contributi per la *Grammatica* di Leon Battista Alberti »,

dans *Studi di Filologia italiana*, XL, 1982, p. 65-106.

Boschetto, Luca
1997
–, *Leon Battista Alberti e Firenze : Ricerche sulla storia e la lingua delle opere volgari*, Tesi di perfezionamento in Storia della lingua italiana, Pisa, Scuola Normale Superiore, A.U. 1996-1997, Relatore : Mirko Tavoni.

Brambilla Ageno, Franca
1964
–, *Il verbo nell'italiano antico*, Milano-Napoli, Ricciardi, 1964.

Buck, August - Pfister, Max
1973
–, *Studien zur Prosa des Florentiner Vulgärhumanismus im 15. Jahrhundert*, München, Fink, 1973.

Canart, Paul
S.d.
–, *Lezioni di paleografia e di codicologia greca*, Città del Vaticano, *s. n. t.*, *s.d.*

Cardini, Roberto
1973
–, *La critica del Landino*, Firenze, Sansoni, 1973.

1993
–, « Per *Uxoria* dell'Alberti », dans *Rivista di Letteratura italiana*, XI, 1993, p. 215-282.

Carvalhão Buescu, Maria Leonor
1968
–, « Les idées grammaticales de João de Barros », dans *Actas del XI Congreso Internacional de Lingüística y Filología románicas*, publicadas por Antonio Quilis, Madrid, C.S.I.C., 1968, p. 217-227.

1973
–, « Dois ortografistas do séc. XVI », dans *Boletim de Filologia,* XXII, 1964-73, p. 33-42.

1977
–, « A *Ortografia* de Duarte Nunes do Lião », dans *Revista da Faculdade de Letras de Lisboa,* s. IV, I, 1977, p. 253-260.

CASTELLANI, Arrigo

1952
–, *Nuovi testi fiorentini del Dugento,* Firenze, Sansoni, 1952, 2 tomes.

1955-1956-1977
–, « Sugli esiti italiani delle vocali anteriori latine dans sillaba finale » [1955-1956, et 1977 pour la « Postilla »], dans *Castellani : 1983,* t. I, p. 177-188.

1956
–, *Testi sangimignanesi del secolo XIII e della prima metà del secolo XIV,* Firenze, Sansoni, 1956.

1961
–, « Note su Miliadusso » [1961, 1964], dans *Castellani : 1983,* t. II, p. 321-387.

1961-1965-1976
–, « Sulla formazione del tipo fonetico italiano » [1961, 1965, 1976], dans *Castellani : 1983,* t. I, p. 73-122.

1964
–, « Il più antico statuto dell'Arte degli Oliandoli di Firenze » [1964], dans *Castellani : 1983,* t. II, p. 141-252.

1965
–, « Pisano e lucchese » [1965], dans *Castellani : 1983*, t. I, p. 283-326.

1967 et 1977
–, « Italiano e fiorentino argenteo » [1967, et 1977 pour la « Postilla »], dans *Castellani : 1983*, t. I, p. 17-35.

1974
–, « Lingua parlata e lingua scritta nella Toscana medievale » [1974], dans *Castellani : 1983*, t. I, p. 36-48.

1983
–, *Saggi di filologia e linguistica italiana e romanza (1946-1976)*, Roma, Salerno Editrice, 1983, 3 tomes.

1995
–, « Sulla formazione del sistema paragrafematico moderno », dans *Studi linguistici italiani*, XXI, 1995, p. 3-47.

2000
–, *Grammatica storica della lingua italiana.* I : « Introduzione », Bologna, Il Mulino, 2000.

Castellani Pollidori, Ornella
1966
–, « Ricerche sui costrutti col possessivo in italiano (I) », dans *Studi linguistici italiani*, VI, 1966, p. 3-48.

1996
–, « Introduzione » à Claudio Tolomei, *Il Cesano de la lingua toscana*, Edizione critica a cura di Ornella Castellani Pollidori, Firenze, Olschki, 1996, p. XI-CXXXIII.

CASTELVECCHI, Alberto
1986
–, « Introduzione » à *Trissino : 1986*, p. XI-LVII.

CATACH, Nina
1968
–, *L'Orthographe française à l'époque de la Renaissance*, Genève, Droz, 1968.

CESARINI MARTINELLI, Lucia
1980
–, « Note sulla polemica Poggio-Valla e sulla fortuna delle *Elegantiæ* », dans *Interpres*, III, 1980, p. 29-79.

CIAN, Vittorio
1909
–, « Le *Regole della lingua fiorentina* e le *Prose* bembine », dans *Giornale storico della Letteratura italiana*, LIV, 1909, p. 120-130.

COLETTI, Vittorio
1993
–, *Storia dell'italiano letterario*, Torino, Einaudi, 1993.

COLOMBO, Carmela
1962
–, « Leon Battista Alberti e la prima grammatica italiana », dans *Studi linguistici italiani*, III, 1962, p. 176-187.

Convegno Alberti
1974
Convegno internazionale indetto nel V centenario di Leon Battista Alberti (Roma-Mantova-Firenze, 25-29 aprile 1972), s.c., Roma, Accademia Nazionale dei Lincei, 1974 (Quaderno n° 209).

COPPINI, Donatella
1987
–, « Il cielo della luna », dans *Rinascimento*, n.s., XXVII, 1987, p. 179-214.

COSERIU, Eugenio
1975
–, « Sprache und Funktionalität bei Fernão de Oliveira (1536) », dans *Ut videam : Contributions to an Understanding of Linguistics. For Pieter Verburg on the Occasion of His 70th Birthday*, Lisse-Netherlands, The Peter De Ridder Press, 1975, p. 67-90.

D'ACHILLE, Paolo
1990
–, *Sintassi del parlato e tradizione scritta della lingua italiana*, Roma, Bonacci, 1990.

DARDANO, Maurizio
1963
–, « Sintassi e stile nei *Libri della famiglia* » [1963], dans *Dardano : 1992*, p. 309-361.

1963a
–, « La sintassi dell'infinito nei Libri della famiglia » [1963], dans *Dardano : 1992*, p. 363-444.

1992
–, *Studi sulla Prosa Antica*, Napoli, Morano, 1992.

DE BLASI, Nicola
1993
–, « L'italiano nella scuola », dans *Storia : 1993*, p. 383-423.

D.E.I.
1950-1951-1952-1954-1957
–, *Dizionario etimologico italiano*, a cura di Carlo Battisti e Giovanni Alessio, Firenze, Barbera, 1950-1957, 5 vol.

De Moura Santos, Maria José
1975
–, « Nota sobre o movimento quinhentista de 'defesa e ilustração' das línguas vulgares », dans *Biblos*, LI, 1975, p. 517-528.

Demazière, Colette
1989
–, « L'expansion du français en France et l'émergence d'une grammaire française au XVIe siècle », dans *Langue française : 1989*, p. 32-53.

Enciclopedia dantesca
1970-1971-1973-1976
Enciclopedia dantesca, Roma, Istituto della Enciclopedia Italiana, 1970-1978, 6 vol.

Equicola, Mario
1525
–, *Libro de natura de amore*, Venetia, Lorenzo Lorio da Portes, 1525.

Erasme
1906
Opus Epistolarum Des. Erasmi Roterodami, denuo recognitum et auctum per P. S. Allen, Tom. I (1484-1514), Oxonii, In Typ. Clarendoniano, 1906.

1966
–, *Declamatio de pueris statim ac liberaliter instituendis*, étude critique, traduction et commentaire par Jean-Claude Margolin, Genève,

Droz, 1966.

ESPARZA TORRES, Miguel Ángel
1995
–, *Las ideas lingüísticas de Nebrija*, Münster, Nodus Publikationen, 1995.

FAIDIT, Uc
1969
The Donatz proensals of Uc Faidit, edited by J. H. Marshall, London, Oxford University Press, 1969.

FIORELLI, Piero
1953
–, « Tre casi di chiusura per proclisia », dans *Lingua nostra*, XIV, 1953, p. 33-36.

FOLENA, Gianfranco
1953
–, « Appunti sulla lingua », dans *Motti e facezie del Piovano Arlotto*, a cura di Gianfranco Folena, Milano-Napoli, Ricciardi, 1953 et Milano, Ricciardi-Mondadori, 1995, p. 359-385.

1953a
–, « Glossario », *ibid.*, p. 387-410.

1959
–, « *L* da *r* preconsonantico nel pisano antico », dans *Lingua nostra*, XX, 1959, p. 5-7.

1973
–, « Note sul pensiero linguistico di Leon Battista Alberti », résumé fourni pour le *VII Congresso Internazionale di Studi della Società di Linguistica Italiana : Teoria e storia degli studi linguistici (Roma, 2-3 giugno 1973)*, et partiellement reproduit dans *Trenti* : 1992, p. 645.

1997
–, *Scrittori e scritture : Le occasioni della critica*, Introduzione di Marino Berengo, Edizione a cura di Daniela Goldin Folena, Bologna, Il Mulino, 1997.

FORCELLINI, Egidio
1965
Lexicon totius latinitatis ab Ægidio Forcellini seminarii patavini alumno lucubratum [...] melioremque dans formam redactum, MCMLXV, Arnaldus Forni excudebat Bononiæ Gregoriana edente Patavii, tomi VI (Secunda impressio anastatice confecta quartæ editionis aa. 1864-1926 Patavii typis mandatæ cum appendicibus quibus aucta est prima anastatica impressio a. 1940 edita).

FORTUNIO, Giovan Francesco
2001
–, *Regole grammaticali della volgar lingua*, a cura di Brian Richardson, Roma-Padova, Editrice Antenore, 2001.

FUBINI, Riccardo - MENCI GALLORINI, Anna
1972
–, « L'autobiografia di L.B. Alberti : Studio e edizione », dans *Rinascimento*, n.s., XII, 1972, p. 21-78.

FURLAN, Francesco
1994
–, « Nota al testo », dans *Alberti : 1994*, p. 427-478.

2000
Leon Battista Alberti : Actes du Congrès International de Paris (Sorbonne-Institut de France-Institut culturel italien-Collège de France, 10-15 avril 1995) tenu sous la direction de F. Furlan, P. Laurens, S. Matton, Édités par Francesco Furlan, Paris, Vrin & Torino, Nino Aragno Editore, 2000, 2 vol.

GARIN, Eugenio
1957
–, *L'educazione in Europa : 1400/1600* [1957], Bari, Laterza, 1976[3].

GHINASSI, Ghino
1957
–, *Il volgare letterario nel Quattrocento e le « Stanze » del Poliziano*, Firenze, Le Monnier, 1957.

1965
–, Recension à *Alberti : 1964*, dans *Lingua nostra*, XXVI, 1965, p. 31-32.

GIARD, Luce
1984
–, « L'institution de la langue (Moyen Âge et Renaissance) », dans *Cultura e società nel Rinascimento : Tra riforme e manierismi*, a cura di Vittore Branca et Carlo Ossola, Firenze, Olschki, 1984, p. 487-519.

1992
–, « L'entrée en lice des vernaculaires », dans *Histoire : 1992*, p. 206-225.

GLATIGNY, Michel
1987
–, « À l'aube de la grammaire française : Sylvius et Meigret », dans *Premières grammaires : 1987*, p. 135-155.

1989
–, « Norme et usage dans le français du XVIe siècle », dans *Langue française : 1989*, p. 7-31.

GORNI, Guglielmo
1973
–, Recension à *Alberti : 1973*, dans *Studi medievali*, XIV, 1973, p. 246-258.

1989
–, « Leon Battista Alberti e le lettere dell'alfabeto », dans *Interpres*, IX, 1989, p. 257-266.

GRAYSON, Cecil
1952
–, « *Cartule e Grecismi* in L.B. Alberti », dans *Lingua nostra*, XIII, 1952, p. 105-106.

1955
–, « Appunti sulla lingua dell'Alberti », dans *Lingua nostra*, XVI, 1955, p. 105-110.

1960
–, « Nota sulla grafia », dans *Alberti : 1960*, p. 459-464.

1964
–, « Glossario », dans *Alberti : 1964*, p. 71-78.

1964a
–, « Introduzione », dans *Alberti : 1964*, p. XI-XLVIII.

1973
–, « Nota sul testo », dans *Alberti : 1973*, p. 299-433.

GREENSTEIN, Jack M.
1997
–, « On Alberti's *Sign* : Vision and Composition in Quattrocento Painting », dans *Art Bulletin*, LXXIX, 1997, p. 669-697.

GRENDLER, Paul F.
1989
–, *Schooling in Renaissance Italy*, Baltimore and London, The John Hopkins University Press, 1989.

HAUSMANN, Franz Joseph
1980
–, « Introduction », dans *Meigret : 1980*, p. IX-XIX.

1980a
–, *Louis Meigret, humaniste et linguiste*, Tübingen, Narr, 1980.

Histoire
1989-1992
Histoire des idées linguistiques, sous la direction de Sylvain Auroux, Liège, Mardaga, t. 1 : *La naissance des métalangages : En Orient et en Occident*, 1989 et t. 2 : *Le développement de la grammaire occidentale*, 1992.

HOVDHAUGEN, Even
1987
–, « The first vernacular grammars in Europe : the scandinavian area », dans *Premières grammaires : 1987*, p. 73-89.

HUGUET, Edmond
1925-1932-1933-1946-1961-1965-1967
–, *Dictionnaire de la langue française du seizième siècle*, Paris, Champion (vol. I-II-III), Didier (vol. IV-V-VI-VII), 1925-1933 et 1946-1967.

HUNT, Tony
1991
–, *Teaching and Learning Latin in Thirteenth-Century England*, Cambridge, Brewer, 1991, 3 vol.

Italia ed Europa
1996
Italia ed Europa nella linguistica del Rinascimento : confronti e relazioni, Atti del Convegno internazionale (Ferrara, Palazzo Paradiso, 20-24 marzo 1991), a cura di Mirko Tavoni, Modena, Panini, 1996, 2 vol.

KLUGE, Friedrich
1957
–, *Etymologisches Wörterbuch der Deutschen Sprache*, Berlin, De Gruyter, 1957[17].

KORHONEN, Mikko
1987
–, « Les grammaires des langues finno-ougriennes : esquisse historique », dans *Premières grammaires : 1987*, p. 91-110.

KUKENHEIM, Louis
1932
–, *Contributions à l'histoire de la grammaire italienne, espagnole et française à l'époque de la Renaissance*, Amsterdam, Noord-Hollandsche Utgevers-Maatschappij, 1932 [= Utrecht, H&S Publishers, 1974].

LAMBERT, Pierre-Yves
1987
–, « Les premières grammaires celtiques », dans *Premières grammaires : 1987*, p. 13-45.

LANDINO, Cristoforo
1974
–, *Orazione fatta per Cristofano da Pratovecchio quando cominciò a leggere i sonetti di Messere Francesco Petrarca in istudio* [1467], dans Cristoforo Landino, *Scritti critici e teorici*, a cura di Roberto Cardini, Roma, Bulzoni, 1974, vol. I, p. 33-44.

Langue française
1989
La langue française au XVIe siècle : usage, enseignement et approches descriptives, sous la direction de Pierre Swiggers et Willy Van Hoecke, Louvain, Leuven University Press, 1989.

LARDET, Pierre
1986
–, « *Figure* dans la Poétique de Jules-César Scaliger : une plastique du discours », dans *La statue et l'empreinte : La poétique de Scaliger,* Études réunies et présentées par Claudie Balavoine & Pierre Laurens, Paris, Vrin, 1986, p. 151-180.

1992
–, « Travail du texte et savoir des langues : la philologie », dans *Histoire : 1992*, p. 187-205.

LAW, Vivien
1987
– « Anglo-saxon England : Aelfric's *Excerptiones de arte grammatica anglice* », dans *Premières grammaires : 1987*, p. 47-71.

Letteratura italiana
1982-
Letteratura italiana, diretta da Alberto Asor Rosa, Torino, Einaudi, 1982-1992, 12 vol. parus à ce jour.

Letteratura Zanichelli
1997
LIZ 3.0 : Letteratura italiana Zanichelli : CD-ROM dei testi della letteratura italiana, a cura di Pasquale Stoppelli e Eugenio Picchi, Bologna, Zanichelli, 1997.

Lexicon
1973
Lexicon latinitatis Medii Ævii Iugoslaviæ, vol. I, *a cura di* Marko

Kostrenčić, Veljko Gortan et Zlatko Herkov, *Zagabriæ, Editio Instituti historici Academiæ scientiarum et artium Slavorum meridionalium,* 1973.

LLITERAS, Margarita
1997
–, « Sobre la formación del corpus de autoridades en la gramática española », dans *Historiographia linguistica,* XXIV, 1997, p. 57-72.

LOWE, Elias Awery
1972
–, *Paleographical Papers,* Edited by Ludwig Bieler, Oxford, Clarendon Press, 1972, 2 vol.

LUSIGNAN, Serge
1987
–, *Parler vulgairement,* Montréal, Presses de l'Université de Montréal, 1986, et Paris, J. Vrin, 1987[2].

1987a
–, « Le français et le latin aux XIIIe-XIVe siècles : pratique des langues et pensée linguistique », dans *Annales ESC,* XLII, 1987, p. 955-967.

MANNI, Paola
1979
–, « Ricerche sui tratti fonetici e morfologici del fiorentino quattrocentesco », dans *Studi di Grammatica italiana,* VIII, 1979, p. 115-171.

1994
–, « Toscana », dans *Storia : 1994,* p. 294-329.

MARASCHIO, Nicoletta
1972
–, « Aspetti del bilinguismo albertiano nel *De pictura* », dans

Rinascimento, n.s., XII, 1972, p. 183-228.

1993
–, « Grafia e ortografia : evoluzione e codificazione », dans *Storia : 1993*, p. 139-227.

MARAZZINI, Claudio
1989
–, *Storia e coscienza della lingua in Italia*, Torino, Rosenberg & Sellier, 1989.

MARTI, Mario
1955
–, « Introduzione » à Pietro Bembo, *Prose della volgar lingua*, Padova, Liviana, 1955, p. V-XXV.

MARZYS, Zygmunt
1996
–, « La codification du français à l'époque de la Renaissance : une construction inachevée », dans *Vox Romanica*, LV, 1996, p. 126-142.

MATTHEWS, Peter
1990
–, « La linguistica greco-latina », dans *Storia della linguistica*, a cura di Giulio C. Lepschy, Bologna, Il Mulino, vol. I, 1990, p. 187-310.

MAZZOCCO, Angelo
1993
–, *Linguistic Theories in Dante and the Humanists : Studies of Language and Intellectual History in Late Medieval and Early Renaissance Italy*, Leiden-New York-Köln, Brill, 1993.

MEDICI, Lorenzo de'
1991
–, *Comento de' miei sonetti*, a cura di Tiziano Zanato, Firenze,

Olschki, 1991.

MÉDICIS, Laurent de
Voir MEDICI, Lorenzo de'

MEIGRET, Louis
1980
–, *Le Traité de la Grammaire française (1550) : Le Menteur de Lucien : Aux Lecteurs (1548)*, Édition établie selon l'orthographe moderne, subdivisée en paragraphes, annotée et augmentée d'une introduction, d'un glossaire ainsi qu'un index par Franz Joseph Hausmann, Tübingen, Narr, 1980.

MENGALDO, Pier Vincenzo
1963
–, *La lingua del Boiardo lirico*, Firenze, Olschki, 1963.

1971
–, « Gramatica », dans *Enciclopedia dantesca : 1971*, p. 250-264.

MERRILEES, Brian
1987
–, « An Aspect of Grammatical Terminology in Insular French », dans *Cahiers de Lexicologie*, LI, 1987, p. 193-201.

MERRILL, Judith Sr.
1959
–, « Dos notas sobre Nebrija », dans *Nueva Revista de Filología hispánica*, XIII, 1959, p. 83-88.

1962
–, « The Presentation of Case and Declension in Early Spanish Grammars », dans *Zeitschrift für Romanische Philologie*, LXXVIII, 1962, p. 162-171.

MEYER-LÜBKE, Wilhelm
1972
–, *Romanisches Etimologisches Wörterbuch*, Heidelberg, Winter, 1972.

MIGLIORINI, Bruno
1955
–, « Note sulla grafia italiana nel Rinascimento » (1955), dans BRUNO MIGLIORINI, *Saggi linguistici*, Firenze, Le Monnier, 1957, p. 197-225.

MORANDI, Luigi
1908
Lorenzo il Magnifico, Leonardo da Vinci e la prima grammatica italiana : Leonardo e i primi vocabolari, Ricerche di Luigi Morandi, Città di Castello, Lapi, 1908.

1909
–, « Per Leonardo da Vinci e per la *Gramatica di Lorenzo de' Medici* », dans *Nuova Antologia*, s. V., CXLIII, 1909, p. 429-449.

MURPHY, James J.
1980
–, « The Teaching of Latin as a Second Language in the 12th Century », dans *Historiographia linguistica*, VII, 1980, p. 159-175.

NARDINI, Carlo – GIGLI, Antonio
1903
I manoscritti della Biblioteca moreniana, I, Firenze, Galletti e Cocci, 1903.

Nebrija V Centenario
1994
Actas del Congreso Internacional de Historiografía Lingüística : Nebrija

V Centenario, I : *La obra de Nebrija*, Edición de Antonio Roldán Pérez *et alii*, Murcia, El Taller, 1994.

NEBRIJA, Antonio de
1984
–, *Gramática de la lengua castellana*, Estudio y edición de Antonio Quilis, Madrid, Editora Nacional, 1980 et 1984[2].

NENCIONI, GIOVANNI
1953-1954
–, « Un caso di polimorfia della lingua letteraria dal sec. XIII al XVI » (1953-1954), dans GIOVANNI NENCIONI, *Saggi di lingua antica e moderna*, Torino, Rosenberg & Sellier, 1989.

NIEDEREHE, Hans-Josef
1994
–, « Los ejemplos de la *Gramática de la lengua castellana* de Elio Antonio de Nebrija », dans *Nebrija V Centenario : 1994*, p. 413-423.

PACCAGNELLA, Ivano
1991
–, « La terminologia nella trattatistica grammaticale del primo trentennio del Cinquecento », dans *Tra Rinascimento e strutture attuali*, Atti del convegno S.I.L.F.I. di Siena, 28-31 marzo 1989, vol. I, Torino, Rosenberg & Sellier, 1991, p. 119-130.

PASSARELLI, Maria Antonietta
1999
–, *La lingua della patria : Leon Battista Alberti e la questione del volgare*, Roma, Bagatto Libri, 1999.

PATOTA, Giuseppe
1984
–, « Ricerche sull'imperativo con pronome atono », dans *Studi linguistici italiani*, X, 1984, p. 173-246.

1993
–, « Il « libretto », il fascicolo B e le *Prose della volgar lingua* di Pietro Bembo », dans *Studi linguistici italiani*, XIX, 1993, p. 216-226.

1996
–, « Introduzione » à *Alberti : 1996*, p. XI-C.

1997
–, « La grammatica silenziosa », dans *Norma e lingua in Italia : alcune riflessioni fra passato e presente*, (Istituto Lombardo-Accademia di Scienze e Lettere, 16 maggio 1996), Milano, Istituto Lombardo di Scienze e Lettere, 1997, p. 71-112.

1999
–, « Appunti sulla lingua dell'Alberti poeta », dans *Albertiana*, vol. II, 1999, p. 79-99.

1999a
–, *Lingua e linguistica in Leon Battista Alberti*, Roma, Bulzoni, 1999.

PERCIVAL, W. Keith
1975
–, « The Grammatical Tradition and the Rise of the Vernaculars », dans W. KEITH PERCIVAL, *Current Trends in Linguistics*, La Haye-Paris, Mouton, 1975, p. 231-275.

1976
–, « Renaissance Grammar : Rebellion or Evolution ? », dans *Interrogativi dell'Umanesimo* : *Atti del IX, X, XI Convegno del Centro di studi umanistici* [della Fondazione Secchi Tarugi], a cura di Giovannangiola Tarugi, Firenze, Olschki, 1976, vol. II, p. 73-90.

1982
–, « Changes in the Approach to Language », dans *The Cambridge*

History of Later Medieval Philosophy, Edited by Norman Kretzmann, Anthony Kenny et Jan Pinborg, Cambridge, Cambridge University Press, 1982, p. 808-817.

1992
–, « La connaissance des langues du monde », dans *Histoire : 1992*, p. 226-238.

PEROSA, Alessandro
1988
–, « Considerazioni su testo e lingua del *Momus* dell'Alberti », dans *The Languages of Literature in Renaissance Italy : For Cecil Grayson*, édited by Peter Hainsworth *et alii*, Oxford, Clarendon Press, 1988, p. 45-62.

PETRILLI, Raffaella
1986
–, « Le forme in -rei e il termine 'condizionale' nelle grammatiche italiane del Cinquecento », dans *Linguaggi*, III, 1986, p. 23-31.

1991
–, « Tradizione ed eresia nella grammatica italiana rinascimentale », dans *Tra Rinascimento e strutture attuali*, Atti del convegno S.I.L.F.I. di Siena, 28-31 marzo 1989, vol. I, Torino, Rosenberg & Sellier, 1991, p. 131-141.

PETRUCCI, Armando
1989
–, *Breve storia della scrittura latina*, Roma, Bagatto Libri, 1989.

PFISTER, Max
1991
–, « Gli *Scritti linguistici* di Trissino, dei suoi critici e predecessori come fonte di retrodatazioni per la terminologia grammaticale italiana », dans *Saggi di linguistica e di letteratura in memoria di Paolo Zolli*, a cura di Giampaolo Borghello, Manlio Cortelazzo

e Giorgio Padoan, Padova, Antenore, 1991, p. 333-341.

PICCOLOMINI, Enea
1874
–, « Delle condizioni e vicende della libreria medicea privata dal 1494 al 1508 », dans *Archivio storico italiano,* s. III, t. XIX, 1874, p. 101-129.

1874a
–, « Inventario della libreria medicea privata compilato nel 1495 », dans *Archivio storico italiano,* s. III, t. XX, 1874, p. 51-94.

PINTO, Rolando Morel
1961
–, « Gramáticos portuguêses do Renascimento », dans *Revista de Letras,* II, 1961, p. 123-145.

POGGI SALANI, Teresa
1992
–, « La Toscana », dans *L'italiano nelle regioni : Lingua nazionale e identità regionali,* a cura di Francesco Bruni, Torino, U.T.E.T., 1992, p. 402-461.

POZUELO YVANCOS, José María
1984
–, « Norma, uso y autoridad en la teoría lingüística del siglo XVI », dans *Historiographia linguistica,* XI, 1984, p. 77-94.

Premières grammaires
1987
Les premières grammaires des vernaculaires européens, [Numéro spécial de] *Histoire Épistémologie Langage,* IX, 1, 1987.

PRISCIEN
1961
Prisciani Grammatici Cæsariensis Institutionum Grammaticarum libri XVIII, ex recensione Martini Hertzii, dans *Grammatici Latini,* ex

recensione Henrici Keilii, Olms, Hildesheim, 1961, vol. II et III.

QUILIS, Antonio
1984
–, « Estudio », dans *Nebrija : 1984*, p. 8-92.

QUINTILIEN
1975
–, *Institution oratoire,* Tome I, Livre I, Texte établi et traduit par Jean Cousin, Paris, Les Belles Lettres, 1975.

RAJNA, Pio
1896
–, « Introduzione » à *Il trattato « De vulgari eloquentia »*, per cura di Pio Rajna, Firenze, Le Monnier, 1896, p. XI-CCIII.

REGOLIOSI, Mariangela
1993
–, *Nel cantiere del Valla : Elaborazione e montaggio delle « Elegantie »*, Roma, Bulzoni, 1993.

RICCI, Laura
1998
–, *La redazione manoscritta del* Libro de natura de amore *di Mario Equicola,* Tesi di dottorato in Lingua e letteratura dell'Italia centro-meridionale, Università degli studî di Chieti, A.U. 1997/1998, Relatore : Pasquale Stoppelli.

RICCI, Laura
1999
–, *La redazione manoscritta del* Libro de natura de amore *di Mario* Equicola, Roma, Bulzoni.

RICHARDSON, Brian
1984
TRATTATI SULL'ORTOGRAFIA DEL VOLGARE 1524-1526. GIAN GIORGIO

TRISSINO, *Epistola de le lettere nuovamente aggiunte ne la lingua italiana.* AGNOLO FIRENZUOLA, *Discacciamento de le nuove lettere.* LODOVICO MARTELLI, *Riposta alla Epistola del Trissino.* CLAUDIO TOLOMEI, *Il Polito.* NICCOLÒ LIBURNIO, *Dialogo sopra le lettere del Trissino*, a cura di Brian Richardson, Hexeter, University of Exeter, 1984.

RICKARD, Peter
1968
La langue française au seizième siècle, Étude suivie de textes par Peter Rickard, Cambridge, Aux presses universitaires, 1968.

RICO, Francisco
1978
–, *Nebrija frente a los bárbaros : El canon de gramáticos nefastos en las polémicas del humanismo*, Salamanca, Universidad de Salamanca, 1978.

1981
–, « Un prólogo al Renacimiento español : La dedicatoria de Nebrija a las *Introduciones latinas* (1488) », dans *Seis lecciones sobre la España de los siglos de oro : Homenaje a Marcel Bataillon*, Edición al cuidado de Pedro Piñero Ramirez y Rogelio Reyes Cano, Sevilla-Bordeaux, Universidad de Sevilla – Université de Bordeaux, 1981, p. 61-85.

1993
–, *El sueño del humanismo (De Petrarca a Erasmo)*, Madrid, Alianza Editorial, 1993 ; trad. it. di Daniela Carpani : *Il sogno dell'Umanesimo : Da Petrarca a Erasmo*, Torino, Einaudi, 1998 ; trad. fr. de Jean Tellez revue par Alain-Philippe Segonds : *Le rêve de l'humanisme : De Pétrarque à Érasme*, Paris, Les Belles Lettres, 2002.

RIDRUEJO, Emilio
1994
–, « De las *Introductiones latinæ* a la *Gramática castellana* », dans *Nebrija V Centenario : 1994*, p. 485-498.

RIZZO, Silvia
1984
–, *Il lessico filologico degli umanisti*, Roma, Edizioni di Storia e Letteratura, 1984.

1986
–, « Il latino nell'Umanesimo », dans *Letteratura italiana : 1986*, (vol. V : *Le Questioni*), p. 379-408.

1990
–, « Petrarca, il latino e il volgare », dans *Quaderni petrarcheschi*, VII, 1990, p. 7-40.

1994
–, « L'*Oratio* nella riflessione del Valla sulla lingua latina », dans Lorenzo Valla, *Orazione per l'inaugurazione dell'anno accademico 1455-1456*, Atti di un seminario di filologia umanistica a cura di Silvia Rizzo, Roma, Roma nel Rinascimento, 1994, p. 73-85.

ROHLFS, Gerhard
1966-1968-1969
–, *Grammatica storica della lingua italiana e dei suoi dialetti*, Torino, Einaudi, 1966-1969, 3 vol. (*Historische Grammatik der Italienischen Sprache und ihrer Mundarten*, Bern, Francke, 1949-1949-1954 ; traduzione italiana di Salvatore Persichino [vol. I], di Temistocle Franceschi [vol. II] e di Temistocle Franceschi e Maria Caciagli Fancelli [vol. III].

ROLDÁN PÉREZ, Antonio
1976
–, « Motivaciones para el estudio del español en las gramáticas del siglo XVI », dans *Revista de Filología española*, LVIII, 1976, p. 201-229.

ROSIER, Irène
1992
–, « Appendice 2 : La terminologie linguistique latine

médiévale », dans *Histoire : 1992*, p. 590-597.

SARMIENTO, Ramón
1992
–, « Espagne », dans *Histoire : 1992*, p. 329-338.

SCAVUZZO, Carmelo
1994
–, « I latinismi del lessico italiano », dans *Storia : 1994*, p. 469-494.

SERIANNI, Luca
1974
–, « Sull'ortografia salviniana » (1974), dans *Serianni : 1989*, p. 57-75.

1988
–, con la collaborazione di Alberto CASTELVECCHI, *Grammatica italiana : Italiano comune e lingua letteraria*, Torino, U.T.E.T., 1988 (les chiffres romains renvoient aux chapitres et les chiffres arabes aux paragraphes).

1989
–, *Saggi di storia linguistica italiana*, Napoli, Morano, 1989.

1993
–, « La prosa », dans *Storia : 1993*, p. 451-577.

1999
–, Recension de Martin Maiden, *Storia linguistica dell'italiano*, Bologna, Il Mulino, 1998, dans *Studi linguistici italiani*, XXV, 1999, p. 108-116.

SGROI, Salvatore Claudio
1992
–, « Retrodatazioni di termini grammaticali quattro e cinquecenteschi », dans *Studi linguistici italiani*, XVIII, 1992,

p. 251-269.

SIMPSON, John Andrew & WEINER, Edmund S. C.
1989
The Oxford English Dictionary. Second Edition. Prepared by J.A. Simpson and E.S.C. Weiner, Oxford, Clarendon Press, 1989

SPENCER, John R.
1957
– « Ut rhetorica pictura : A study in Quattrocento theory of painting », dans *Journal ot the Warburg and Courtauld Institutes,* XX, 1957, p. 26-44.

Storia
1993-1994-1994
Storia della lingua italiana, a cura di Luca Serianni e Pietro Trifone, Torino, Einaudi, 1993-1994, 3 vol.

SWIGGERS, Pierre - VANVOLSEM, Serge
1987
–, « Les premières grammaires vernaculaires de l'italien, de l'espagnol et du portugais », dans *Premières grammaires : 1987,* p. 157-181.

TANTURLI, Giuliano
1981
–, « Note alle rime dell'Alberti », dans *Metrica,* II, 1981, p. 103-121.

TAVONI, Mirko
1984
–, *Latino, grammatica, volgare : Storia di una questione umanistica,* Padova, Antenore, 1984.

1990
–, « La linguistica rinascimentale », dans *Storia della linguistica,* a cura di Giulio C. Lepschy, Bologna, Il Mulino, vol. II, 1990,

p. 169-312.

1992
–, « Prose della volgar lingua di Pietro Bembo », dans *Letteratura italiana : 1992* (*Le Opere*, t. I : *Dalle Origini al Cinquecento*), p. 1065-1088.

1992a
–, *Il Quattrocento*, di Mirko Tavoni, dans *Storia della lingua italiana*, a cura di Francesco Bruni. Bologna, Il Mulino, 1992.

1996
–, « Osservazioni sulle prime grammatiche dell'italiano e dello spagnolo », dans *Italia ed Europa : 1996*, vol. I, p. 333-346.

TERRACINI, Lore
1964-1965
–, « Tradizione illustre e lingua letteraria, problema del Rinascimento spagnolo » (1964-1965), dans Lore Terracini, *Lingua come problema nella letteratura spagnola del Cinquecento*, Torino, Stampatori, 1979.

Tesoro
s. d.
Tesoro della lingua italiana delle origini, Firenze, Centro di Studi Opera del Vocabolario Italiano, s. d. (**http://www.csovi.fi.cnr.it**).

Thesaurus
1900-
Thesaurus linguæ latinæ, Leipzig, Teubner, 1900-1968, vol. I-IX^{2}.

TOLLIS, Francis
1971
–, « L'orthographe du castillan d'après Villena et Nebrija », dans *Revista de Filología española*, LIV, 1971, p. 53-103.

1984
–, « À propos des 'Circonloquios' du verbe castillan chez Nebrija : le 'nombre participial infinito', dans *Historiographia linguistica*, XI, 1984, p. 55-76.

TOMMASEO, Nicolò - BELLINI, Bernardo
1865-
–, *Dizionario della lingua italiana*, Torino, Unione Tipografico-Editrice, 1865-1879 [= Milano, Rizzoli, 1977, 20 vol., Presentazione di Gianfranco Folena].

TORY, Geofroy
1970
–, *Champ Fleury*, Introduction par J. W. Jolliffe, Wakefield-New York-Paris-La Haye, S.R. Publishers Ltd-Johnson Reprint Corporation-Mouton Éditeur, 1970.

TRABALZA, Ciro
1908
–, *Storia della grammatica italiana*, Milano, Hoepli, 1908 [= Bologna, Forni, 1963].

1920
–, « L'Alberti autore della prima grammatica italiana ? », dans Ciro Trabalza, *Dipanature critiche*, Bologna-Trieste, Cappelli, 1920, p. 39-71.

TRENTI, Luigi
1992
–, « *Libri de Familia* di Leon Battista Alberti », dans *Letteratura italiana : 1992* (*Le Opere*, vol. I : *Dalle Origini al Cinquecento*), p. 635-646.

1992a
–, « Titoli albertiani », dans *Il titolo e il testo*, Atti del XV Convegno

Interuniversitario (Bressanone 1987), Padova, Editoriale Programma, 1992, p. 161-169.

TRISSINO, Giovan Giorgio
1986
–, *Scritti linguistici*, a cura di Alberto Castelvecchi, Roma, Salerno Editrice, 1986.

TROVATO, Paolo
1986
–, Recension à *Richardson : 1984*, dans *Rivista di Letteratura italiana*, IV, 1986, p. 413-430.

VALLA, Lorenzo
1952
–, *In secundum librum Elegantiarum præfatio*, dans *Prosatori latini del Quattrocento*, a cura di Eugenio Garin, Milano-Napoli, Ricciardi, 1952, p. 602-607.

1984
Laurentii Valle Epistole, ediderunt Ottavio Besomi-Mariangela Regoliosi, Padova, Antenore, 1984.

1993
Laurentii Vallensis de elegantia lingue latine proemium primum, dans *Regoliosi : 1993*, p. 120-125.

VIGNUZZI, Ugo
1976
–, « Stare », dans *Enciclopedia dantesca*, p. 409-413.

VINEIS, Edoardo
1974
–, « La tradizione grammaticale latina e la grammatica di Leon

Battista Alberti », dans *Convegno Alberti : 1974*, p. 289-303.

WEBER, Heinrich
1987
–, « Die Ausbildung der deutschen Grammatik (einschliesslich der niederländischen) », dans *Premières grammaires : 1987*, p. 111-133.

WEISS, Roberto
1965
–, Recension à *Alberti : 1964*, dans *Italian Studies*, XX, 1965, p. 109-110.

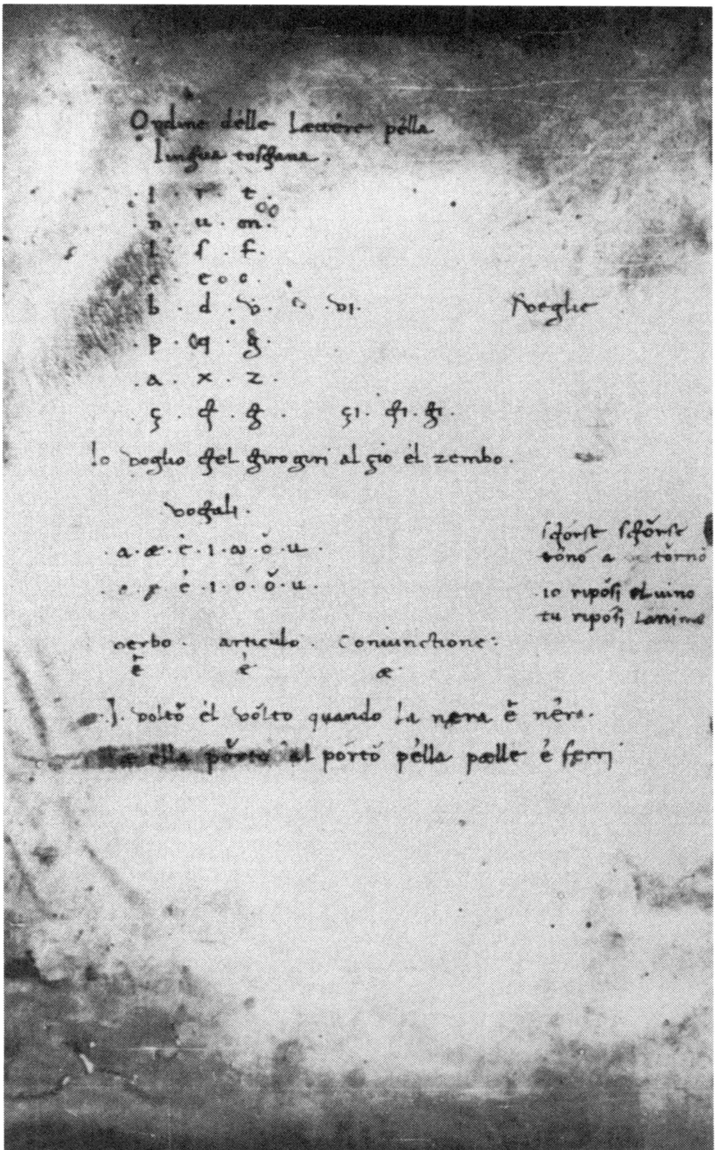
Ordine délle lettére pélla
lingua toscana.

Ordine dèlle lættère pèlla ling^{h}ua tosc^{h}ana. Firenze, Bibl. Moreniana, ms. *2*, f° 1v.

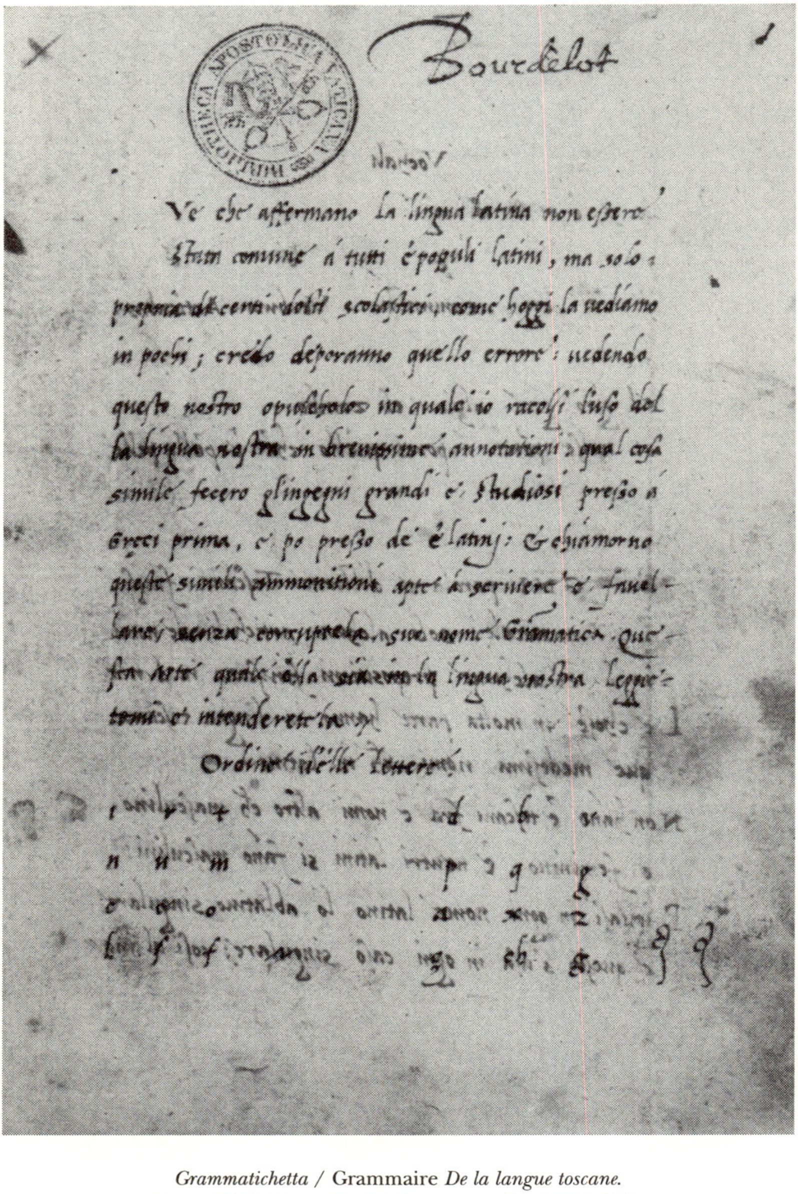
Bourdelot

Que che affermano la lingua latina non essere stata commune a tutti e populi latini, ma solo propria di certi dotti scolastici, come hoggi la vediamo in pochi; credo deporanno quello errore vedendo questo nostro opuscholo in quale io raccolsi l'uso della lingua nostra in brevissime annotationi: qual cosa simile fecero gl'ingegni grandi e studiosi presso a Greci prima, e poi presso de Latini: e chiamorno queste simili ammonitioni apte a scrivere e favellare senza corruptela, suo nome Grammatica. Questa arte quale ella sia in la lingua nostra leggetemi et intenderetela.

Ordine delle lettere

Grammatichetta / Grammaire *De la langue toscane*.
Roma, Bibl. Apostolica Vaticana, ms. *Reg. 1370*, f° 1r.

ORDINE DÈLLE LÆTTÈRE
PÈLLA LING^{H}UA TOSC^{H}ANA

ORDRE DES LETTRES
POUR LA LANGUE TOSCANE

[1]

i	r	t	
n	u	m	
l	s	f	
c	e	o	
b	d	v[1]	vi, sveglie[2]
p	q	g	
a	x	z	
ç	c^h	g^h	çi, c^hi, g^hi.[3]

[2] *Io voglio c^h ' el g^hiro giri al çio èl zembo*[4]

1. Le *v* est désigné par un graphème semblable à celui utilisé aujourd'hui pour la labiodentale sonore : le trait gauche oblique monte plus haut, le trait droit revient vers la gauche comme pour former la boucle d'un *b*. Ce graphème correspond à la description du *v* donnée par Alberti dans le *De cyfris*, où d'ailleurs il renvoie à la grammaire *De la langue toscane* (cf. *supra*, « Introduction », p. XLV, n. 130).

2. Il s'agit d'essais d'écriture de la lettre *v*.

3. *ç*, c^h e g^h désignent respectivement l'affriquée dentale sourde, l'occlusive vélaire sourde et l'occlusive vélaire sonore (cf. *supra*, « Introduction », p. XLV). Les trois syllabes *çi*, c^hi, g^hi, placées sur la même ligne, sont des essais de la fonctionnalité de ces trois graphèmes.

4. *Io voglio… zembo* : 'Io voglio che il ghiro giri la schiena allo zio' ('Je veux que le loir tourne le dos à l'oncle'). La phrase illustre l'usage de toutes les nouvelles lettres.

[1]

i	r	t	
n	u	m	
l	s	f	
c	e	o	
b	d	v	vi, sveglie
p	q	g	
a	x	z	
ç	c^h	g^h	çi, c^hi, g^hi.

[2] *Io voglio* c^h *' el* g^h*iro giri al çio èl zembo*

[3] Voyelles

a	æ	ė	i	au	ŏ	u	*scʰórse, scʰŏrse*
a	$_a$e	ė	i	ó	ŏ	u[5]	*tŏnó a tŏrnŏ*
							io ripŏsi el uino
							tu ripósi l'animo[6]

verbe	article	conjonction
é	ė	æ[7]

[4] *I' vóltŏ ėl vŏlto quando la N$_a$era è nėra*[8]
æ ėlla pŏrtó al pórtŏ pėlla pælle ė f$_a$erri.[9]

5. Dans les deux séries vocaliques, le *e* ouvert est désigné par *æ* et par $_a$*e* ; le *e* fermé toujours par *ė*, le *o* ouvert par *au* et par *ó*, le *o* fermé toujours par *ŏ*. Cf. *supra*, « Introduction », p. XLIX.

6. Les quatre lignes de notes qui se trouvent à droite du petit tableau des voyelles (*scʰórse... l'animo*) sont des exemples pour tester la fonctionnalité des signes vocaliques adoptés.

7. *verbe... conjonction* : *e* avec l'esprit rude désigne la troisième personne de l'indicatif présent de *essere* ; *e* avec l'esprit doux, l'article (prononciation fermée) ; *æ* désigne la conjonction de coordination (prononciation ouverte) (voir « Introduction », p. 000).

8. *I' vóltŏ... nėra* : 'Io volto la testa quando la Nera [hypochoristique de 'Raniera'] è nera [*i.e.* 'di cattivo umore', 'arrabbiata']' ('Je tourne la tête quand la Noire [hypochoristique de 'Raniera'] est noire [*i.e.* 'de mauvaise humeur', 'furieuse']'). Nous suivons ici l'interprétation de *Colombo : 1962*, p. 185, qui ajoute : « Invece che a Nera ipocoristico di Raniera si potrebbe anche pensare al fiume Nera. Ma la Nera fiume si pronuncia con *e* chiusa [...] ; inoltre la frase, se si accettasse quest'ipotesi, avrebbe un senso molto meno soddisfacente : 'io volto la testa (dalla paura ?) quando il fiume Nera diventa nero (per una tempesta che s'avvicina ?) » (« Plutôt qu'à Nera, hypochoristique de Raniera, on pourrait penser à la rivière Nera. Ma celle-ci se prononce avec un *e* fermé [...] ; en outre, la phrase, dans ce cas, aurait un sens beaucoup moins satisfaisant : 'je tourne la tête [de peur ?] quand la Nera devient noire [à l'approche d'un orage ?]'). L'hypothèse que *Niera*, nommée au v. 13 de l'églogue *Tyrsis*, soit « un inedito ipocorismo, al femminile, da Ranieri (onde N(i)eri) » [« un hypochoristique féminin inédit, dérivé de Ranieri (d'où N(i)eri) »] a été avancée par Gorni dans *Alberti : 1975*, p. 66, n.

9. *æ ėlla ... f$_a$erri* : 'e lei portò al porto i ferri [che servono] per la pelle' ('et elle apporta au port les fers [qui servent] pour la peau'). Le texte est clos par deux phrases où apparaissent la totalité des nouveaux signes employés pour représenter les oppositions vocaliques, y compris ceux qui distinguent la troisième personne de l'indicatif présent de *essere*, l'article et la conjonction de coordination (§ 4).

[3] Voc^{h}ali

a	æ	ẻ	i	au	ǒ	u	*sc^{h}órse, sc^{h}ǒrse*
a	$_{a}$e	ẻ	i	ó	ǒ	u	*tǒnó a tǒrnǒ*
							io ripǒsi el uino
							tu ripósi l'animo

verbo	articulo	coniunctione
é	ẻ	æ

[4] *I' vóltǒ ẻl vǒlto quando la N$_{a}$era é nẻra*
æ ẻlla pǒrtó al pórtǒ pẻlla pælle ẻ f$_{a}$erri.

GRAMMATICHETTA

GRAMMAIRE

DE LA LANGUE TOSCANE

[1] Ceux qui affirment que le latin n'était pas une langue commune à toutes les populations latines, mais propre seulement à de doctes érudits, comme nous la voyons aujourd'hui pratiquée par quelques-uns, abandonneront, je crois, cette erreur en voyant cet opuscule, dans lequel j'ai recueilli, en de très courtes annotations, l'usage de notre langue. Les grands esprits lettrés, d'abord chez les Grecs, puis chez les Romains, ont fait quelque chose de semblable, et appelé de tels avertissements, permettant d'écrire et de parler sans impropriété, du nom correspondant de *Grammatica.* Quel est cet art en notre langue, lisez-moi et vous le saurez.

[2] Ordre des lettres

i	r	t
n	u	m
c	e	o
l	s	f
d	b	v
p	q	g
a	x	z
ç	ch	g^{h}

[1] <Q> ue' che affermano la lingua latina non essere stata comune a tutti e̓ populi latini, ma solo propria di certi docti scolastici, come hoggi la vediamo in pochi, credo deporranno quello errore, vedendo questo nostro opuscholo, in quale io racolsi l'uso della lingua nostra in brevissime annotationi. Qual cosa simile fecero gl'ingegni grandi e studiosi presso a' Gr$_a$eci prima, e po' presso de e̓ Latini ; et chiamorno queste simili ammonitioni, apte a scrivere e favellare senza corruptela, suo nome, *Grammatica.* Questa arte, quale e̓lla sia in la lingua nostra, leggietemi e intenderetela.

[2] Ordine de̓lle lettere

i	r	t
n	u	m
c	e	o
l	s	f[1]
d	b	v[2]
p	q	g
a	x	z
ç	ch	g^h

1. *Ms. : dopo la riga* l, s, f, *c'è un segno che indica l'a capo (evidentemente nell'originale la lista delle lettere continuava su un'unica colonna).* 2. *Ms. :* v.

[3] Voyelles

a	$_{a}e$	ẻ	i	ó	ǒ	u
$_{a}e$		é	ẻ			
$_{a}e$	é	ẻ	*Coniunctio*	*Verbum*		*Articulus*

El g^{h}*iro giró al çio el zembo.* [Le loir tourna le dos à l'oncle.]
Et volse pǒrci a' porci quẻllo chẻ é pẻlla pelle. [Et voulut y mettre aux porcs ce qui est pour la peau.]

[4] Tous les mots et locutions toscans finissent par une voyelle. Seuls quelques articles du nom finissent en *-l* et quelques prépositions en *-d*, *-n*, ou *-r*.

[5] Les choses, pour la plupart, ont en langue toscane le même nom qu'en latin.

[6] Pour les noms, les Toscans ont seulement le masculin et le féminin ; les neutres latins deviennent masculins. On prend, pour chaque nom latin, l'ablatif singulier, et celui-ci s'utilise pour tous les cas du singulier, tant au masculin qu'au féminin. Pour les noms masculins, la voyelle finale se change en *-i*, et cette forme s'utilise pour tous les cas du pluriel. Pour les noms féminins, la voyelle finale se change en *-e*, et cette forme s'utilise pour tous les cas du pluriel au féminin. Certains noms féminins ne font pas leur pluriel en *-e :* ainsi *la mano* qui fait *le mani.* Et tout nom féminin qui finit au singulier en *-e* fait le pluriel en *-i ;* comme *la oratione, le orationi ; stagione, stagioni* ; *confusioni,* etc.

[7] Les cas des noms sont marqués par leurs articles, qui sont différents au masculin et au féminin. *Item,* les noms masculins qui commencent par une consonne ont des articles faits autrement que s'ils commencent par une voyelle.

[8] *Item,* les noms propres sont différents des noms communs.

[3] Vochali

a	$_{a}e$	ẻ	i	ó	ǒ	u
$_{a}e$		é	ẻ			
$_{a}e$	é	ẻ	*Coniunctio*	*Verbum*	*Articulus*	

El g^h^iro giró al çio el zembo.
Et volse pǒrci a' porci quẻllo chẻ é pẻlla pelle.

[4] <O>gni parola e dictione toscana finisce in vocale : solo alchuni articholi de' nomi in *l* et alchune prepositioni finiscono in *d, n, r.*

[5] Le chose, in molta parte, hanno in lingua toscana que' medesimi nomi che in latino.

[6] Non hanno ẻ Toscani fra ẻ nomi altro che masculino e feminino ; ẻ neutri latini si fanno masculini. Pigliasi in ogni nome latino lo ablativo singulare, e questo s'usa in ogni caso singulare, cosí al masculino come al femminino. A ẻ nomi masculini l'ultima vocale si converte in *-i,* e questo s'usa in tutti ẻ casi plurali. A ẻ nomi femminini l'ultima vocale si converte in *-e,* e questo s'usa in ogni caso plurale per ẻ femminini. Alchuni nomi femminini in plurale non fanno in *-e* : come *la mano* fa *le mani.* Et ogni nome feminino, quale in singulare finisca in *-e,* fa in plurale in *-i* : come *la oratione, le orationi* ; *stagione, stagioni* ; *confusioni,* e simili.

[7] Ẻ casi de' nomi si notano co' suoi articoli, de i quali[3] sono varii ẻ masculini da ẻ feminini. *Item,* ẻ masculini che cominciano da consonante hanno certi articoli non fatti come quando ẻ cominciano da vocale.

[8] *Item,* ẻ nomi proprii sono varii da gli appellativi.

3. *Ms. :* de iquali.

[9] Les masculins qui commencent par une consonne ont leurs articles comme suit :
Singulier : *El* cielo, *del* cielo, *al* cielo, *el* cielo, *ó* cielo, *dal* cielo.
Pluriel : *É* cieli, *de'* cieli, *a'* cieli, *è* cieli, *ó* cieli, *da'* cieli.

[10] Les masculins qui commencent par une voyelle font au singulier comme suit :

<Singulier :> *Lo* ŏrizonte, *dello* ŏrizonte, *allo* ŏrizonte, *lo* ŏrizonte, *ó* orizonte, *dallo* orizonte.
Pluriel : *Gli* orizonti, *degli* orizonti, *agli* orizonti, *gli* orizonti, <*ó* orizonti,> *dagli* ŏrizonti.

[11] Les noms masculins qui commencent par un *s-* suivi d'une consonne ont des articles pareils à ceux qui commencent par une voyelle ; on dit donc :

lo spedo, *lo* stocco, *gli* spedi, etc.

Ces derniers, tu as vu, sont différents des précédents : au singulier pour le premier comme le quatrième articles, tandis qu'au pluriel, tous ont changé.

[12] Les noms propres masculins n'ont ni premier ni quatrième articles et font comme suit :

[13] Noms propres masculins commençant par une consonne, au singulier :

C$_{a}$esare, *di* Cesare, *a* Cesare, Cesare, *o* Cesare, *da* Cesare.

[14] Les noms propres commençant par une voyelle ne diffèrent en rien de ceux commençant pár une consonne sauf qu'au troisième article, on rajoute un *-d* ; on dit donc :

Agrippa, *di* Agrippa, *ad* Agrippa, etc.

[15] Au pluriel, les noms propres ne sont pas employés, et quand ils le seraient, ils font tous comme les noms communs.

[16] Les noms féminins, qu'ils soient propres ou communs, qu'ils commencent par une voyelle ou par une consonne, font tous ainsi :

[9] Masculini che cominciano da consonante hanno articoli simili a questo :
Singulare : *El* cielo, *del* cielo, *al* cielo, *el* cielo, *ó* cielo, *dal* cielo.
Plurale : *È* cieli, *de'* cieli, *a'* cieli, *è* cieli, *ó* cieli, *da'* cieli.

[10] Masculini che cominciano da vocale fanno in singulare simile a questo :

< Singulare :> *Lo* ŏrizonte, *dello* ŏrizonte, *allo* ŏrizonte, *lo* ŏrizonte, *ó* orizonte, *dallo* orizonte.
Plurale : *Gli* orizonti, *degli* orizonti, *agli* orizonti, *gli* orizonti, < *ó* orizonti, > *dagli* ŏrizonti.

[11] È nomi masculini che cominciano da *s-* preposta a una consonante hanno articoli simili a quei che cominciano da vocale, e dicesi :

lo spedo, *lo* stocco, *gli* spedi, e simile.

Questi, vedesti che sono varii da quei di sopra, nel singulare, èl primo articolo et anque èl quarto ; ma nel plurale variorono tutti gli articoli.

[12] Nomi proprii masculini non hanno èl primo articolo, ne anque èl quartŏ, e fanno simili a questi.

[13] Proprii masculini che cominciano da consonante in singulare fanno cosí :

C$_{a}$esare, *di* Cesare, *a* Cesare, Cesare, *o* Cesare, *da* Cesare.

[14] Nomi proprii che cominciano da vocale nulla variano da' consonanti, excetto che al terzo vi si aggiugne *-d*, e dicesi :

Agrippa, *di*[4] Agrippa, *ad* Agrippa, ecc.

[15] In plurale, non s'adoperano è nomi proprii ; e se pur s'adoperassero, tutti fanno come appellativi.

[16] È nomi feminini, ó proprii o appellativi, o in vocale o in consonante che è cominciano, tutti fanno simile a questo.

4. *Ms. :* da *con* di *soprascritto.*

Singulier : *La* stella, *della* stella, *alla* stella, *la* stella, *ó* stella, *dalla* stella. *La* aura, *della* aura, *alla* aura, *la* aura, *ó* aura, *dalla* aura.

Pluriel : *Le* stelle, *delle* stelle, *alle* stelle, *le* stelle, *ó* stelle, *dalle* stelle. *Le* aure, *delle* aure, *alle* aure, *le* aure, *ó* aure, *dalle* aure.

[17] Les noms de lieu s'utilisent comme les noms propres ; on dit donc :

Roma superò Carthagine. [Rome vainquit Carthage.]

[18] S'utilisent aussi pareillement aux noms propres les noms de nombre : *uno, due, tre* et *cento* et *mille* ; on dit donc : *tre persone, uno Dio, nove cieli,* etc. [trois personnes, un Dieu, neuf cieux, etc.]

[19] Et les noms qui se réfèrent à des nombres indéterminés comme *ogni, ciascuno, qualunque, niuno* et comme *tutti, parecchi, pochi, molti,* etc. se prononcent tous comme les noms propres, sans le premier et le quatrième article.

[20] Les noms qui comportent une interrogation comme *chi* et *che, quale* et *quanto,* etc., les noms qui se réfèrent à ces interrogatifs comme *tale* et *tanto, cotale* et *cotanto,* se prononcent comme les noms propres, également sans premier et quatrième article ; on dit donc :

Io sono tale, quale voresti essere tu et *Amai tale, che odiava me.* [Je suis tel que tu voudrais être ; J'aimai tel qui me haïssait.]

[21] *Chi* s'utilise pour les personnes ; on dit donc : *Chi scrisse ?* [Qui a écrit ?]

[22] *Che* a le même sens que *qui* et *quid* chez les Latins. Au sens de *quid,* il s'utilise pour les choses ; on dit donc : *Che leggi ?* [Que lis-tu ?]. Au sens de *qui,* il s'utilise pour les personnes ; on dit donc : *Io sono cholui che scrissi.* [Je suis celui qui a écrit.]

[23] *Chi* par nature sert au masculin, mais joint au verbe *sono, sei,* <*è*>, il sert au masculin et au féminin ; on dit donc : *Chi sarà tua sposa ? Chi fu el maestro ?* [Qui sera ton épouse ? Qui fut le maître ?]

Singulare : *La* stella, *della* stella, *alla* stella, *la* stella, *ó* stella, *dalla* stella. *La* aura, *della* aura, *alla* aura, *la* aura, *ó* aura, *dalla* aura.

Plurale : *Le* stelle, *delle* stelle, *alle* stelle, *le* stelle, *ó* stelle, *dalle* stelle. *Le* aure, *delle* aure, *alle* aure, *le* aure, *ó* aure, *dalle* aure.

[17] Ė nomi delle terre s'usano come proprii, e dicesi :

Roma superò Carthagine.

[18] Et simili a' nomi proprii s'usano ė nomi de' numeri : *uno, due, tre* e *cento* e *mille,* e simili ; e dicesi : *tre* persone, *uno* Dio, *nove* cieli, e simili.

[19] Et quei nomi che si referiscono a numeri non determinati, come *ogni, ciascuno, qualunque, niuno* e simili ; e come *tutti, parecchi, pochi, molti* e simili, tutti si pronuntiano simili a ė nomi proprii senza primo e quarto articolo.

[20] Ė nomi che importano seco interrogatione, come *chi* e *che* e *quale* e *quanto* e simili, quei nomi che si rifferiscono a questi interrogatorii, come *tale* e *tanto* e *cotale* e *cotanto,* si pronuntiano simili a ė proprii nomi, pur senza primo e quarto articolo, e dicesi :

Io sono tale, quale voresti essere tu ; et *Amai tale, che odiava me.*

[21] *Chi* s'usa circa alle persone, e dicesi : *Chi scrisse ?*

[22] *Che* significa quanto presso a ė Latini *qui* et *quid.* Significando *quid,* s'usa circa a le cose, e dicesi : *Che leggi ?* Significando *qui,* s'usa circa alle persone, e dicesi : *Io sono cholui che scrissi.*

[23] *Chi,* di sua natura, serve al masculino ; ma aggiunto a questo verbo : *sono, sei, ė*, serve al masculino e al feminino, e dicesi : *Chi sarà tua sposa ? Chi fu el maestro ?*

[24] *Chi* se place toujours devant le verbe. *Che*, devant ou derrière.

[25] *Che* placé devant le verbe a le même sens que *quid*, *quantum* et *quale* chez les Latins ; ainsi : *Che dice ? Che leggi ? Che huomo ti paio ? Che ti costa ?* [Que dit-il ? Que lis-tu ? Quel homme te semblé-je ? Qu'est-ce que ça te coûte ?]

[26] *Che* placé derrière le verbe a le même sens que *ut* et *quod* chez les Latins, comme lorsqu'on dit :

I' voglio che tu mi legga ; *Scio che tu me amerai.*
[Je veux que tu me lises ; Je sais que tu m'aimeras.]

[27] Les noms, quand ils désignent une chose qui n'est ni certaine ni déterminée, se prononcent sans le premier et le quatrième article, comme lorsqu'on dit : *Io sono studioso ; Invidia lo move ; Tu mi porti amore.* [Je suis étudiant. C'est quelque envie qui l'anime. Tu me portes de l'amour.] Mais quand ils apportent une désignation certaine et déterminée, ils se prononcent avec l'article, comme ici : *Io sono lo studioso e tu el docto.* [Je suis l'étudiant et toi le savant.]

[28] Il n'est pas rare que les noms comme *primo, secondo, vigesimo* [premier, second, vingtième], placés derrière le verbe *sono, sei, é,* se prononcent sans le premier article ; on dit donc : *Tu fusti terzo e io secondo* [tu fus troisième, et moi second] ; et on dit aussi : *Chostui fu el quarto, el primo, el secondo,* etc. [Celui-ci fut le quatrième, le premier, le second, etc.]

[29] *Uno, due, tre,* etc., quand ils expriment l'ordre, prennent l'article ; on dit donc : *Tu fusti èl tre, et io l'uno. Il dua é numero paro* etc. [Tu fus le trois et moi le un. Le deux est un nombre pair, etc.]

[30] Entre tous les noms communs il en est un qui s'utilise comme nom propre, 'Dieu' ; on dit donc : *Lodato Dio* ; *Io adoro Dio.* [Loué soit Dieu, J'adore Dieu.]

[24] *Chi* sempre si prepone al verbo ; *che* si prepone e postpone.

[25] *Che,* pr$_{a}$eposto al verbo, significa quanto presso a è Latini *quid* et *quantum* e *quale,* come : *Che dice ? Che leggi ? Che huomo ti paio ? Che ti costa ?*

[26] *Che,* postposto al verbo, significa quanto apresso è Latini *ut* et *quod,* come dicendo :

I' voglio che tu mi legga ; Scio che tu me amerai.

[27] È nomi, quando è dimostrano cosa non certa e diterminata, si pronuntiano senza primo e quarto articolo, come dicendo : *Io sono studioso, Invidia lo move, Tu mi porti amore.* Ma quando egli importano dimostratione certa e diterminata, allhora si pronuntiano coll' articolo, come qui : *Io sono lo studioso e tu el docto.*

[28] È nomi simili a questo : *primo, secondo, vigesimo,* posti dietro a questo verbo, *sono, sei, è,* non raro si pronuntiano senza èl primo articolo, e dicesi : *Tu fusti terzo et io secondo* ; e anchora, si dice : *Chostui fu el quarto, el primo, el secondo,* etc.

[29] *Uno, due, tre* e simili, quando è significano ordine, vi[5] si pone l'articolo, e dicesi : *Tu fusti èl tre, et io l'uno* ; *Il dua è numero paro,* etc.

[30] Fra tutti gli altri nomi appellativi, questo nome, *Dio,* s'usa come proprio, e dicesi : *Lodato Dio* ; *Io adoro Dio.*

5. *Con* v *nel ms.*

[31] Les articles ont beaucoup de points communs avec les pronoms, et les pronoms eux-mêmes présentent une grande similitude avec les noms relatifs qui ont été traités ici. Nous allons donc les ajouter.

[32] Parmi les pronoms, les pronoms primitifs sont : *io, tu, esso, questo, quello, chostui, lui, cholui*. En changeant la dernière voyelle en *-a*, on obtient le féminin ; on dit donc : *questa, quella, essa*. Seuls *io* et *tu*, formes uniques, servent au masculin et au féminin. Les pluriels de ces pronoms primitifs sont divers, comme les singuliers. Ils se déclinent ainsi :

Io et *i'*, *di me, a me* et *mi, me* et *mi, da me.*
Noi, di noi, a noi et *ci, noi* et *ci, da noi.*
Tu, di te, <*a te*> et *ti, te* et *ti, ó tu, da te.*
Voi, di voi, a voi et *vi,* <*voi* et *vi*>, *ó voi, da voi.*
Esso et *è, di se,* <*a se*> et *si, se* et *si, da se* (et *egli*).

[33] Dans toute la langue toscane, tu ne trouveras des formes spécifiques aux différents cas que pour ces trois pronoms : *io, tu, esso*. Les autres pronoms primitifs se déclinent ainsi :

Questo, di questo, a questo, questo, da questo
Quello, di quello, a quello, quello, da quello

[34] Change le *-o* en *-i*, et tu auras le pluriel ; tu diras donc : *questi, di questi, a questi, questi, da questi. Quelli* fait de même.

[35] Et ainsi *costui, lui* et *cholui* sont au singulier semblables à ceux-là, mais au pluriel *chostui* fait *costoro, lui* fait *loro, colui* fait *coloro, di coloro, a choloro, coloro, da choloro.*

[36] *Questo* e *quello* changent leur *-o* en *-a* et l'on obtient le féminin singulier ; on dit donc : *questa* et *quella* ; et pour le pluriel : *queste, di quelle, a quelle.*

[37] *Lui, chostui, cholui* changent leur *-u* en *-e* et l'on obtient le féminin singulier ; on dit donc : *costei, lei, cholei, di colei,* etc. Au pluriel, ils ont la même forme que les masculins, c'est à dire : *loro, coloro, costoro, di costoro, a costoro,* etc.

[31] Gli articoli hanno molta convenientia co' pronomi ; e anchora è pronomi hanno grande similitudine con questi nomi relativi qui recitati : adonque suggiungeremogli.

[32] De' pronomi, è primitivi sono questi : *io, tu, esso, questo, quello, chostui, lui, cholui.* Mutasi l'ultima vocale in *-a* e fassi il feminino, e dicesi : *questa, quella, essa.* Solo *io* et *tu,* in una voce, serve al masculino e al feminino. È plurali di questi primitivi pronomi sono varii, e anque è singulari. Declinansi cosí :

Io et *i'* ; *di me* ; *a me* e *mi* ; *me* e *mi* ; *da me.*
Noi ; *di noi* ; *a noi* et *ci* ; *noi* et *ci* ; *da noi.*
Tu ; *di te* ; <*a te*> e *ti* ; *te* e *ti* ; *ó tu* ; *da te.*
Voi ; *di voi* ;[6] *a voi*[7] e *vi* ; <*voi* e *vi* ; > *ó voi* ; *da voi.*[8]
Esso et *è* ; *di se* ; < *a se* > e *si* ; *se* e *si* ; da *se* (et *egli*).

[33] Non troverrai in tutta la lingua toscana casi mutati in voce altrove che in questi tre pronomi : *io, tu, esso.* Gli altri primitivi se declinano cosí :

Questo, di questo, a questo, questo, da questo.
Quello, di quello, a quello, quello, da quello.

[34] Muta *-o* in *-i,* e harai èl plurale, e[9] dirai : *questi, di questi, a questi, questi, da questi* ; e il somigliante fa *quelli.*

[35] Et cosí, sarà *costui* e *lui* e *cholui* simili a quegli in singulare ; ma in plurale, *chostui* fa *costoro, lui* fa *loro, colui* fa *coloro, di coloro, a choloro, coloro, da choloro.*

[36] *Questo* e *quello* mutano *-o* in *-a,* e fassi èl femminino singulare, e dicesi : *questa* e *quella* ; e fassi il suo plurale *queste, di quelle, a quelle.*

[37] *Lui, chostui, cholui* mutano *-u* in *-e,* e fassi el singulare femminino, e dicesi : *costei, lei, cholei, di colei,* etc. In plurale, hanno quella voce che è masculini, cioè *loro, coloro, costoro, di costoro, a costoro,* etc.

6. *Con* v *nel ms.* 7. *Con* v *nel ms.* 8. *Con* v *nel ms.* 9. *Ms.* : è.

[38] Tu as vu que ces pronoms primitifs, de même que les noms propres, n'ont ni premier ni quatrième article. Suivent ce modèle les pronoms dérivés, quand ils dépendent des noms propres ; mais quand ils accompagnent les noms communs, ils s'emploient avec leur article.

[39] Voici les pronoms dérivés et leurs déclinaisons :

El mio, del mio, etc. ; et pluraliter : *ȇ miei, de' miei* etc.
El nostro, del nostro, etc. ; et pluraliter : *ȇ nostri, de' nostri,* etc.
El tuo ; pluraliter : *ȇ tuoi.*
El vostro ; pluraliter : *ȇ vostri.*
El suo ; et pluraliter : *ȇ suoi,* etc.

[40] On change la dernière lettre en *-a,* comme pour les noms, et on obtient le féminin singulier ; et changeant ce *-a* en *-e,* on obtient le pluriel ; on dit donc : *mia* et *mie ; vostra* <et> *vostre ; sua* et *sue.*

[41] Dans la pratique, ces pronoms ne s'utilisent pas indifféremment. Les dérivés, quand ils accompagnent les noms suivants : *padre, madre, fratello, zio* [père, mère, frère, oncle], etc. s'emploient sans article ; on dit donc : *mio padre, nostra madre* et *tuo zio,* etc. *Mi* et *me, ti* et *te, ci* et *noi, vi* et *voi, si* et *se* sont à la fois des datifs et des accusatifs, comme tu les as vus notés ci-dessus. Mais voici leur usage : placés devant le verbe, on dit *mi, ti, ci,* etc. comme ici : *ȇ mi chiama ; ȇ ti vuole ; que' vi chieggono ; io mi sto ; ȇ si crede* [il m'appelle ; il te veut ; ceux-là vous demandent ; je me tiens ; il se croit] ; placés après le verbe, si ce verbe est lui-même précédé d'un autre pronom ou d'un nom, on dira comme ici : *Io amo te e voglio voi* [J'aime toi et je veux vous]. Si le verbe n'est pas précédé d'un autre nom ou pronom, on dira *-i* comme ici : *aspettaci, restaci, scrivetemi.*

[42] *Lui* et *cholui* désignent des personnes, comme quand on dit : *lui andò, cholei tenne* [il alla, elle vint.]

[38] Vedesti come, simile a' nomi propri, questi pronomi primitivi non hanno el primo articolo né anque è̓l quarto. A questa similitudine fanno è̓ pronomi derivativi, quando è̓ sono subiuncti a[10] è̓ proprii nomi ; ma quando si giungono a gli appellativi, si pronuntiano co' suoi articoli.

[39] Derivativi pronomi sono questi, e declinansi cosí :

El mio, del mio, etc. ; et pluraliter : *è̓ miei, de' miei,* etc.
El nostro, del nostro, etc. ; et pluraliter : *è̓ nostri, de' nostri,* etc.
El tuo ; pluraliter *: è̓ tuoi.*
El vostro ;[11] pluraliter : *è̓ vostri.*[12]
El suo ; et pluraliter : *è̓ suoi,* etc.

[40] Mutasi come a è̓ nomi l'ultima[13] in *-a* e fassi el singulare femminino ; qual *-a* converso in *-e,* fassi el plurale, e dicesi : *mia* e *mie, vostra*[14] <e> *vostre, sua* e *sue.*

[41] In uso, s'adoprano questi pronomi non tutti a un modo. È̓ derivativi, giunti a questi nomi : *padre, madre, fratello, zio* e simili, si pronuntiano senza articolo, e dicesi : *mio padre, nostra madre* e *tuo zio,* etc. *Mi* e *me, ti* e *te, ci* e *noi, vi* e *voi,*[15] *si* e *se* sono dativi insieme et accusativi, come di sopra gli vedesti notati ; ma hanno questo uso, che, preposti al verbo, si dice *mi, ti, ci,* etc., come qui : *è̓ mi chiama, è̓ ti vuole, que' vi chieggono, io mi sto, è̓ si crede* ; postposti al verbo, se a quel verbo sarà[16] inanzi altro pronome o nome, si dirà,[17] come qui : *Io amo te e voglio voi* ; si al verbo non sarà aggiunto inanzi altro nome o pronome, si dirà *-i,* come qui : *aspettaci, restaci, scrivetemi.*

[42] *Lui* e *cholui* dimostrano persone, come dicendo : *lui andò, cholei venne.*

10. *Ms. :* a[']. 11. *Con* v *nel ms.* 12. *Con* v *nel ms.* 13. *Ms. :* lultima. 14. *Con* v *nel ms.* 15. Vi *et* voi *con* v *nel ms.* 16. *Ms. :* sara. 17. *Ms. :* dira.

[43] *Questo* et *quello* servent de démonstratif universel ; on dit ainsi : *Questo exercito predò quella provincia* et *Questo Scipione superò quello Hannibale.* [Cette armée mit à sac cette province ; Ce Scipion battit cet Hannibal.]

[44] *È* et *èl, lo* et *la, le* et *gli* qui sont articles, joints à des noms, deviennent pronoms quand ils sont joints aux verbes et prennent le sens de *quello, quella, quelle,* etc. On dit ainsi : *Io la amai, Tu le biasimi, Chi gli vuole ?* [Je l'aimai ; Tu les blâmes ; Qui les veut ?]

[45] Mais parmi ces pronoms, *egli* et *è* expriment le singulier et le pluriel ; devant une consonne, on dira *è* comme ici : *è fa bene ; è corsono* [il fait bien ; ils coururent]. Et devant une voyelle, on réunit *è* et *gli ;* on dit donc : *ègli andò* ; *ègli udivano* [il alla ; ils entendaient]. Et quand ils sont suivis d'un *s* précédant une consonne, on dit aussi : *ègli spiega ; ègli stavano* [il explique ; ils étaient].

[46] Je pourrais sur ces pronoms être prolixe, en examinant plusieurs faits qu'on observe, tels que celui-ci : *Vi* postposé aux présents de l'indicatif singulier monosyllabiques s'écrit avec deux *v* à la première et à la troisième personne, et de même à la deuxième personne de l'impératif présent, comme dans *stavvi* et *vavvi* ; et pour les verbes d'une ou plusieurs syllabes, à la première personne du singulier du futur de l'indicatif, comme dans *amerovvi, leggerovvi, darotti, adoperrocci,* etc. Mais peut-être parlerons-nous de ces choses plus particulières ailleurs.

[47] Suivent les verbes.

La langue toscane n'a pas de formes spécifiques pour les verbes passifs, mais pour exprimer le passif, elle compose avec le verbe *sono, sei, è* le participe passé passif emprunté au latin, de la façon suivante : *Io sono amato, tu sei pregiato, cholei è odiata* [Je suis aimé ; tu es estimé ; elle est haïe]. Lequel participe s'ajoute de même à tous les nombres, temps et modes de ce verbe. Nous allons donc le donner ici à part.

[43] *Questo* e *quello* serve a ŏgni dimostratione, e dicesi : *Questo exercito predò quella provincia* ; e *Questo Scipione superò quello Hannibale.*

[44] *È* et *èl, lo* e *la, le* e *gli,* quali, giunti a' nomi, sono articoli, quando si giungono a è verbi, diventano pronomi, e significano *quello, quella, quelle* etc., et dicesi : *Io la amai, Tu le biasimi, Chi gli vuole ?*

[45] Ma di questi, *egli* et *è* hanno significato singulare e plurale ; e preposti a la consonante, diremo *è,* come qui : *è fa bene, è corsono* ; e preposti alla vocale, si giugne *è* et *gli,* e dicesi : *ègli andò* ; *ègli udivano.* Et quando loro <segue> *s* preposta a una consonante, ancora diremo : *ègli spiega* ; *ègli stavano.*

[46] Potrei, in questi pronomi, esser prolixo, investigando piú chose quali s'osservano simili a[18] queste : *vi,* postposto a' presenti singulari indicativi d'una syllaba, si scrive in la prima e terza persona per due *vv,* e simile in la seconda persona presente imperativa, comè *stavvi* e *vavvi*[19] e, ne' verbi d'una e di piú syllabe, la prima singulare indicativa al futuro, come *amerovvi, leggerovvi, darotti, adoperrocci,* e simile. Ma forse, di queste cose piú particulari diremo altrove.

[47] Sequitano è verbi

Non ha la lingua toscana verbi passivi in voce, ma, per exprimere èl passivo, compone con questo verbo : *sono, sei, è,* èl participio preterito passivo tolto da è Latini in questo modo : *Io sono amato, tu sei pregiato, cholei è odiata* ; e simile, si giugne a tutti è numeri et tempi e modi di questo verbo : adonque lo porremo qui distinto.

18. *Ms. :* a[']. 19. *Con* v *iniziale nel ms.*

[48] Indicatif

Sono, sei, é ; pluriel : *siamo, sete, sono.*
Ero, eri, era ; pluriel : *eravamo* et *savamo, eravate* et *savate, erano.*
Fui, fusti, fu ; pluriel : *fumo, fusti, furono.*
Ero, eri, era stato ; pluriel : *eravamo* et *savamo, eravate* et *savate, erano stati.*
Sarò, sarai, sarà ; pluriel : *saremo, sarete, saranno.*

[49] Les Toscans ont un prétérit presque immédiat, avec des formes spécifiques qui, pour ce verbe, sont les suivantes :

Sono, sei, é stato ; pluriel : *siamo, sete, sono stati.*

On dit donc : *Hieri fui ad Hostia ; hoggi sono stato a Tibuli.* [Hier, je fus à Ostie ; aujourd'hui, j'ai été à Tivoli.]

[50] Impératif

Sie tu, sia lui ; pluriel : *siano, siate, siano.*
Sarai tu, sarà lui ; pluriel : *saremo,* etc.

[51] Optatif

Dio ch'io fussi, tu fussi, lui fusse ; pluriel : *fussimo, fussi, fussero.*
Dio ch'io sia, sii, sia stato ; pluriel : *siamo, siate, siano stati.*
Dio ch'io fussi, fussi, fusse stato ; pluriel : *fussimo, fussi, fussero stati.*
Dio ch'io sia, sii, sia ; pluriel : *siamo, siate, siano.*

[52] Subjonctif

Bench'io, tu, lui sia ; pluriel : *siamo, siate, siano.*
Bench'io fussi, tu fussi, lui fusse ; pluriel : *fussimo, fussi, fussero.*
Bench'io sia, sii, sia stato ; pluriel : *siamo, siate, siano stati.*
Bench'io fussi, fussi, fusse stato ; pluriel : *fussimo, fussi, fussero stati.*
Bench'io sarò, sarai, sarà stato ; pluriel : *saremo, sarete, saranno stati.*

[53] Et l'on utilise tout l'indicatif de ce verbe ou de tout autre, presque comme le subjonctif, en le faisant précéder d'une de ces locutions : *se, quando, benché,* etc. On dit donc : *bench'io fui ; sé é sono ; quando é saranno*

[48] Indicativo

Sono, sei, è ; plurale : *siamo, sete, sono.*
Ero, eri, era ; plurale : *eravamo* e *savamo, eravate* e *savate, erano.*
Fui, fusti, fu ; plurale : *fumo, fusti, furono.*
Ero, eri, era stato ; plurale : *eravamo* e *savamo* ; *eravate* et *savate* ; *erano stati.*
Sarò, sarai, sarà ; plurale : *saremo, sarete, saranno.*

[49] Hanno e Toscani, in voce, uno preterito quasi testé, quale in questo verbo si dice cosí :

Sono, sei, é stato ; plurale : *siamo, sete, sono stati.*

E dicesi : *Hieri fui ad Hostia* ; *hoggi sono stato a Tibuli.*

[50] Imperativo

Sie tu, sia lui ; plurale : *siamo, siate, siano.*
Sarai tu, sarà lui ; plurale : *saremo,* etc.

[51] Optativo

Dio ch' io[20] *fussi, tu fussi, lui fusse* ; plurale : *fussimo, fussi, fussero.*
Dio ch' io sia, sii, sia stato ; plurale : *siamo, siate, siano stati.*
Dio ch' io fussi, fussi, fusse stato ; plurale : *fussimo, fussi, fussero stati.*
Dio ch'io sia, sii, sia ; plurale : *siamo, siate, siano.*

[52] Subienctivo

Bench'io,[21] *tu, lui sia* ; plurale : *siamo, siate, siano.*
Bench'io fussi, tu fussi, lui fusse ; plurale : *fussimo, fussi, fussero.*
Bench'io sia, sii, sia stato ; plurale : *siamo, siate, siano stati.*
Bench'io fussi, fussi, fusse stato ; plurale : *fussimo, fussi, fussero stati.*
Bench'io sarò, sarai, sarà stato ; plurale : *saremo, sarete, saranno stati.*

[53] Et usasi tutto l'indicativo – di questo e d'ogni altro verbo – quasi come subienctivo, prepostovi qualche una di queste dictioni : *se, quando, benché* e simili ; e dicesi : *bench'io fui* ; *sè è sono* ; *quando è saranno.*

20. *Ms.* : chio *(e cosí nelle sequenze analoghe presenti nel paragrafo).* 21. *Ms.* : Benchio *(e cosí nelle sequenze analoghe presenti in questo e nel successivo paragrafo).*

[54] Infinitif : *Essere, essere stato*

[55] Gérondif : *Essendo*

[56] Participe : *Essente*

[57] On dira donc pour exprimer le passif : *io sono stato amato ; fui pregiato et sarò lodato ; tu sei reverito.* [J'ai été aimé ; je fus estimé et je serai loué ; tu es révéré.]

[58] Les Toscans ont une sorte de mode subjonctif aux formes spécifiques, non noté en latin, que je suis d'avis de nommer assévératif, comme par exemple : *sarei, saresti, sarebbe. Pluraliter* : *saremo, saresti, sarebbero.* On dira donc ainsi : *s' tu fussi dotto, saresti pregiato ; se fussero amatori della patria, è sarebbero piú felici.* [si tu étais savant, tu serais estimé. S'ils avaient de l'amour pour leur patrie, ils seraient plus heureux.]

[59] Suivent les verbes actifs.

Les conjugaisons des verbes actifs en langue toscane se forment à partir du gérondif latin, en ôtant les trois dernières lettres *-ndo :* ce qui reste devient la troisième personne du singulier de l'indicatif présent. Voici un exemple : *amando ;* ôte *-ndo,* reste *ama ; scrivendo ;* reste *scrive.* Il y a donc deux conjugaisons : l'une qui finit en *-a,* l'autre qui finit en *-e.* Dans la conjugaison en *-a,* en changeant ce *a* en *o,* on obtient la première personne du singulier de l'indicatif présent ; et en le changeant en *-i,* la seconde ; et on forme ainsi tout le verbe suivant le modèle que tu vas voir exposé ci-après :

[60] Indicatif

Amo, ami, ama ; pluriel : *amiamo, amate, amano.*
Amavo, amavi, amava ; pluriel : *amavamo, amavate, amavano.*
<*Amai, amasti, amò* ; pluriel : *amamo, amasti, amarono*>.
Ho, hai, ha amato ; pluriel : *habbiamo, havete, hanno amato.*
Amerò, amerai, amerà ; pluriel : *ameremo, amerete, ameranno.*

[54] Infinito : *Essere* ; *essere stato.*

[55] Gerundio : *Essendo.*

[56] Participio : *Essente.*

[57] Dirassi adonque, per dimostrare ė̀l passivo : *io sono stato amato* ; *fui pregiato* e *sarò lodato* ; *tu sei reverito.*

[58] Hanno ė̀ Toscani certo modo subienctivo in voce, non notato da ė̀ Latini ; e parmi da nominarlo asseverativo, come questo : *sarei, saresti, sarebbe* ; pluraliter : *saremo, saresti, sarebbero.* E dirassi cosí : *s'tu fussi docto, saresti pregiato* ; *se fussero amatori de la patria, ė̀ sarebbero piú felici.*

[59] Sequitano ė̀ verbi activi

Le congiugationi de' verbi activi in lingua toscana si formano dal gerundio latino, levatone le ultime tre lettere : *-ndo* ; e quel che resta si fa terza persona singulare indicativa e presente. Ecco l'exemplo : *amando.* Levane *-ndo* : resta *ama* ; *scrivendo* : resta *scrive.* Sono adonque due congiugationi, una che finisce in *-a*, l'altra[22] finisce in *-e.* Alla congiugatione in *-a*, quello *a* si muta in *o*, et fassi la prima persona singulare indicativa e presente ; et mutasi in *i*, e fassi la seconda ; e cosí si forma tutto il verbo ; come vedrai la similitudine qui in questo exposto.

[60] Indicativo

Amo, ami, ama ; plurale : *amiamo, amate, amano.*
Amavo, amavi, amava ; plurale : *amavamo, amavate, amavano.*
<*Amai, amasti, amò* ; plurale : *amamo, amasti, amarono.*>
Ho, hai, ha amato ; plurale : *habbiamo, havete, hanno amato.*
Amerò, amerai, amerà ; plurale : *ameremo, amerete, ameranno.*

22. *Ms.* : laltra.

[61] Dans cette langue, chaque verbe finit en *-o* à la première personne de l'indicatif présent, et dans cette première conjugaison, finit également en *-o* la troisième personne du singulier de l'indicatif prétérit. Mais il y a une différence : la forme du prétérit a un *-o* long, celle du présent un *-o* bref.

[62] Impératif

Ama tu, ami lui ; pluriel : *amiamo, amate, amino.*
Amerai tu, amerà colui ; pluriel : *ameremo* etc .

[63] Optatif

Dio ch'io amassi, tu amassi, lui amasse ; pluriel : *Dio che noi amassimo, voi amassi, loro amassero.*
Dio ch'io habbia, tu habbi, lui habbia amato ; pluriel : *Dio che noi habbiamo, habbiate, habbino amato.*
Dio ch'io havessi, tu havessi, lui havesse amato ; pluriel : *Dio che noi havessimo, havessi, havessero amato.*
Dio ch'io, tu, lui ami ; pluriel : *amiamo, amiate, amino.*

[64] Subjonctif

Bench'io, tu, lui ami ; pluriel : *amiamo, amiate, amino.*
Bench'io, tu amassi, lui amasse ; pluriel : *amassino, amassi, <amasse>ro.*
Bench'io habbia, habbi, habbia amato ; pluriel : *habbiamo, habbiate, habbino amato.*
Bench'io havessi, tu havessi, lui havesse amato ; pluriel : *havessimo, havessi, havessero amato.*
Bench'io harò, harai, harà amato ; pluriel : *haremo, harete, haranno amato.*

[65] Assertif
Amerei, ameresti, amerebbe ; pluriel : *ameremo, ameresti, amerebbero*

[66] Infinitif : *amare, havere amato.*

[67] Gérondif : *amando.*

[68] Participe : *amante.*

[61] In questa lingua ogni verbo finisce in *-o* la prima indicativa presente et, in questa coniugatione prima, finisce anchora in *-o* la terza singulare indicativa del preterito. Ma ecci differentia, che quella del preterito fa èl suo *ó* longo, e quella del presente lo fa *ŏ* brieve.

[62] Imperativo

Ama tu, ami lui ; plurale : *amiamo, amate, amino.*
Amerai tu, amerà cholui ; plurale : *ameremo*, etc.

[63] Optativo

Dio ch'io amassi, tu amassi, lui amasse ; plurale : *Dio che noi amassimo, voi amassi, loro amassero.*
Dio ch'io habbia, tu habbi, lui habbia amato ; plurale : *Dio che noi habbiamo, habbiate, habbino amato.*
Dio ch'io havessi, tu havessi, lui havesse amato ; plurale : *Dio che noi havessimo, havessi, havessero amato.*
Dio ch'io ami, tu < ami >, lui ami ; plurale : *amiamo, amiate, amino.*

[64] Subienctivo

Bench'io, tu, lui ami ; plurale : *amiamo, amiate, amino.*
Bench'io, tu amassi, lui amasse ; plurale : *amassimo, amassi, < amasse > ro.*
Bench'io habbia, habbi, habbia amato ; plurale : *habbiamo, habbiate, habbino amato.*
Bench'io havessi, tu havessi, lui havesse amato ; plurale : *havessimo, havessi, havessero amato.*
Bench'io harò, harai, harà amato ; plurale : *haremo, harete, haranno amato.*

[65] Assertivo

Amerei, ameresti, amerebbe ; plurale : *ameremo, ameresti, amerebbero.*

[66] Infinito : *amare, havere amato.*

[67] Gerundio : *amando.*

[68] Participio : *amante.*

[69] Tu vois que les temps de parfait immédiat et le futur du subjonctif manquent de formes propres, c'est pourquoi on les a composés comme les verbes passifs : le participe avec le temps et les formes du verbe *ho, hai, ha.* Ce verbe, bien qu'il soit de la conjugaison en *-a,* ne suit pourtant pas la règle à l'instar des autres, car c'est un verbe d'une seule syllabe ; et tous les verbes monosyllabiques sont ainsi irréguliers.

[70] Dans toute la langue toscane, tu ne trouveras pas d'autres verbes monosyllabiques que les six que voici : *Do, Fo, Ho, Vo, Sto, Tro.* Nous les donnerons donc séparément ci-dessous. Mais pour être concis, notons qu'ils sont tous différents au prétérit parfait de l'indicatif et, au singulier, à l'impératif et à l'optatif futur, où ils font comme suit :

Do : diedi, desti, dette ; pluriel : *demo, desti, dettero.*
Fo : feci, facesti, fece ; pluriel : *facemo, facesti, fecero.*
Ho : ebbi, avesti, ebbe ; pluriel : *avemo, avesti, ebbero.*
Vo : andai, andasti, andò ; pluriel : *andamo, andasti, andarono.*
Sto : stetti, stesti, stette ; pluriel : *stemo, stesti, stettero.*
Tro : tretti, traesti, trette ; pluriel : *traĕmo, traĕsti, trettero.*

[71] Pour tous les verbes, au prétérit, la deuxième personne du pluriel fait comme la deuxième du singulier (ainsi : *amasti, desti, leggesti*).

[72] *Do : da tu, dia lui.*

Fo : fa tu, faccia lui.
Ho : abbi tu, abbia lui.
Vo : va tu, vada lui.
Sto : sta tu, stia lui.
Tro : tra tu, tria lui.

[73] *Do : Dio ch'io dia, tu dia, lui dia.*

Fo : faccia, facci, faccia.
Ho : abbia, abbi, abbia.
Vo : vada, vadi, vada.
Sto : stia, stii, stia.
Tro : tragga, trag^{h}g^{h}i, tragga.

[69] Vedi come a è tempi testé[23] perfetti et al futuro del subienctivo manchano sue proprie voci. E per questo si composero simile a' verbi passivi : èl suo participio cho' tempi e voci di questo verbo : *ho, hai, ha.* Qual verbo, benché è sia della coniugatione in *a,* pur non sequita la regola a similitudine de gli altri :[24] però[25] che egli è verbo d'una sillaba. E cosí tutti è monosyllabi sono anormali.

[70] Nè[26] troverrai in tutta la lingua toscana verbi monosyllabi altri che questi sei : *Do, Fo, Ho, Vo, Sto, Tro.* Porremogli adonque qui sotto distincti. Ma, per esser breve, not< i >amo che è sono insieme dissimili nè è preteriti perfecti indicativi et nè singulari degli imperativi e nel singulare del futuro optativo. Nè quali è fanno cosí :

Do : *diedi, desti, dette* ; plurale : *demo, desti, dettero.*
Fo : *feci, facesti, fece* ; plurale : *facemo, facesti, fecero.*
Ho : *hebbi, havesti, hebbe* ;[27] plurale : *havemo, havesti, hebbero.*
Vo : *andai, andasti, andò* ; plurale : *andamo, andasti, andarono.*
Sto : *stetti, stesti, stette* ; plurale : *stemo, stesti, stettero.*
Tro : *tretti, traesti, trette* ; plurale : *traèmo, traèsti, trettero.*

[71] In tutti e' verbi, come fa la seconda persona singulare del preterito, cosí fa la seconda sua plurale (come *amasti, desti, legesti*).

[72] Do : *da tu, dia lui.*

Fo : *fa tu, faccia lui.*
Ho : *habbi tu, habbia lui.*
Vo : *va tu, vada lui.*
Sto : *sta tu, stia lui.*
Tro : *tra tu, tria lui.*

[73] Do : *Dio ch'io dia, tu dia, lui dia.*

Fo : *faccia, facci, faccia.*
Ho : *habbia, habbi, habbia.*
Vo : *vada,*[28] *vadi, vada.*[29]
Sto : *stia, stii, stia.*
Tro : *tragga, trag*^{h}*g*^{h}*i, tragga.*

23. *Ms. :* teste. 24. *Ms. :* glialtri. 25. *Ms. :* pero. 26. *P :* Né. *Cfr. Blasco Ferrer : 1998, p. 384, n. 7.* 27. *Ms. :* habbe, *corr. in* hebbe. 28. *Con* v *nel ms.* 29. *Con* v *nel ms.*

[74] Suit la conjugaison en *-e.*

Cette conjugaison se forme comme celle en *-a.* En changeant le *-e* en *-o,* on obtient la première personne du présent de l'indicatif. En le changeant en *-i,* on obtient la seconde, comme ici : *leggente* et *scrivente,* une fois ôté *-nte,* reste *legge, scrive :* d'où on obtient *leggo, leggi, leggeva, leggerò,* etc. Elle ne diffère de la conjugaison en *-a* que là où diffèrent les monosyllabes. Mais cette conjugaison en *-e* présente plusieurs différences, bien qu'elle fasse communément le prétérit parfait de l'indicatif en *-ssi,* avec deux *s* comme *leggo, lessi ; scrivo, scrissi.* Mais les verbes qui finissent en *-sco* font le prétérit en *-ii,* avec deux *i,* comme *esco, uscii ; ardisco, ardii* ; *anig*[h]*ittisco, anig*[h]*ittii* (mais dans la langue toscane, pour plus de douceur, on ne prononce pas deux voyelles identiques qui se suivent). Parmi ces verbes, font exception *cresco* et ses composés *rincresco, accresco* etc., qui au prétérit parfait finissent en *-bbi,* comme *crebbi, rincrebbi. Item nasco* fait *nacqui* et *conosco, conobbi.* Et les verbes qui finissent en *-mo* font le prétérit en *-etti,* comme *premo, premetti* et ceux qui finissent en *-do* font le prétérit en *-si,* avec un seul *s* comme *ardo, arsi ; spargo, sparsi ;* sauf *vedo* (qui fait *vidi*), *odo* (*udi*), *cado* (*caddi*), *godo* (*godei* et *godetti*). Et ceux qui finissent en *-ndo* font au prétérit *-si,* avec un seul *s : prendo, presi ; rispondo, risposi ;* sauf *vendo* (qui fait *vendei* et *vendetti*). À ces règles, il y a peut-être d'autres exceptions, mais pour l'instant contentons-nous de ce début d'une si grande chose. Celui quel qu'il soit, à qui il plaira d'illustrer notre patrie, ajoutera ici ce qui y manquerait.

[75] Nous avons parlé des prétérits. Reste à parler des autres temps.

[76] Impératif

Leggi tu, legga cholui.

[77] Optatif

Futur singulier : *Dio ch'io scriva, tu scriva, lui scriva.* Et de même tous les verbes.

[74] Sequita la coniugatione in *-e*

Questa si forma simile alla coniugatione in *a* : mutasi quello *e* in *o*, e fassi la prima presente indicativa ; mutasi in *i*, e fassi la seconda, come qui : *leggente* et *scrivente* ; levatone *-nte*, resta *legge, scrive* ; onde si fa : *leggo, leggi, leggeva, leggerò*, etc. Solo varia dalla coniugatione in *a* in que' luog[h]i dove variano è monosyllabi. Ma questa coniugatione in *e* varia in piú modi, benché comune faccia è preteriti perfetti indicativi in *-ssi* per due *ss*, come *leggo, lessi* ; *scrivo, scrissi*. Ma que' verbi che finischono in *-sco*, fanno è preteriti in *-ii* per due *ii*, come *esco, uscii* ; *ardisco, ardii* ; *anig[h]ittisco, anig[h]ittii* (ma, per piú suavità,[30] nella lingua toscana non si pronuntiano due iuncte vocali). Da questi verbi si exceptuano *cresco* e è suoi compositi : *rincresco, accresco* e simili, quali finiscono a' preteriti perfetti in *-bbi*, come *crebbi, rincrebbi*. *Item, nasco* fa *nacqui*, e *conosco* fa *conobbi*. Et que' verbi che finiscono in *-mo*, fanno e preteriti in *-etti*, come *premo, premetti* ; e quei che finiscono in *-do*, fanno è preteriti in *-si*, per uno *s*, come *ardo, arsi* ; *spargo, sparsi*, excetto *vedo* (fa *vidi*), *odo* (*udi*), *cado* (*caddi*), *godo* (*godei* e *godetti*). Et quegli che finiscono in *-ndo* fanno < è > preteriti < in > *-si*, per uno *s* : *prendo, presi* ; *rispondo, risposi* ; excetto *vendo* (fa *vendei* e *vendetti*). Sonci di queste regole forse altre excettioni, ma per hora basti questo principio di tanta cosa. Chi che sia, a cui diletterà[31] ornare la patria nostra, aggiugnerà[32] qui quello che ci manchi.

[75] Dicemo de' preteriti, resta a dire de gli altri .

[76] Imperativo

Leggi tu, legga cholui.

[77] Optativo

Futuro singulare : *Dio ch'io scriva, tu scriva, lui scriva* ; e chosí fanno tutti.

30. *Ms.* : suavita. 31. *Ms.* : dillettera. 32. *Ms.* : aggiugnera.

[78] Les impersonnels se forment à partir de la troisième personne du verbe actif, à tous les temps et modes, en y ajoutant *-si,* comme *amasi, leggevasi, scrivasi.* Mais ce *si* vient se placer d'habitude devant le verbe, accompagné de *e'* ; on dit donc : *ẻ si legge, e si corre* ; et surtout à l'optatif et au subjonctif, il est toujours antéposé ; on dit donc : *Dio che ẻ s'ami, quando ẻ si leggerà,* etc.

[79] Suivent les prépositions

Parmi les prépositions, certaines n'entrent pas en composition ; les voici : *oltre, sino, dietro, doppo, presso, verso, 'nanzi, fuori, circa.* Les prépositions qui entrent en composition et qui s'emploient aussi séparément, sont d'une ou plusieurs syllabes. N'ont qu'une syllabe :

De	*de' nostri*	*detractori.*
Ad	*ad altri*	*admiratori.*
Con	*con certi*	*conservatori.*
Per	*per tutti*	*pertinace.*
Di	*di tanti*	*diminuti.*
In	*in casa*	*importati.*

[80] *Di* placé devant l'infinitif a à peu près le sens de *ut* en latin. On dit donc : *Io mi sforzo d'esser amato.* [Je m'efforce d'être aimé.]

[81] Voici les prépositions de plusieurs syllabes :

Sotto		*Sottoposto*
Sopra	et on dit :	*Sopraposto*
Entro		*Entromesso*
Contro		*Contraposto*

[82] Prépositions s'employant seulement en composition : *re, sub, ob, se, am, tras, ab, dis, ex, pre, circum ;* d'où l'on dit : *trasposi* et *circumspetto.*

[83] Suivent les adverbes

Pour le temps, on dit : *hoggi, testé, hora, hieri, crai, tardi, homai, già, alhora, prima, poi, mai, sempre, presto, subito.*

[78] Verbi impersonali si formano della terza persona del verbo activo, in tutti é modi e tempi, giuntovi *si*, come *amasi, leggevasi, scrivasi.* Ma questo si suole trasporlo inanzi[33] al verbo, giuntovi *e*, e dicesi : *è si legge*, *e si corre* : et, maxime ne l'optativo[34] e subienctivo, sempre si prepone, e dicesi : *Dio che è s'ami,*[35] *quando è si leggerà*, e simile.

[79] Sequitano le prepositioni

Di queste, alchune non caggiono in compositione, e sono queste : *oltre, sino, dietro, doppo, presso, verso, 'nanzi, fuori, circa.* Prepositioni che caggiono in compositione et anchora s'adoperano seiuncte sono di una syllaba o di piú. D'una syllaba sono queste :

De	*de' nostri*	*detractori.*
Ad	*ad altri*	*admiratori.*
Con	*con certi*	*conservatori.*
Per	*per tutti*	*pertinace.*
Di	*di tanti*	*diminuti.*
In	*in casa*	*importati.*

[80] *Di*, preposto allo infinito, ha significato quasi come a' Latini *ut*, e dicono : *Io mi sforzo d'esser amato.*

[81] Quelle de piú syllabe sono queste :

Sotto		*Sottoposto*
Sopra	e dicesi	*Sopraposto*
Entro		*Entromesso*
Contro		*Contraposto*

[82] Prepositioni quale s'adoperano solo in compositione : *re, sub, ob, se, am, tras, ab, dis, ex, pre, circum*, onde si dice : *trasposi* e *circumspetto.*

[83] Sequitano gli adverbii

Per é tempi, si dice : *hoggi, testé, hora, hieri, crai, tardi, homai, già,*[36] *alhora, prima, poi, mai, sempre, presto, subito.*

33. *Ms.* : in anzi. 34. *Ms.* : loptatiuo. 35. *Ms.* : sami. 36. *Ms.* : gia.

Pour le lieu, on dit : *costí, colà, altrove, indi, entro, fuori, circa, quinci, costinci,* et *qui* et *ci,* et *ivi* et *vi.* D'où l'on dit : *io voglio starci, io ci starò,* pour *qui,* et *verrovvi* et *io vi starò,* pour *ivi.*
Pour les choses, on dit : *assai, molto, poco, piú, meno.*
Pour nier, on dit : *nulla, no, niente, nè.*
Pour affirmer, on dit : *si, anzi, certo, alla fé.*
Pour interroger, on dit : *perché, onde, quando, come, quanto.*
Pour douter, <on dit :> *forse.*
Pour narrer, on dit : *insieme, pari, come, quasi, cosí, bene, male, peggio, meglio, optime, pexime, tale, tanto.*

[84] La langue toscane utilise ces adverbes à la place des noms en leur adjoignant l'article, et dit : *èl bene, del bene,* etc. ; elle fait de même également avec les infinitifs, et l'on dit : *èl legere, del legere.* Mais devant plusieurs noms, pronoms ou infinitifs groupés ensemble, elle n'utilise pas plus d'un article placé au début de la séquence ; on dit donc : *èl tuo buono amare mi piace.* [ton bon amour me plaît.]

[85] *Item,* à l'instar de la langue française, le toscan prend les adjectifs singuliers au féminin, y ajoute *-mente* et les utilise comme adverbes, tels *saviamente, bellamente, magramente.*

[86] Interjections
Ce sont : *heu, hei, ha, o, hau, ma, do.*

[87] Conjonctions
Ce sont : *mentre, perché, senza, sé, però, benché, certo, adonque, ancora, ma, come, et, nè, o.*

[88] *Et* réunit, *nè* disjoint, *o* sépare ; *senza* se construit seulement avec les noms et les infinitifs. On dit ainsi : *senza piú scrivere* ; *tu et io studieremo ; che nè lui, nè lei siano indocti ; ó piaccia ó dispaccia questa mia inventione* [sans plus écrire ; toi et moi, nous étudierons ; que ni lui ni elle ne soient ignorants ; que mon invention plaise ou non].

[89] Ce *ne* a différents sens et divers usages. Placé simplement devant les noms, les verbes, les pronoms, il exprime une négation, comme ici : *nè tu nè io meritiamo invidia.* [ni toi ni moi ne méritons l'envie.] Il signifie aussi *in* ; mais en lui ajoutant un *-l,* il sert aux masculins et féminins singuliers ; et sans *-l,* il sert aux pluriels

Per è luoghi, si dice : *costí, colà,*[37] *altrove, indi, entro, fuori, circa, quinci, costinci,* e *qui* e *ci* e *ivi* e *vi,* onde si dice : *io voglio starci, io ci starò* pro *qui* et *verrovvi* e *io vi starò* pro *ivi.*
Pelle chose, si dice : *assai, molto, poco, piú, meno.*
Negando, si dice : *nulla, no, niente, nè.*
Affirmando, si dice : *si, anzi, certo, alla fé.*[38]
Domandando, si dice : *perché, onde, quando, come, quanto.*
Dubitando, <si dice :> *forse.*
Narrando, si dice : *insieme, pari, come, quasi, cosí, bene, male, peggio, meglio, optime, pexime, tale, tanto.*

[84] Usa la lingua toscana questi adverbii in luogo di nomi giuntovi l'articolo,[39] e dice : *èl bene, del bene,* etc. Qual cosa ella anchora fa degli infiniti, e dicono : *èl legere, del legere.* Ma a piú nomi, pronomi e infiniti giunti insieme, solo in principio della loro coniunctione usa preporre non piú che uno articolo, e dicesi : *èl tuo buono amare mi piace.*

[85] *Item,* a similitudine della lingua gallica, piglia èl toscano è nomi singulari feminini adiectivi et agiungevi *-mente,* e usagli pro adverbii, come *saviamente, bellamente, magramente.*

[86] Interiectioni
Sono queste : *heu, hei, ha, o, hau, ma, do.*

[87] Coniunctioni
Sono queste : *mentre, perché, senza, sè, però, benché, certo, adonque, anchora, ma, come, et, nè, o.*

[88] *Et* congiunge ; *nè* disiunge ; *o* divide ; *senza* si lega solo a' nomi et agli infiniti, e dicesi : *senza piú scrivere* ; *tu et io studieremo* ; *che nè lui, nè lei siano indocti* ; *ó piaccia ó dispiaccia questa mia inventione.*

[89] Et questo *ne* ha vario significato e vario uso : se si prepone simplice a' nomi, a' verbi, a' pronomi, significa negatione, come qui : *nè tu nè io meritiamo invidia.* Et significa *in* ; ma, agiuntovi *l,* serve a' singulari masculini e femminini, e, senza

37. *Ms. :* cola. 38. *Ms. :* fe. 39. *Ms. :* larticolo.

qui commencent par une consonne. Pour tous les autres pluriels, masculins ou féminins, on dit *nel ;* et quand *s-* est suivi d'une consonne, on dit également : *nello spazo, nelle camere, ne' letti, nello exercito di Dario, negli horti* [sur l'esplanade, dans les chambres, dans les lits, dans l'armée de Darius, dans les potagers.] [90] Et si *ne* accompagne un nom ou un pronom, il a le sens de *di qui, di questo, di quello,* suivant la formule qui convient le mieux, comme lorsqu'on dit : *Cesare ne va, Pompeio ne viene.* [César s'en va, Pompée s'en vient.]
[91]Et si ce *ne* est placé après le verbe, il se trouvera soit après un monosyllabe soit après un verbe polysyllabique ; en outre, il exprime soit une interrogation, soit une affirmation, soit un précepte. [92] Après donc un indicatif monosyllabique, la forme interrogative s'écrit avec deux *n,* à la première et à la troisième personne, avec un seul n, à la deuxième. Quand on pose une question, on dit : *Vonne io ? vane tu ? vanne colui ?* À l'impératif, la deuxième personne s'écrit avec deux *n ;* on dit donc : *vanne, danne ;* la troisième s'écrit avec un seul *n* ; on dit donc : *diane lui, traggane.* Et ces monosyllabes, première personne de l'indicatif présent, à la forme affirmative s'écrivent avec deux *n ;* on dit donc : *fonne, vonne, honne.* Si le verbe est de plusieurs syllabes, les formes affirmative et interrogative s'écrivent avec un seul *n* à tous les temps, sauf au futur, où la forme affirmative s'écrit avec deux *n,* comme quand on dit : *Porterane tu ? porteronne.* Et ce qui a été dit jusqu'ici s'entend pour le singulier, car au pluriel, ce *ne* s'écrit toujours avec un seul *n* ; ainsi *andiamone.*

[93] Je ne m'étends pas sur les autres usages semblables. Qu'il suffise ici de saisir les principes pour examiner le reste.

[94] Les fautes de langage, en toute langue, sont lorsqu'on introduit de nouveaux noms pour les choses, ou qu'on emploie mal les noms usuels. Il y a mauvais emploi, quand personne et temps ne sont pas accordés, comme qui dirait : *Tu hieri andaremo alla mercati.* [Toi, hier, irons à la marchés.] Il y a mauvais emploi aussi quand on les utilise dans un autre sens, étranger, comme quand on dit : *processione* pour *possessione.* Les nouveaux noms qu'on introduit sont soit totalement étrangers et inconnus, soit en partie altérés.

l, serve a' plurali quali comincino da consonante. A tutti gli altri plurali masculini e femminini si dice *nel* ; et quando *s* sarà preposta alla consonante, pur si dice : *nello spazo, nelle camere, ne' letti, nello*[40] *exercito di Dario, negli horti.* [90] Et questo *ne*, se sarà subiuncto a nome o al pronome, significa *di qui, di questo, di quello,* secondo che l'altre[41] dictioni vi[42] si adatteranno, come chi dice : *Cesare ne va, Pompeio ne viene.* [91] Et questo *ne*, postposto al verbo,[43] sarà o doppo a' monosyllabi o doppo a quei di piú syllabe ; et piú, o significa interrogatione, o affirmatione, o precepto. [92] Adonque, doppo l'indicativo monosyllabo, la interrogatione si scrive, in la prima e terza persona, per due *nn*, la seconda per uno *n*, come interrogando si dice : *Vonne*[44] *io* ? *vane*[45] *tu* ? *vanne*[46] *colui* ? Nello imperativo, si scrive la seconda per due *nn*, e dicesi : *vanne,*[47] *danne.* La terza si scrive per uno, e dicesi : *diane lui, traggane.* Et questi monosyllabi, la prima indicativa presente, affirmando si scrive per due *nn*, e dicono : *fonne, vonne,*[48] *honne.* Se sarà ẻl verbo di piú syllabe, la interrogatione et affirmatione si scrive per uno *n* in tutti ẻ tempi, excetto la affirmatione in lo futuro, quale si scrive per due *nn*, come dicendo : *Porterane tu ? porteronne.* E questo sino qui detto s'intenda pẻr ẻ singulari, però che a' plurali si scrive quello *ne* sempre per uno *n*, come *andiamone.*

[93] Non mi stendo ne gli altri simili usi a questi. Basti quinci intendere ẻ principii d'investigare lo avanzo.

[94] E vitii del favellare, in ogni lingua, sono ó quando s'introducono alle cose nuovi nomi, ó quando gli usitati si adoperano male. Adoperanosi male discordando persone e tempi, come chi dicesse : *Tu hieri andaremo alla mercati.* Et adoperanosi male usandogli in altro significato alieno, come chi dice *processione* pro *possessione.* Introduconsi nuovi nomi o in tutto alieni et incogniti o in qualunque parte mutati.

40. *Ms.* : nel lo. 41. *Ms.* : laltre. 42. *Con* v *nel ms.* 43. *Con* v *nel ms.* 44. *Con* v *nel ms.* 45. *Con* v *nel ms.* 46. *Con* v *nel ms.* 47. *Con* v *nel ms.* 48. *Con* v *nel ms.*

[95] Sont étrangers en Toscane un certain nombre de noms barbares, laissés par des Germains qui ont guerroyé un certain temps en Italie, comme *helm, vlasc, saccman, bandier*, etc.

[96] Sont en partie altérés les noms auxquels on ajoute ou retranche une lettre, comme qui dirait *paire* pour *patre* et *maire* pour *matre* ; et les noms sont altérés si l'on disait : *replubica* pour *republica* ou *occusfato* pour *offuscato* ; et si l'on mettait une lettre pour une autre, comme qui dirait *aldisco* pour *ardisco, inimisi* pour *inimici.*

[97] La langue toscane s'applique beaucoup à être concise et alerte, et c'est pourquoi il n'est pas rare qu'elle tombe dans quelque nouvelle figure, qui sent la faute. Mais ces fautes dans certaines locutions et formulations rendent la langue plus souple, comme lorsqu'en abrégeant on dit *spirto* pour *spirito ;* et ce, surtout avec la voyelle finale : on dit *Papi* et *Zanobi* pour *Zanobio, credon far quel ben.* [Jacq, Jacquot ; ils croient faire ce bien.] D'où l'usage pour tous les infinitifs, quand ils sont suivis de quelque pronom en *-i,* de laisser alors tomber la dernière voyelle et de dire : *farti, amarvi, starci,* etc.

[98] Et, changeant les lettres, ils disent *mie* pour *mio* et *mia, chieggo* pour *chiedo, paio* pour *paro, inchiuso* pour *incluso, chiave* pour *clave.* Et ajoutant une lettre, on dit *vuole* pour *vole, schuola* pour *scola, cielo* pour *celo.* Et tronquant totalement les mots, on dit *vi* pour *quivi* et semblablement, *stievi* pour *stia ivi.*

[99] Si cet opuscule est aussi agréable à qui me lira que sa conception a été pour moi laborieuse, je serai ravi pour sûr de l'avoir publié, autant que je l'étais en examinant et en recueillant ces faits, à mon avis dignes et estimables. Dieu soit loué, nous avons désormais en notre langue les premiers principes de ce travail, auquel je doutais tout à fait de pouvoir suffire.

[100] Mes concitoyens, je vous en prie : si mes travaux ont cours auprès de vous, appréciez mon esprit avide d'honorer notre patrie, et veuillez, en même temps, me corriger plutôt que me blâmer, si quelque part vous voyez une erreur.

[95] Alieni sono, in Toscana, piú nomi barberi, lasciativi da gente germana, quale piú tempo militò in Italia, come : *helm, vlasc, saccman, bandier* e simili.

[96] In qualche parte mutati saranno quando alle dictioni s'agiugnerà[49] ó minuirà[50] qualche lettera, come chi dicesse *paire* pro *patre* e *maire* pro *matre.* Et mutati saranno come chi dicesse *replubica* pro *republica,* et *occusfato* pro *offuscato,* e quando si ponesse una lettera per un' altra, come chi dicesse *aldisco* pro *ardisco, inimisi* pro *inimici.*

[97] Molto studia la lingua toscana d'essere breve et expedita, e per questo scorre non raro in qualche nuova figura qual sente di vitio. Ma questi vitii, in alchune ditioni e prolationi, rendono la lingua piú apta, come chi, diminuendo, dice *spirto* pro *spirito,* et maxime l'ultima vocale, e dice *Papi* et *Zanobi* pro *Zanobio, credon far quel ben.* Onde s'usa che a tutti gl'infiniti,[51] quando loro segue alchuno pronome in *i,* allhora si getta l'ultima vochale, e dicesi : *farti, amarvi, starci,* etc.

[98] E, mutando lettere, dicono *mie* pro *mio* e *mia, chieggo* pro *chiedo, paio* pro *paro, inchiuso* pro *incluso, chiave* pro *clave.* Et, aggiugnendo, dice *vuole*[52] pro *vole, schuola* pro *scola, cielo* pro *celo* e, in tutto troncando le dictioni, dice *vi* pro *quivi,* e similiter *stievi* pro *stia ivi.*

[99] Si questo nostro opuscolo sarà tanto grato a chi mi leggerà quanto fu laborioso a me èl congettarlo, certo mi dilecterà haverlo promulgato, tanto quanto mi dilettava investigare e raccorre queste cose, a mio iuditio degne e da pregiarle. Laudo Dio che in la nostra lingua habbiamo homai è primi principii di quello ch'io al tutto mi disfidava potere assequire.

[100] Cittadini miei, pregovi : se presso di voi hanno luogo le mie fatighe, habbiate a grado questo animo mio, cupido di honorare la patria nostra ; et insieme, piacciavi emendarmi piú che biasimarmi, se in parte alchuna ci vedete errore.

49. *Ms. :* agiugnera. 50. *Ms. :* minuira. 51. *Ms. :* imfiniti. 52. *Con* v *nel ms.*

NOTES

à la

GRAMMATICHETTA

GRAMMAIRE

DE LA LANGUE TOSCANE

Nota Bene :
Les nombres en gras renvoient aux paragraphes du texte.

1 *La lingua latina... docti scolastici* : proposition infinitive à l'accusatif, trait essentiel de la syntaxe latinisante d'Alberti (cf. *Dardano : 1963a*, p. 402). La forme *è* pour l'article défini masculin pluriel est typique de l'usage florentin du XVe siècle (cf. *Patota :1996*, p. LVII-LVIII).

opuscholo : 'operetta' ('petit ouvrage'). Cf. *Grayson : 1964*, p. 76.

in quale : l'usage du pronom relatif variable *quale* sans l'article est un trait qui apparaît souvent dans la langue d'Alberti, en prose comme en vers (cf. *Dardano : 1963*, p. 349 ; *Patota : 1999*, p. 95). Autres exemples : *qual* aux §§ 40, 69, 84, 97 ; *quale* aux §§ 6, 49, 82, 92, 95 ; *quali* aux §§ 44, 46, 74, 89.

racolsi : pour la consonne vélaire simple, voir la « Notice philologique », p. LXXXVIII.

Qual cosa simile : calque du latin *aliquid simile*.

chiamorno : désinence de la troisième personne du pluriel de l'indicatif parfait des verbes de la première classe, typique de l'usage florentin du XVe siècle, comme l'autre en *-orono*, ici attestée dans *variorono*, au § 11 (cf. *Patota : 1996*, p. LXX).

ammonitioni : 'istruzioni' ('instructions'). Cf. *Grayson : 1964*, p. 74.

corruptela : 'impurità' ('impureté'). Cf. *Battaglia : 1961-*, *s.v.* « Corruttela » et *Rizzo : 1984*, p. 214 et p. 219-222.

suo nome : la construction provient de l'intention de reproduire l'ablatif latin sans préposition. Pour le possessif de la troisième personne du pluriel, ici comme ailleurs (par exemple *co' suoi articoli*, au § 7 ; *il suo plurale*, au § 36 ; *èl suo participio*, au § 69), à la place de *loro*, Alberti emploie *suo*, qui calque les fonctions du latin *suus* : cf. *Patota : 1997*, p. 77. Utilisée ici, la forme est également codifiée *infra* dans la grammaire, au § 39.

Grammatica : voir « Introduction », p. XVII-XXIV.

Questa arte... intenderetela : dislocation à gauche du « thème » (*cet art*) suivie d'une reprise par le pronom (vous *le* comprendrez) : construction typique de la langue parlée, attestée dans toute la tradition écrite de l'italien et surtout dans les textes de dialogue (cf. *D'Achille : 1990*, p. 91-203, en particulier les p. 194-203).

2 Sur la disposition des lettres et la valeur des signes spéciaux, voir « Introduction », p. XLIV-XLVI.

3 $_a$*e* désigne le *e* ouvert (et aussi, par conséquent, la conjonction de coordination, indiquée par l'intitulé *Coniunctio*) ; *ẻ* désigne le *e* fermé (et aussi, par conséquent, l'article défini masculin pluriel, indiqué par l'intitulé *Articulus*). Un signe à part (*e* avec un esprit rude) est réservé à la troisième personne du présent de *essere*, indiquée par l'intitulé *Verbum*.

El g^h*iro… el zembo* : *i.e.* « Il ghiro girò la schiena allo zio » : cf. *supra*, p. 2, n. 4.

4 *dictione* : ici comme au § 97, le terme semble signifier 'expression', 'locution' (cf. *D.E.I. : 1951*, *s.v.* « Dizione » et *Battaglia : 1961-*, *s.v.* « Dizione », 4). Dans la tradition grammaticale latine et médiolatine, *dictio* signifiait 'énoncé phonique', 'signifiant', 'séquence phonique porteuse de sens', équivalent du grec λέξις, et le mot semble avoir cette valeur aux §§ 96 et 98. En outre, il pouvait signifier 'mot' ; en cette acception le terme apparaît aux §§ 53 et 90 (cf. *Vineis : 1974*, p. 291 ; *Baratin-Desbordes : 1981*, p. 53-56 ; *Matthews : 1990*, p. 222, 236 et 292 ; *Baratin : 1989*, p. 193-194 ; *Baratin : 1989a*, p. 220 ; *Rosier : 1992*, p. 592).

5 *in lingua toscana* : sous l'influence évidente du modèle latin, l'article est souvent omis dans un complément introduit par une préposition. C'est le cas ici comme dans *in singulare* et *in plurale*, aux §§ 6 et suivants ; *in uso*, au § 41, etc. (cf. *Dardano : 1963*, p. 348) ; parfois, suivant la règle morphosyntaxique énoncée au § 27, l'article est omis également dans le groupe sujet (par exemple *Masculini… hanno articoli*, au § 9 ; *Nomi proprii… non hanno*, au § 12 ; *Proprii masculini… fanno cosí*, au § 13, etc.).

6 *Et ogni… e simili* : malgré cette affirmation, dans la pratique de l'écriture, Alberti adopte aussi le pluriel du XVe siècle en *-e*, comme dans *quale*, § 82 (cf. *Patota : 1996*, p. LV-LVII).

7 *si notano* : 'sont indiqués' ; même sens dans *notati*, au § 41 et *notato*, au § 58 (cf. *Grayson : 1964*, p. 76 et *Battaglia : 1961-*, *s.v.* « Notare », 2).

varii : 'différents' (cf. *Tommaseo-Bellini : 1865*, *s.v.* « Vario », § 1). Un autre exemple au § 32, *infra*.

Item : selon des habitudes répandues dans toutes les chancelleries italiennes (cf. *Scavuzzo : 1994*, p. 477-481), Alberti insère dans son texte des mots latins. Au § 83, les formes latines *optime* et *pexime* sont même glissées dans une longue liste d'adverbes toscans.

è : 'ils' (cf. *Patota : 1996*, p. LXXX) ; d'autres exemples aux §§ 7, 16, 27, 29, etc.

8 *Item... appellativi* : la distinction entre noms *proprii* et noms *appellativi* ('communs' : cf. *Sgroi : 1992*, p. 253) appartient à la tradition grammaticale grecque (cf. *Auroux : 1992a*, p. 586-587) et latine (cf. *Vineis : 1974*, p. 293).

10 *simile* : adjectif en fonction d'adverbe, comme *raro*, au § 28 ; *comune*, au § 74 ; *il somigliante*, au § 34 (cf. *Dardano : 1963*, p. 355).

11 *s- preposta a una consonante* : c'est le *s* dit *complicato* ('compliqué') ou *impuro* ('impur').

lo spedo : forme non diphtonguée, provenant d'une base gothique, différente de la base galloromane, continuée, elle, par la forme diphtonguée (cf. *Meyer-Lübke : 1972*, § 8163).

vedesti : il est impossible d'établir avec certitude si ce *vedesti*, comme les deux suivants (§§ 38 et 41), indique la deuxième personne du singulier ou du pluriel du parfait, qui, chez Alberti, se termine normalement en *-i*, tant dans l'usage que dans la codification normative (cf. *infra*, n. 70). Quand il s'adresse au lecteur, en effet, Alberti emploie tantôt le singulier (par exemple *Non troverrai*, au § 33 ; *Muta -o in -i, e harai èl plurale, e dirai*, au § 34) tantôt le pluriel (par exemple *leggietemi e intenderetela*, au § 1 ; *Cittadini miei, pregovi... habbiate a grado... piacciavi emendarmi... vedete errore*, au § 100).

èl primo... quarto : les articles des cas directs. *Anque* : 'anche' (et de même dans tout le texte ; cf. *supra*, « Notice philologique », p. LXXXVIII, n. 60).

12 *simili* : de la même façon. L'adjectif a une fonction prédicative, comme dans *Et simili... de' numeri*, au § 18 ; *si pronuntiano simili a è nomi proprii*, au § 19 ; *si pronuntiano simili a è proprii nomi*, au § 20 ; *quali s'osservano simili a queste*, au § 46.

14 *nulla... da' consonanti* : *nulla* est employé comme adverbe (cf. *Battaglia : 1961-*, *s.v.* « Nulla », 10) ; *da' consonanti* signifie 'des noms propres commençant par une consonne'.

al terzo : 'au troisième cas', c'est-à-dire au datif.

aggiugne : ici, comme dans *giugne*, aux §§ 45 et 47 ; *aggiugnerà*, au § 74 ; *agiugnerà*, au § 96 (qui alterne avec *agiungevi*, au § 85), à signaler la consonne nasale palatale longue, issue du groupe latin *-ng-* devant voyelle palatale, résultat normal en ancien florentin (cf. *Castellani : 1964*, p. 221).

18 *è nomi de' numeri* : les numéraux. Alberti inclut dans la catégorie des *pronoms* ce que la tradition grammaticale italienne a appelé par la suite pronoms personnels, adjectifs et pronoms démonstratifs (ces deux groupes sont qualifiés de pronoms *primitivi*), adjectifs et pronoms possessifs (appelés pronoms *derivativi*). De sorte que les numéraux, comme les indéfinis, les interrogatifs et les corrélatifs – qu'ils soient adjectifs ou pronoms – sont, eux, classés dans la catégorie des noms, comme dans les *Institutiones* de Priscien (cf. *ibid.*, I, p. 56- 62), et désignés par des périphrases. Les numéraux sont ainsi *nomi de' numeri* (§ 18) ; les indéfinis, *nomi che si referiscono a numeri non determinati* (§ 19) ; les interrogatifs, *nomi che importano seco interrogatione* o *interrogatorii* (§ 20) ; les indéfinis corrélatifs *tale* et *tanto*, *nomi che si rifferiscono a questi interrogatorii* (*ibid.*).

19 *senza... articolo* : *i.e.* dépourvus d'article aux cas directs (l'expression se retrouve au § 27).

20 *importano* : 'implicano' ('comportent', 'impliquent').

rifferiscono : pour la labiodentale longue, voir *supra*, « Notice philologique », p. LXXXVIII, n. 60.

tale e *tanto* e *cotale* e *cotanto* : appelés *correlativi degli interrogatorii* ; mais dans les exemples qui suivent immédiatement, le *quale* et le *qui* avec lesquels *tale* est en corrélation ont valeur de relatif, non d'interrogatif.

21 *circa a* : 'pour', 'à propos de'.

22 *quanto* : la même chose.

26 *apresso* : 'presso' ('chez'). Cf. *supra*, « Notice philologique », p. LXXXIV, n. 35.
scio : 'so' ('je sais'), mais il ne s'agit pas d'un latinisme (cf. *supra*, « Notice philologique », p. LXXXI, n. 29).

27 *dimostrano* : 'indicano' ('désignent', 'indiquent'), comme au § 42 : *dimostrano*, et au § 57 : *dimostrare*. De même, le *dimostratione*, qui suit (§§ 27 et 43) a le sens de 'désignation', 'deixis', dans l'acception technique codifiée par la terminologie grammaticale latine (cf. *Vineis : 1974*, p. 294) et médiolatine (cf. *Rosier : 1992*, p. 592).
egli : 'essi' (cf. *Patota : 1996*, p. LXXX).

28 *senza el primo articolo* : 'dépourvus d'article en fonction de sujet'.
fusti : à la deuxième personne de l'indicatif parfait du verbe *essere*, la forme *fusti* pour *fosti*, originaire des dialectes toscans occidentaux et méridionaux, apparaît pour la première fois à Florence dans le dernier quart du XIVe siècle et se répand au siècle suivant (cf. *Patota : 1996*, p. LXV-LXVI).

29 *Uno... vi si pone l'article* : anacoluthe.
dua : 'deux' (cf. *Patota : 1996*, p. LXII).

31 *convenientia* : 'somiglianza' ('ressemblance', 'point commun'). Cf. *Battaglia : 1961-*, *s.v.* « Convenienza », 1.
adonque : répandu dans presque tous les dialectes toscans médiévaux, le type *adonque*, *donque* apparaît dans le florentin des campagnes à partir du XVe siècle (cf. *Castellani : 1961-1965-1976*, p. 77-78 et nn.).
suggiungeremogli : *suggiungere* (part. *subiuncti*, au § 38 ; *subiuncto*, au § 90) signifie 'ajouter après' (cf. *Grayson : 1964*, p. 77).

32 *primitivi* : la distinction entre pronoms « primitivi » ('personnels') et « derivativi » ('possessifs' : cf. p. 48, n. au § 18) est déjà dans Priscien, *Institutiones*, II, p. 577, 6 : « species pronominum bipertita est. alia enim sunt primitiva, alia derivativa.

primitiva : ego, mei, tu, tui, sui. derivativa : meus, tuus, suus [...] ». Comme l'a observé *Vineis : 1974*, p. 294, « si palesa qui un'ulteriore concordanza terminologica fra l'Alberti e la tradizione grammaticale latina » (« se manifeste ici un autre accord terminologique entre Alberti et la tradition grammaticale latine »).

io, tu, esso... cholui : dans ce paragraphe et dans les suivants, jusqu'au 37, Alberti classe aussi, dans la catégorie des pronoms « primitivi », certains démonstratifs utilisables comme pronoms personnels de troisième personne, offrant ainsi un vaste choix de formes concurrentes : *esso, questo, quello, costui, lui, colui, è, questa, quella, essa, costei, lei, colei, questi, quelli, queste, quelle, costoro, loro, coloro,* etc. (cf. *Patota : 1996*, p. LXXXI).

io e tu... serve : dans la prose d'Alberti, on trouve fréquemment plusieurs sujets au singulier régissant un verbe au singulier, comme *sarà... simili,* au § 35 ; *Questo e quello serve,* au § 43 (cf. *Dardano : 1963*, p. 356). Le mot *voce,* ici comme ailleurs dans le texte (§§ 33, 37, 47, 49, 58, 69) signifie 'forme grammaticale autonome et distincte'.

33 *troverrai* : le futur en *-rr-*, avec extension analogique de la double consonne résultant de l'assimilation ou de la syncope dans des formes comme *vorrò, dimor(e)rò,* a eu une certaine diffusion dans la prose florentine du XVe siècle (cf. *Buck-Pfister : 1973*, p. 216).

34 *harai* : le futur du XVe siècle de *avere* (*arò, arai* au lieu de *avrò, avrai,* par amuissement du *v* entre sonantes) est indirectement codifié par le grammairien (cf. § 64) et normalement employé par l'écrivain (cf. *Patota : 1996*, p. LXIV).

37 *quella... masculini* : 'la même forme grammaticale que les masculins'.

38 *non hanno... quarto* : *i.e.* ils n'ont pas d'article aux cas directs.

si giungono : 'si connettono' ('sont joints', 'accompagnent'). Cf. *Battaglia : 1961-*, *s.v.* « Giungere », 1. Autres exemples : *si giungono,* au § 44 ; *giunti,* au § 84.

40 *qual... -e* : les structures latinisantes se succèdent ; ici la *coniunctio relativa,* fréquente dans la prose d'Alberti (cf. *Dardano : 1963*, p. 317), et le participe passé absolu (cf. *ibid.*, p. 333).

Converso a le sens de 'mutato', 'trasformato' (cf. *Battaglia : 1961-*, *s.v.* « Converso[1] », 6).

41 *s'adoprano... modo* : la consultation de la *Letteratura Zanichelli* fait apparaître que la forme syncopée *adoprare* est attestée en florentin littéraire à partir du XIVe siècle (exemples dans Boccace, *Filostrato* ; Pétrarque, *Canzoniere* ; Sacchetti, *Rime* et *Trecentonovelle*).

É derivativi... zio : Alberti généralise le phénomène de l'omission de l'article devant le possessif qui accompagne les noms de parenté. *Castellani Pollidori : 1966*, p. 67-72, souligne que, dans l'usage florentin du XVe siècle, cette règle n'était de rigueur qu'avec *padre* et *madre* ; avec les autres noms de parenté, le vrai florentin admettait également l'article, qui était la règle avec *figliuolo*. Par ailleurs, Alberti lui-même, dans les *Libri de familia*, n'applique pas systématiquement la règle énoncée dans la grammaire *De la langue toscane*.

chieggono : cette forme de présent en *-go-*, attestée dans les *Libri de familia* d'Alberti et dans le *Morgante* de Pulci, coexiste avec l'autre *cheggio*, normale chez Dante, Cino da Pistoia, Pétrarque, Boccace, Sacchetti, Politien (cf. *Letteratura Zanichelli* et *Rohlfs : 1968*, § 535).

io mi sto : 'io sto'. La lexicalisation du pronom proclitique devant le verbe *stare* est fréquente en italien littéraire dès les origines (cf. *Brambilla Ageno : 1964*, p. 137 ; *Vignuzzi : 1976*, p. 412-413).

se a quel verbo... scrivetemi : Alberti saisit parfaitement le comportement des pronoms personnels objet décrit par la loi Tobler-Mussafia, encore en vigueur dans sa prose : la position proclitique de la forme atone ou l'usage de la forme tonique en présence d'un nom ou d'un pronom sujet qui précède le verbe, et empêche toute pause prosodico-syntaxique ; la position enclitique de la forme atone en absence d'un nom ou d'un pronom sujet devant le verbe, donc en condition de pause (cf. *Patota : 1984*, p. 180-181, n. 20 et p. 244-246).

45 *corsono* : dans les parfaits dits forts, la désinence *-ono*, reconstruite par analogie sur celle de la troisième personne du singulier de l'indicatif présent, coexiste, déjà dans le florentin du XIVe siècle, avec la désinence étymologique *-ero* (cf. *Nencioni : 1953-1954* et, pour un tableau récapitulatif, *Manni : 1994*, p. 316).

46 *vi, postposto... adoperrocci* : est signalée ici, pour l'enclitique *vi* (et, dans un exemple, également pour l'enclitique *ci*), la tendance à exprimer graphiquement le redoublement phonosyntaxique (cf. *Serianni : 1988*, I 67).

47 *participio preterito passivo* : c'est le participe passé italien (cf. *Patota : 1996*, p. XL).

48 *sete* : forme florentine du XVe siècle privilégiée par le grammairien et par l'écrivain (cf. *Patota : 1996*, p. LXIII).

Ero... savate : pour la première personne de l'imparfait de l'indicatif, des deux formes concurrentes dans l'usage florentin du XVe siècle – celle traditionnelle en *-a* et celle moderne en *-o*, qui commence à se répandre dans les premières décennies du siècle, c'est la première qui est codifiée (ici et au § 60, consacré aux formes de l'indicatif des verbes de la première conjugaison), mais c'est la deuxième qui est employée (*disfidava*, au § 99 ; cf. *Patota : 1996*, p. LXVII-LXVIII). Aux première et deuxième personnes du pluriel, « coexistent les archaïsmes-démotismes *savamo*, *savate* et les formes standard *eravamo*, *eravate* » (*Nencioni : 1953-1954*, p. 145 ; sur l'usage de ces formes au XVe siècle à Florence, voir aussi *Folena : 1953*, p. 370).

fumo : première personne du pluriel du parfait de l'indicatif avec une désinence à un seul *m*, typique du florentin du XVe siècle, comme dans *demo*, *facemo*, *havemo*, *andamo*, *stemo*, *traèmo*, au § 70 ; *dicemo*, au § 75 (cf. *Patota : 1996*, p. LXIX).

fusti : à la deuxième personne du pluriel du parfait de l'indicatif, de l'imparfait du subjonctif et du conditionnel, Alberti adopte et codifie la terminaison en *-i*, reconstruite par analogie sur la désinence de la deuxième personne du singulier, entrée dans l'usage florentin dans la première moitié du XIVe siècle et qui s'est définitivement consolidée au début du siècle suivant : voir *desti*, aux §§ 70 et 71 ; *facesti*, *havesti*, *andasti*, *stesti*, *traèsti*, au § 70 ; *amasti* et *legesti*, au § 71 ; *amassi*, aux §§ 63 et 64 ; *havessi*, au § 63, *ameresti*, au § 65, ainsi que les indications du § 71 (cf. aussi *Patota : 1996*, p. LXXVI-LXXVII).

49 *preterito quasi testé* : c'est le passé composé (*prossimo*, 'proche') de l'italien (cf. *Pfister : 1991*, p. 338 ; *Sgroi : 1992*, p. 256).

50 *Sie* : forme subjonctive d'impératif propre à l'ancien italien (cf. *Rohlfs : 1968*, § 609 et *infra*, p. 53, § 51, n. *ssi*).

51 *Dio ch'io... fussi* : le type *fussi*, provenant des dialectes toscans occidentaux, remplace dans le florentin du XVe siècle de manière presque systématique le type plus ancien *fossi* (cf. *Patota : 1996*, p. LXV et p. LXXVII) ; pour la deuxième personne du pluriel du subjonctif imparfait en *-i*, voir *supra*, p. 52, § 48, n. *fusti*.

sii : la désinence *-i* pour la deuxième personne du subjonctif présent des verbes des classes autres que la première (dont celle de *essere*) appartient à une phase intermédiaire (fin du XIIIe-début du XIVe siècle) entre la phase ancienne (XIIIe siècle), où domine la terminaison *-e* (prescrite, comme on l'a vu, dans la conjugaison de l'impératif), et celle, moderne, des XIVe-XVe siècles, où se répand le type en *-a* (cf. *Castellani : 1952*, p. 68-72). Dans la grammaire *De la langue toscane*, Alberti codifie généralement cette forme intermédiaire *sii* (§§ 51 et 52), mais dans un cas (§ 52) prescrit implicitement la forme moderne *sia*, à moins que la coïncidence entre les formes des première, deuxième et troisième personnes ne soit due au copiste. Il est vrai que, dans les *Livres de la famille*, il emploie exclusivement le type *sia* (II 1123, 1225, 2403 ; III 1771, 2275, 2995, 3079, 3141, 3206), mais aussi, inversement, que dans la grammaire *De la langue toscane*, pour tous les verbes appartenant aux classes autres que la première, il prescrit la désinence *-i* de la deuxième personne du subjonctif : par exemple *habbi* aux §§ 63 et 64 ; voir aussi la deuxième personne du subjonctif des « verbes monosyllabiques », au § 73.

52 *Subienctivo* : 'subjonctif' (cf. *Sgroi : 1992*, p. 257).

53 *bench'io fui* : l'usage de l'indicatif au lieu du subjonctif après la conjonction concessive *benché* est bien attesté en ancien italien (cf. *Serianni : 1988*, XIV 174). En interrogeant la *Letteratura Zanichelli* et en limitant l'enquête aux textes florentins du XIVe siècle, on trouve des exemples dans la *Cronica* de Dino Compagni, dans les *Trionfi* de Pétrarque, dans le *Filostrato*, le *Ninfale fiesolano* et le *Décaméron* de Boccace, dans les *Trecentonovelle* de Sacchetti. C'est une habitude assez répandue dans l'usage florentin du XVe siècle (exemples chez Alberti, Pulci, Politien, Lapo Sirigatti : cf. *Ghinassi : 1957*, p. 66 et *Bec : 1969*, p. 38).

58 *asseverativo* : c'est le conditionnel italien. Le terme est remplacé par *assertivo* au § 65, dans la présentation du paradigme des verbes de la première classe. Le qualificatif s'explique, probablement, par le caractère d'affirmation indiscutable reconnu à la conséquence dans la proposition hypothétique (cf. *Forcellini : 1965, s.v.* « Assero » : « Asserere ponitur pro aliquid tamquam verum affirmare, verum esse contendere, ideoque dicere, affirmare » ; *s.v.* « Assevero » : « Speciatim in agendo et loquendo est constanter serioque agere et affirmare, eique *jocari* opponitur » ; ainsi que *Thesaurus : 1900-, s.v.* « Adsero (assero) » : « affirmare, confirmare, dicere, explicare, explicando, probando affirmare sive defendere » ; *s.v.* « Adseverare (asseverare) » : « affirmare cum severitate vel cum severitatis specie, plerumque in sermone ». La reconnaissance du conditionnel comme forme spécifique du *volgare*, la définition de son domaine sémantique et de ses fonctions, le choix d'un nom pour le désigner ont beaucoup intéressé plusieurs grammairiens italiens du XVIe siècle. Certains, conservant un lien plus étroit avec la tradition grammaticale de l'Antiquité, ont placé le conditionnel dans la même aire sémantico-fonctionnelle que le subjonctif ; d'autres – suivant, en Italie, Rinaldo Corso – l'ont considéré comme un mode distinct et autonome (cf. *Petrilli : 1986, Petrilli : 1991*). Il n'est pas facile d'établir de laquelle de ces deux tendances Alberti a été le précurseur. D'un côté, il parle d'« un certain mode subjonctif », semblant anticiper la première ; de l'autre, il reconnaît l'autononomie morphologique (« in voce ») de ce mode, lui attribue un nom et une place spécifique dans le cadre de la conjugaison, et semble anticiper la deuxième.

saremo : la quatrième personne du conditionnel avec une désinence à un seul *m* (certainement due à l'influence de la forme analogue du parfait de l'indicatif, pour laquelle voir p. 52, § 48, n. *fumo*), codifiée non seulement dans le paradigme de *essere* mais aussi dans celui de *amare* (§ 65) est peu documentée dans l'usage d'Alberti (cf. *Grayson : 1960*, p. 96), mais amplement attestée dans l'usage florentin du XVe siècle, surtout dans les textes de ton populaire ou se voulant tels (cf. *Bongrani : 1982*, p. 94-100).

saresti : cf. *supra*, p. 52, § 48, n. *fusti*.

s' tu : la forme réduite de la conjonction *se* (ou *si*) devant le pronom *tu* se retrouve dans d'autres endroits de la prose d'Alberti, y compris dans les lettres autographes (cf. *Grayson : 1964*, p. 77).

59 *Alla congiugatione... il verbo* : le procédé de substitution appliqué ici et au § 74, qui actualise les différents paradigmes d'une conjugaison au moyen de transpositions morphématiques successives, est déjà dans *Priscien : 1961*, vol. II, p. 453) et dans d'autres représentants de la tradition grammaticale latine (cf. *Vineis : 1974*, p. 295-296).

61 *preterito* : le passé simple est désigné tantôt par le simple substantif masculin *preterito* (§§ 61, 74, 75) tantôt par *preterito perfecto* ou *perfetto* (§ 70, 74). Cf. *Sgroi : 1992*, p. 255-256.

Ma ecci... ŏ brieve : l'opposition romane entre voyelles ouverte et fermée est analogue à l'opposition latine entre voyelles longue et brève : cf. *supra*, « Introduction », p. XLIX, n. 142. Du point de vue phonétique, l'attention au modèle latin explique le maintien du *o* dans *longo* ; la forme désormais archaïsante *brieve* (cf. *Castellani : 1967* et *Castellani : 1977*, p. 22) alterne dans la grammaire *De la langue toscane* avec la forme non diphtonguée, majoritaire : *breve*, aux §§ 70 et 97 (cf. aussi *pregovi*, au § 100).

63 *habbi* : cf. *supra*, p. 53, § 51, n. *sii*.

habbino : la terminaison en *-ino* à la troisième personne du pluriel du subjonctif présent des verbes des deuxième, troisième et quatrième classes, sporadiquement attestée en florentin depuis la fin du XIIIe siècle, se fait plus fréquente au cours du XIVe et au début du XVe siècle. Alberti la codifie dans la grammaire et l'adopte dans son usage personnel, même s'il continue à lui préférer la terminaison traditionnelle en *-ano*, du type *habbiano* : cf. *Patota : 1996*, p. LXXI-LXXIII.

69 *tempi testé perfetti* : cf. *supra*, p. 52, n. au § 49.

anormali : 'irregolari' ('irréguliers'). Cf. *Sgroi : 1992*, p. 253.

70 *Altri che* : 'diversi da' ('autres que').

Tro : en consultant les textes des XIIIe, XIVe et XVe siècles répertoriés dans la *Letteratura Zanichelli*, on constate que *tro* ('traggo') est une forme rarissime, attestée seulement dans les *Rime* de Guittone d'Arezzo, dans les *Rime* de Cecco Angiolieri et dans l'*Orlando innamorato* de Matteo Maria Boiardo (une occurrence pour chacun). Des autres formes de *trarre* codifiées par Alberti, les seules attestées avec régularité ou avec une certaine fréquence sont la deuxième personne du singulier, la deuxième et la troisième personnes du pluriel du parfait (*traesti*, *traemmo* et *traeste*), ainsi que la première, la deuxième et la troisième du singulier du subjonctif présent. L'hapax *tria* 'tragga' n'est attesté nulle part, à ma connaissance, hormis dans *Alberti : 2002*, XII 28 ; dans le *De pictura*, il y a une seule attestation du composé *ritria* (cf. *Tanturli : 1981*, p. 117). La troisième personne du singulier du parfait de l'indicatif *trette* se trouve seulement dans les nouvelles *Porretane* de Sabadino degli Arienti (4 occurrences) ; les autres formes ne se rencontrent jamais. Évidemment, Alberti se préoccupe avant tout de rendre homogène la catégorie des « verbes monosyllabiques ». Pour les formes non attestées, le modèle est offert par le paradigme de *stare* et de *dare*. Il est significatif que l'écrivain, qui, pour la troisième personne du singulier du parfait, codifie ici exclusivement le type *trette*, ne l'emploie pas dans les *Libri de familia*, mais utilise le type *trasse* (cf. ms. *II* IV *38* de la Biblioteca Nazionale Centrale de Florence, f°s 34r, 77v, 111r [correction autographe]).

diedi... dettero : à la première personne du parfait de l'indicatif de *dare* est conservé le type traditionnel *diedi* ; à la troisième personne du singulier et du pluriel, par contre, sont codifiées les formes *dette* et *dettero*, qui entrent dans l'usage florentin seulement à partir du XVe siècle.

72 *dia lui* : pour le subjonctif de *dare* puis de *stare*, est codifié le type moderne avec *-i-*, au lieu des formes traditionnelles *dea* et *stea* (cf. *Patota : 1996*, p. LXIV-LXV).

74 *Ma que' verbi... anig^h^ittisco, anig^h^ittii* : au parfait de l'indicatif de la quatrième classe, Alberti limite la terminaison *-ii* aux verbes avec le suffixe *-isco* ; à l'intérieur de cette même catégorie, il place *esco*, qui historiquement a une origine différente (cf. *Rohlfs : 1968*, §§ 523 et 536). *Annighittisco* est une variante, avec *-i-* protonique, de l'ancien *anneghittisco*, qui a le sens de 'infiacchisco' ('je faiblis') ou bien 'trascuro' ('je néglige'). Cf. *Battaglia : 1961-*, *s.v.* « Anneghittire », 1 et 2.

Da questi verbi... conobbi : les parfaits cités appartiennent à la catégorie des formes fortes provenant du type latin en *-ui* (cf. *Rohlfs : 1968*, § 582). *Compositi* a le sens de 'composti', 'prefissati' ('composés', 'préfixés'). Cf. *Sgroi : 1992*, p. 254.

En réalité, le parfait faible en *-etti* concernait, en italien ancien, non seulement les « verbes qui finissent en *-mo* », *godo* et *vendo*, mais un nombre de verbes bien plus important (cf. *Rohlfs : 1968*, § 577).

a cui diletterà ornare : infinitif sujet d'un verbe fini (*diletterà*) avec datif personnel (comme dans *piacciavi emendarmi*, au § 100), fréquent dans la prose d'Alberti (cf. *Dardano : 1963a*, p. 382-385).

78 *è si legge* : ici, comme dans les exemples qui suivent immédiatement, *è* est employé en fonction de sujet « apparent » (cf. *Patota : 1996*, p. LXXXII).

79 *caggiono* : 'cadono' ('tombent').

compositione : comme *infra* au § 79, *compositione* a le sens d''union de plusieurs mots pour en former un nouveau' ou bien de 'préfixation' (cf. *Sgroi : 1992*, p. 254).

doppo : cette forme, qu'Alberti non seulement codifie dans la grammaire mais adopte aussi dans l'écriture, apparaît dans l'usage florentin à la fin du XIVe siècle et se répand au siècle suivant, surtout dans les textes de niveau moyen, populaire ou plébéien, sans jamais menacer le primat de *dopo*. La première attestation de *doppo* à ma connaissance se trouve dans les *Rime* de Franco Sacchetti (répertoire *Letteratura Zanichelli*). Outre dans les *Libri de familia* d'Alberti, le choix de *doppo* est constant dans les *Motti e facezie del Piovano Arlotto* (cf. *Folena : 1953a*, p. 394).

'nanzi : aphérèse de *inanzi*.

seiuncte : 'divise' (cf. *supra*, « Notice philologique », p. XCI-XCII)

diminuti : participe faible en *-uto* (sur lequel voir *Rohlfs : 1968*, § 622), conforme au lat. *deminutus*.

82 *quale* : cf. *supra*, p. 46, n. au § 6.

83 *crai* : 'domani' ('demain'). Attesté dans l'usage florentin du XVe siècle, cette forme ne remet pas en cause le primat de *domane* et de sa variante du XVe siècle *domani* (cf. *Avolio : 1991*, en particulier p. 101-102 ; *Manni : 1979*, p. 165-166).

homai : en interrogeant le répertoire *Letteratura Zanichelli*, on constate que la forme *omai* (*homai*) est largement documentée dans l'usage florentin des XIIIe, XIVe et XVe siècles, et alterne avec sa concurrente *ormai* en prose comme en vers, dans des textes divers par leur destination, leur contenu et leur niveau stylistique.

alhora : pour la consonne latérale simple, voir *supra*, « Notice philologique », p. LXXXIX, n. 68.

costinci : 'di costí', 'da codesto luogo' (cf. *Battaglia : 1961-*, *s.v.* « Costinci »).

alla fé : la locution *alla fé* est attestée dans *Boccaccio : 1976* (VI Intr., § 4 ; VII 8, § 24 ; VIII 2, § 23 ; IX 5, § 44).

85 *nomi... adiectivi* : comme dans la tradition grammaticale grecque, latine et médiolatine, le syntagme a le sens d''adjectifs' (cf. *Auroux : 1992a*, p. 587-588 ; *Rosier : 1992*, p. 594 ; *Paccagnella : 1991*, p. 122-123).

88 *disiunge* : 'sert à disjoindre' (cf. *Battaglia : 1961-*, *s.v.* « Disgiungere », 4).

89 *spazo* : 'pavimento' ('sol'). Cf. *Grayson : 1964*, p. 77.

92 *vane* : c'est-à-dire 'ne vai', « sans renforcement, selon une règle encore en vigueur en Toscane, liée à l'élimination du *-i* des diphtongues descendantes, qui fait qu'on y renforce par exemple *ma*, mais non *ma'*, réduction de *mai* » (*Poggi Salani : 1992*, p. 419).

94 *come chi... mercati* : « per dar prova della necessità di applicare le regole giuste per parlare bene, Alberti conia una frase agrammaticale [...], dimostrazione inconfutabile che anche la lingua parlata si deve inevitabilmente uniformare a una norma » (*De Blasi : 1993*, p. 388 : « afin de démontrer la nécessité d'appliquer les bonnes règles pour bien parler, Alberti forge une phrase agrammaticale [...], démonstration irréfutable que la langue parlée aussi doit inévitablement se conformer à une norme »). La forme *andaremo* possède deux traits du florentin du XVe siècle : le premier est la récupération de la forme pleine originelle du futur, au lieu de celle du XIVe siècle avec la syncope (du type *andremo*) ; le deuxième est l'affirmation, au futur et au conditionnel des verbes de la première classe, de *-ar-* atone au lieu de *-er-* (cf. *Castellani : 1952*, p. 65 ; *Manni : 1979*, p. 154).

95 *barberi* : passage normal, en florentin, de *-ar-* intertonique et posttonique à *-er-* (cf. *Castellani : 1974*, p. 37).

helm, vlasc, saccman, bandier : 'elmo, fiasco, saccomanno, bandiera' ('heaume, fiasque, sacqueman, drapeau'). Les quatre mots, qu'Alberti reproduit sans les adaptations du toscan, sont, en effet, quatre emprunts de provenance germanique (cf.

Arcamone : 1994, p. 766-767 et 781 ; *Meyer-Lübke : 1972*, § 929 ; et *supra*, « Notice philologique », p. XCIII-XCV).

96 *In qualche parte... inimici* : Alberti produit un riche catalogue de ces « barbarismes » auxquels il fait également allusion dans le *Proemio* au troisième livre du *De familia* (cf. *Alberti : 1994*, *Proemio del lib.* III 34-35) : *paire* et *maire*, provenant de l'ancien génois, avec passage de *-dr-* à *-ir-* (cf. *Rohlfs : 1966*, § 260) ; *replubica*, par métathèse de *l* (cf. *ibid.*, § 323) ; *occusfato*, par métathèse réciproque de deux consonnes (cf. *ibid.*, § 325) ; *aldisco*, avec passage de *-r-* préconsonantique à *-l-*, caractéristique de l'ancien pisan (cf. *Folena : 1959*) ; *inimisi*, graphie qui renvoie à une prononciation septentrionale (cf. *Rohlfs : 1966*, § 214).

97 *prolationi* : 'pronunce' ('prononciations'). Cf. *Sgroi : 1992*, p. 257-258.

spirto pro spirito : c'est le phénomène de la syncope de la voyelle intertonique dans les mots proparoxytons (cf. *Rohlfs : 1966*, § 311).

Papi... Zanobio : *Papi* hypocoristique de *Iacopo*, interprété par Alberti comme dérivé de PAPIUS, suivant la filière PAPIUS > *Papio* > *Papi*, parallèle à ZENOBIUS > *Zenobio* > *Zenobi* (cf. *Bongrani : 1982*, p. 88).

credon far quel ben : c'est le phénomène de l'apocope vocalique (cf. *Serianni : 1988*, I 82-87).

98 *mie* : forme de possessif invariable, typique de l'usage florentin du XVe siècle (cf. *Patota : 1996*, p. LVIII).

paio... celo : cette liste aussi comprend des « vices de langage », qui, en réalité, n'en sont pas : le premier terme de chaque paire représente en fait le résultat normal de l'évolution de la langue vulgaire, et le second, la forme plus proche de la source latine.

troncando : 'tronquant', 'raccourcissant d'une syllabe' (cf. *Sgroi : 1992*, p. 25).

99 *congettarlo* : 'metterlo insieme' ('composer, concevoir et réaliser'), hapax d'Alberti formé sur le lat. *coniecto*.

raccorre : forme syncopée de *raccogliere* ; la forme de base *corre* est fréquente dans les textes d'auteurs florentins des XIIIe, XIVe et XVe siècles répertoriés dans la *Letteratura Zanichelli*.

INDICES

INDEX CODICUM MANUSCRIPTORUM

par

GIANGIACOMO VALE

FIRENZE

ROMA

INDEX NOMINUM*

par

GIANGIACOMO VALE

* Sont indexés exclusivement les noms figurant dans les textes d'Alberti et dans leur traduction française. En l'absence d'autres indications les références s'entendent à la *Grammatichetta*. Les nombres renvoient aux paragraphes.

INDEX DES NOTES LINGUISTIQUES

par

Alessio Ricci

TABLE DES MATIÈRES

COLLECTION
« LES CLASSIQUES DE L'HUMANISME »

dirigée par Pierre Laurens et Alain Michel

LÉON BATTISTA ALBERTI

Poèmes (*Rime*), par G. Gorni et M. Sabbatini.

GUILLAUME BUDÉ

L'étude des lettres. Principes pour sa juste et bonne institution (*De studio literarum recte et commode instituendo*), par M.-M. de la Garanderie.

Le passage de l'hellénisme au christianisme (*De transitu Hellenismi ad christianismum*), par M.-M. de la Garanderie et D. Penham.

Philologie (*De Philologia*), par M.-M. de la Garanderie.

DANTE ALIGHIERI

Le Banquet (*Il convivio*), par Ph. Guiberteau (traduction seule).

MARSILE FICIN

Théologie platonicienne de l'immortalité des âmes (*Theologia platonica de immortalitate animarum*), tomes I, II et III, par R. Marcel.

Commentaire sur Le Banquet de Platon (*Commentarium in Convivium Platonis de amore*), par P. Laurens.

PIERRE MARTYR D'ANGHIERA

Les quatre voyages de Christophe Colomb (*De orbe novo*, Ire Décade), par B. Gauvin.

ALBERTINO MUSSATO

Écérinide, Épîtres métriques sur la poésie, Songe (*Ecerinis, Epistolae, Somnium*), par J.-F. Chevalier.

PÉTRARQUE

Lettres familières (*Rerum familiarium libri*), t. I, II et III (livres I-III, IV-VII et VIII-XI), par U. Dotti et A. Longpré.

Lettres de la vieillesse (*Seniles*), t. I et II (livres I-III, IV-VII), par U. Dotti, E. Nota, F. Fabre, A. de Rosny, *et al.*

ANGE POLITIEN

Silves (*Silvae*), par P. Galand-Hallyn.

LE POGGE

Les Ruines de Rome (*De varietate fortunae,* Livre I), par J.-Y. Boriaud et Ph. Coarelli.

– À paraître prochainement –

LÉON BATTISTA ALBERTI

Propos de table (*Intercenales*), par C. Laurens et R. Cardini.

FLAVIO BIONDO

Rome restaurée (*Roma instaurata*), par A. Raffarin-Dupuis.

GIROLAMO MERCURIALE

La gymnastique (*De arte gymnastica*), par J. M. Agasse.

AGOSTINO NIFÒ

De la beauté (*De pulchro*), par L. Boulègue.

De l'amour (*De amore*), par L. Boulègue.

PÉTRARQUE

Lettres familières (*Rerum familiarium libri*), t. IV à VII (livres XII-XXIV), par U. Dotti et A. Longpré.

Lettres de la vieillesse (*Seniles*), t. III à VI (livres VIII-XVIII), par U. Dotti, E. Nota *et al.*

L'Afrique (*Africa*), Chants I-V, par P. Laurens.

La vie solitaire (*De vita solitaria*), par M. Angeli.

Le Chansonnier (*Canzoniere*), par J. Y. Masson.

Les Triomphes (*Trionfi*), par J. Y. Masson.

Ce volume,
le dix-neuvième de la collection
« Les Classiques de l'Humanisme »
et le second des Œuvres complètes *d'Alberti,*
publié aux Éditions Les Belles Lettres
a été achevé d'imprimer
en juillet 2003
dans les ateliers de Normandie Roto Impression s.a.s.
61250 Lonrai.

N° d'éditeur : 5981
N° d'imprimeur : 032079
Dépôt légal : 3e trimestre 2003
Imprimé en France